全国"新标准"学前教育专业系列

幼儿园课程设计与组织

主　编◎苏　敏　朱立萍

副主编◎李　鹏　冯永娜

参　编◎王　京　王梦晨　于冬冬

　　　　熊　鑫　燕精晶　李蒙蒙

华东师范大学出版社

图书在版编目(CIP)数据

幼儿园课程设计与组织/苏敏,朱立萍主编.—上海:华东师范大学出版社,2016

全国"新标准"实践性学前教育专业系列教材

ISBN 978 - 7 - 5675 - 5725 - 3

Ⅰ.①幼… Ⅱ.①苏…②朱… Ⅲ.①幼儿园-课程设计-高等学校-教材 Ⅳ.①G612

中国版本图书馆 CIP 数据核字(2016)第 232876 号

幼儿园课程设计与组织

主　　编　苏　敏　朱立萍
项目编辑　蒋　将
特约编辑　田雨佳
责任校对　邱红穗
装帧设计　俞　越

出版发行　华东师范大学出版社
社　　址　上海市中山北路 3663 号　邮编 200062
网　　址　www.ecnupress.com.cn
电　　话　021 - 60821666　行政传真 021 - 62572105
客服电话　021 - 62865537　门市(邮购) 电话 021 - 62869887
地　　址　上海市中山北路 3663 号华东师范大学校内先锋路口
网　　店　http://hdsdcbs.tmall.com

印 刷 者　句容市排印厂
开　　本　787×1092　16 开
印　　张　14.75
字　　数　324 千字
版　　次　2017 年 1 月第 1 版
印　　次　2020 年 8 月第 5 次
书　　号　ISBN 978 - 7 - 5675 - 5725 - 3/G·9845
定　　价　35.00 元

出 版 人　王　焰

学前教育是人生教育的起步,给儿童今后的发展奠定了基调,是基础教育的基础部分。近年来,随着我国生活水平的提高,学前教育事业迅速发展,在对幼儿教师社会需求量增加的同时,对幼儿教师的素质要求也相应提高,课程作为学前教育改革的核心,越来越受到重视。"幼儿园课程设计与组织"是本专科学前教育专业学生必修的一门专业基础课程,主要是研究与介绍幼儿园课程的一般原理,具体课程领域活动的目标、内容、指导方法的基本要求等,在课程内容上全面贯彻《幼儿园教育指导纲要(试行)》精神与《3—6岁儿童学习与发展指南》的基本理念。据此,本教材尝试将理论应用与岗位实训融为一体,以培养具有综合素养的幼儿教师为目的,采用工作过程系统化课程视域下的项目学习法、情境学习法作为编写的主要纲领,在保证幼儿园课程传统理论体系完整的基础上,尽可能选择反映目前我国幼儿园教育发展改革中的最新成果,并对传统教材思路进行了较大调整。以"幼儿园课程领域活动设计与组织"为核心的学习情境的渗透和落实,对于提升学前教育专业学生的综合素养和岗位能力具有实际的指导意义与借鉴价值。

本教材的编写源于现实课程整合的需要,兼顾本专科教学需求。我院学前教育专业一直将"幼儿园课程论"作为专业基础课程,最初使用的是传统本科学前教育专业的教材进行教学,然而随着专业建设的不断发展,我们发现本科学前教育专业教材内容更多注重宏观理论层面的讲述与理解,与高职高专人才培养目标及专业建设定位并不相符,于是我们尝试找寻优秀经典的应用性教材范本,虽然有一些比较好的内容整理,但是发现依然存有三个方面的问题:其一,大多数现有的高职高专教材"幼儿园课程论"是对本科教材内容的转述,最多算作是对本科内容的案例化与具体化;其二,很多高职高专或实践型本科开设的课程中"幼儿园课程论"教学内容与"幼儿园教育活动设计"混为一谈,混淆了课程理解的多维层面与差异;其三,关于"幼儿园课程论"、"幼儿园教育活动设计"与"幼儿园领域教法课"这三门课程之间的内在关系,鲜有教材进行深入地剖析与呈现,这也暴露了一个问题,即更多还是将这三门课视为各自独立的内容,而忽视了其内在的逻辑关系。然而,现实中却存在一个与此"忽略"相矛盾的教学困囿,即讲授"幼儿园课程论"的教师一般会在介绍完幼儿园课程基本理论与基础要素之后,自行添加具体领域教学活动设计的内容,以使前述理论部分更具有应用性和现实感;而讲授"幼儿园教育活动设计"课程的教师,在讲解不同领域活动的设计之前,亦会自行添加幼儿园课程整体设计的基础要素,如课程目标的制定、课程内容的选择、课程组织与实施及课程评价等,认为以此为基础才能再进行不同领域教育活动具体设计的讲解;与此类似,讲授"领域教法"课程的教师更是面临一个尴尬境遇,即每一个领域教法课程都必然涉及"活动设计与教案编写"的内容,因为不讲难以进行下面的内容,所以门门课都讲,而这又会导致教学内容重复;不同教师教学设计与教案编写的理解不同,甚至有矛盾冲突的观点,致使学生同时接受过程中产生困惑与迷茫等问题。诚然,教学设计与教案编写的要求与格式本就无所谓唯一样板,但是,这一现实问题却促使我们思考,如何在教法课之前,通过一门课程使学生能够从整体上把握:(1)幼儿园课程设计的基础要素与基本范式;(2)幼儿园不同课程领域活动设计的基本目标、内容与指导要求;(3)课程教学设计与教案编写的基本规范与案例分析等等内容。以此为基础,当对在校生在最后一学期进行幼儿园五大领域教法课程教授时,一方面避免不必要的内容重复教学,另一方面帮助教师在教学法之初节省课时,而直接进入方法设计环节,使教法课程更具有应用性与针对性。

本教材的编写正是立足于上述所提普通高等学校学前教育专业和幼儿师范院校教学需要,结合幼儿园教育教学实际,将原"幼儿园课程论"、"幼儿园教育活动设计"、"幼儿领域教法课"三门课程的部分内容进行了深入的知识整合,旨在通过一门高度整合课程的教学过程,使得本专科学前教育专业的学生能够对幼儿园课程理论的宏观层面有所了解,并对幼儿园课程实践的微观层面有所把握,避免在不同课程教学过程中重复讲述具有同质性内容的尴尬与浪费的现象。学生在校学习时间宝贵,希望我们能够在原知识体系的不断解构与建构中,帮助学生有针对性地、高效高质地学习这门课程。既强调知识与技能的掌握,更注重实践操作能力和设计创意的培养,突出以用带学、以学促用的特色。

本教材依内容整体特点分上下两篇:上篇为幼儿园课程的设计;下篇是幼儿园课程的组织。本教材在体例设计上,对两部分内容进行项目化教学的处理,从而帮助学生在具体任务的驱动学习中较好地理解幼儿园课程设计的理论参照、基础要素与基本范式。在此基础上,掌握幼儿园课程领域活动设计与组织的基本过程,包括制定不同领域的活动目标,选择活动内容,组织、实施与评价课程活动等,最终形成从事幼儿教育工作必需的素质与能力,为今后成为一个合格的幼儿教师,开展各种幼儿园教育活动和科研项活动打下良好的基础。教学内容既反映了知识的基础性和系统性,也注重了理论与实践的融合,又充分反映了当前幼儿园发展的动态性和现实性,突出了知识性和实践应用的有机结合。

本教材的编写分工如下:

苏敏参与编写本书前言、绪论与结语、上篇项目一、下篇项目五及全书统稿。

朱立萍编写下篇项目五,并参与全书统稿工作。

李鹏编写上篇项目二与下篇项目四中的科学领域教育活动的组织部分。

冯永娜编写上篇项目三与下篇项目四中的健康领域教育活动的组织部分。

王京编写下篇项目四中的语言领域教育活动的组织、社会领域教育活动的组织的部分内容。

王梦晨编写下篇项目四中的艺术领域教育活动的组织、社会领域教育活动的组织的部分内容。

目录

绪论　　　　　　　　　　　　　　　　　　　　　　1

上篇　幼儿园课程的设计

项目一　幼儿园课程设计的理论参照　　　　　**13**
　　任务 1　幼儿园课程内涵、特征与类型的认识　　14
　　任务 2　幼儿园课程设计原则的认识　　　　　25
　　任务 3　国外幼儿园课程设计经典方案的认识　28
　　任务 4　我国幼儿园课程设计经典方案的认识　41

项目二　幼儿园课程设计的基础要素　　　　　**49**
　　任务 1　幼儿园课程目标的制定　　　　　　　50
　　任务 2　幼儿园课程内容的选择　　　　　　　54
　　任务 3　幼儿园课程的组织与实施　　　　　　63
　　任务 4　幼儿园课程的评价　　　　　　　　　68

项目三　幼儿园课程设计的基本范式　　　　　**75**
　　任务 1　单元主题活动的设计　　　　　　　　76
　　任务 2　项目活动的设计　　　　　　　　　　84
　　任务 3　区域活动的设计　　　　　　　　　　91

下篇　幼儿园课程的组织

项目四　幼儿园课程领域教育活动的组织　　　**105**
　　任务 1　幼儿园健康领域教育活动的组织　　　106
　　任务 2　幼儿园语言领域教育活动的组织　　　129
　　任务 3　幼儿园社会领域教育活动的组织　　　157
　　任务 4　幼儿园科学领域教育活动的组织　　　170
　　任务 5　幼儿园艺术领域教育活动的组织　　　189

项目五　幼儿园课程领域教育活动方案的一般要求与撰写　**201**
　　任务 1　活动设计方案格式的掌握　　　　　　202
　　任务 2　活动设计方案的撰写　　　　　　　　205

结语　　　　　　　　　　　　　　　　　　　**220**

在正式开启本书内容之前,编者希望能够与学习学前教育专业的学生和同仁们就幼儿园课程改革的发展历程作以简要回顾,于此动机主要有三:其一,面对很多教育学研究者对幼儿园课程与课程改革的质疑态度,我们有必要澄清自己的立场与观点;其二,作为学前教育专业的学习者,未来的幼儿教师,当然需要对幼儿园课程发展的历程有所了解和把握,从而能够更加明确我们当下所处之位与所应当担负的角色;其三,幼儿园课程是幼儿园教育的核心,幼儿园教育的建设、完善与发展基本都是以幼儿园课程及其改革的形式得以呈现,因此,对于幼儿园课程及其改革的发展历程作以回顾与反思,恰恰是对幼儿园教育发展的深刻理解与把握。正如杜威所说:"现在在发生一些问题,这些问题引导我们从过去寻找启示,同时使我们找到的东西有了意义。因为过去和现在永远不会失去联系。"①作为学前教育专业的学习者与研究者,作为未来的幼儿教育工作者,如果不追溯幼儿园教育与课程发展的历程,我们又何以对将要为之奉献终身的事业作以自识与未来展望?如此种种,希望借以绪论梳理我们对幼儿园课程及其改革发展历程的一点认识与理解,表达我们对各个时代的幼儿教育者所做的努力与实践,及其所彰显出的强烈的历史使命感和社会责任意识的敬意,同时明确我们作为未来的幼儿教育工作者,为历史时代所赋予的责任与担当。

1837 年,"幼儿教育之父"、德国学前教育家福禄培尔在德国勃兰根堡建立了世界上第一个命名为"幼儿园"的社会性幼儿教育机构。"幼儿园"寓意为"儿童的花园",体现了人类对于儿童价值的承认,自此,让儿童得到快乐的愿望逐渐在世界上引起共鸣。德国的政治家将其介绍到英国,通过英国的博览会传入美国,并由传教士带入日本。19 世纪末,中国留学生为了挽救危难中的祖国,把带有日本特点的福禄培尔幼儿园引入中国。自 1903 年湖北幼稚园创办至今我国的幼儿园教育已经有一百多年的历史,其间几经周折,不断在历史的洪流中曲折前进。纵观历史,可以发现幼儿园课程的改革始终是我国幼儿园教育改革的核心,而回首我国幼儿园课程改革的百年历程,对于更好地认识和发展我国的幼儿园课程具有重要意义。

那么,在中国,幼儿园教育及其课程建设又历经了哪些发展历程呢?

一、创办时期:由仿效西方到自主化探索的课程初建

1901 年,清政府令各县州"多设蒙养学堂",并于 1903 年颁行癸

---

① 吕达,刘立德,邹海燕主编.杜威教育文集(第 2 卷)[M].北京:人民教育出版社,2008.

卯学制,把蒙养院作为国家基础教育的一段。同年,又颁布了《奏定蒙养院章程及家庭教育法章程》,对蒙养院作出了许多具体规定。自此,全国各地陆续创办学龄前幼儿教育机构——蒙养院,先是湖北、湖南,然后是北京、上海、江苏、广东等地。

“蒙养”二字是中国的传统说法。所谓“蒙以养正”,就是重视人生的正本慎始,主张当婴幼儿智慧蒙开之际就施加正面影响,开发其智慧,促使孩子更好地成材。创立蒙养院,按照清光绪三十一年(1905)制定的《湖南蒙养院教课说略》的说法,就是要达到“将贫贱家儿童养成美材,富贵家父母当不虑其子弟同处染坏气习;有此感情,将来小学堂不分贫富贵贱,可施共同教育”的目的。

这一时期是我国幼儿园的创办时期,一切未成章法,蔚然待续。幼儿园内的教育教学从内容、方法到设施、玩具,先效法日本,后仿效西方。也正是如此,当时福禄贝尔、蒙台梭利和杜威等世界著名哲学家、儿童教育家的思想相继被引入我国教育学界,并对当时的幼儿园课程建设与探索产生了重大的影响。1912年9月,在蔡元培的主持下,教育部公布了《学校系统令》,之后又制定和颁布了《壬子癸丑学制》,将“蒙养院”改名为“蒙养园”,招收6岁以下儿童;袁世凯称帝后,于1915—1916年间,教育部公布了《国民教育令》及《国民学校施行细则》,其中对蒙养园的教育宗旨、目标、保教内容和教育方法作了规定:“保育幼儿,务令其身心健全发达,得良善之习惯,以辅助家庭教育”,为此,“须与其身心发达之度相副,不得授以难解事项及令操过度之业务”;所设课程科目是游戏、唱歌、谈话、手艺等项目。在蒙养园课程中主要利用福禄贝尔的恩物或蒙台梭利教具来开展游戏。可以说,民初学前教育课程在目标、内容等方面与清末《奏定蒙养院章程及家庭教育法章程》中所体现的思想基本一致,仍然是在学习日本和西方,带有浓厚的文化殖民色彩。

1919年爆发的“五四运动”,为各种教育哲学思想在我国的传播创造了条件。杜威教育思想对我国当时以陶行知先生、陈鹤琴先生、张雪门先生和张宗麟先生为代表的教育家和幼儿教育家产生重要影响,意义深远,他们先后提出活教育理论,重视平民教育和科学实验等教育理念与思想,并置身“田野”,躬身践行。使得我国一时间相继建立了一批不同以往而具有中国化意味的幼儿园,如北京香山慈幼院、南京燕子矶幼稚园、南京鼓楼幼稚园等。

1928年5月,在南京召开的全国第一次教育会议上,陶行知和陈鹤琴提出“注重幼稚教育案”,其中一项是“审查编辑幼稚园课程及教材案”。之后,《幼稚园课程标准》经过十多名专家的共同草拟和广泛征求意见,于1932年10月正式公布。这是中国幼儿教育发展史上第一个幼稚园课程标准。此后,陈鹤琴、张宗麟等人又创立了我国独立自主的幼儿园课程体系——“单元教学”。此次改革把中国幼儿园课程带上了正规化、中国化、科学化的道路。

总体来说,这一时期前期的幼儿园课程以仿效日本和美国为主,后期的改革开始朝着科学化和本土化努力,该时期改革的主要成果是制定了比较适合我国国情的《幼稚园课程标准》,课程组织采用了陈鹤琴、张宗麟等人提倡的“单元教学”。课程明显地体现了杜威实用主义教育哲学思想,课程实施强调“做中教,做中学”,重视儿童的直接经验,体现了一种面向全体、尊重儿童、以儿童为中心的教育观,创立了我国自己的幼稚园课程体系。这些观点和实践对我国当今的幼儿园课程改革仍具借鉴意义。当然,这次的课程改革也存在着不足之处,如"课程的目标缺乏层次性;课程内容的系统性、逻辑性较差,易造成内容编制的随意性;课程模式单一(只产生了单元教学一种课程组织形式),"①幼儿园课程的理念没有得到很好的贯彻和实施等。

二、发展时期:全盘批判自我与全面学习苏联掀起课程改革狂潮

1949年新中国成立,举国欢腾,然百废待兴。同年,中央人民政府教育部成立,并首次在初等教育司下设幼儿教育处,着手学前教育课程改造和建设工作。12月,全国第一次教育工作会议召开,明确提出教育工作的指导方针为"以老解放区新教育经验为基础,吸收旧教育有用经验,借助苏联经验,建设新民主主义教育"②。开始"以俄为师",全面学习苏联的教材、教育方法、教育理论和教育制度。凯洛夫、乌申斯基、乌索娅等人的理论成为20世纪50年代我国幼儿园课程改革的指导思想:"主张实施全面发展的幼儿教育,并在幼儿园组织形式上采用分科教学的模式;重视集体教育。"③

20世纪的50年代到60年代中期,受苏联的影响,"课程"一词逐渐在幼儿园教育领域消失。在这个阶段,国家对课程采取中央集中管理的模式,课程由国家统一计划,教师和研究者考虑的是如何把既定的课程计划付诸实践,而对于课程本身的研究很少。"课程计划"或"教学大纲"取代"课程"一词,虽然"课程"一词没有了,但实质内涵仍然存在。这个时期的"幼儿园课程"主要指幼儿园所设的科目,包括体育、语言、常识、计算、音乐、美术等,这些科目及进程安排就构成了幼儿园课程的总体。这时的课程强调系统知识的价值及教学、教材、教学的研究。④

1950年9月,苏联学前教育专家戈林娜应邀来到北京,并在其指导下拟定了《幼儿园暂行纲要》;1951年10月,中央人民政府政务院颁布了《关于改革体制的决定》,这是中华人民共和国成立以来正式公布实施的第一个学制,它确立了幼儿园教育制度,幼儿教育成为社会主义教育事业的重要组成部分。同年,中央教育部在吸取老解放区的学前教育经验和借鉴苏联教育理论的基础上,制订了《幼儿园暂行教学纲要》,而此时,我国幼儿园所实施的陈鹤琴等人的"单元教学"课程,被认为是资产阶级的一套,遭受到质疑和批判。因此,幼儿园的课程改革成为一种历史的必然需要。⑤ 1952年3月,经过部分地区试验和修改而制定《幼儿园暂行规程》和《幼儿园暂行教学纲要》在全国颁布并试行,强调教师的主导作用,注重"作业"和分科教学的组织形式。

具体来看,《暂行规程》和《暂行教学纲要》规定幼儿园的教育目标是:(1)培养幼儿基本的卫生习惯,注意其营养,锻炼其体格,保证幼儿身体的正常发育和健康;(2)培养幼儿正确运用感官和语言的基本能力,增进其对环境的认识,以发展幼儿的智力;(3)培养幼儿爱国思想,国民公德和诚实、勇敢、团结、友爱、守纪律、有礼貌等优良品质和习

① 蔡红梅.20世纪我国幼儿园课程改革的历史回顾[J].南京晓庄学院学报,2005(2).
② 《中国教育年鉴》编辑部编.中国教育年鉴(1949—1981)[M].北京:中国大百科全书出版社,1984.
③ 中国学前教育研究会主编.继往开来,共创辉煌[M].北京:北京师范大学出版社,1995.
④ 王春燕主编.幼儿园课程概述[M].北京:高等教育出版社,2010.
⑤ 蔡红梅.20世纪我国幼儿园课程改革的历史回顾[J].南京晓庄学院学报,2005(2).

惯;(4)培养幼儿爱美的观念和兴趣,增进其想象力和创造力。这一目标充分体现了全面发展的教育思想。《暂行规程》和《暂行教学纲要》还将幼儿园课程大体分为6学科:体育(包括日常生活、卫生习惯、体操、游戏、舞蹈和律动等);语言(包括谈话、讲叙故事、歌谣、谜语);认识环境(包括日常生活环境、社会环境、自然环境);图画、手工(包括图画、纸工、泥工、其他材料作业等);音乐(包括唱歌、表情唱歌、听音乐、乐器表演);计算(包括认识数目、心算、度量)。[①] 在课程内容的组织形式上采用了苏联的分科教学模式,禁止了陈鹤琴等人创立的单元教学。一般认为,《暂行规程》和《暂行教学纲要》初步奠定了新中国幼儿教育的课程模式。

总体来讲,这一时期幼儿园课程改革的主要成果是颁布执行了《幼儿园暂行规程》和《幼儿园暂行教学纲要》,实行了分科课程模式,积累了根据幼儿年龄特点分科编排和实施教育教学的经验,让教育目标更加明确,教育、教学内容更加系统,教师在教育过程中更容易操作,其学科课程体系的特点迎合了当时国情发展的需要,对我国建设社会主义幼儿教育事业做出了一定贡献。当然,也存有很多不足,尤其表现为:(1)统一化的集体教育忽略了儿童之间存在的个体差异,不利于儿童的个性和创造性的发展;(2)对旧教育没有采取吸收有用的经验的方式,而是全盘否定,如全面否定原有"单元教学"而又造成了"分科教育"模式一统天下的局面,从而阻碍了我国幼儿园课程向多样化的方向发展;(3)这次课程改革在全面学习苏联幼儿教育理论和经验的过程中,有全面照搬的倾向,使得我国幼儿教育独立自主性探索进程受到一定阻碍。不过,无论历史如何评判,相较幼儿园教育初创时期,此时的幼儿园教育制度已经确立,并成为社会主义教育事业的重要组成部分,由此已足以言概,幼儿园教育及其课程建设在其整个历史发展历程中已然进入了正式发展时期。

三、转折时期:历经动乱后亟待鼎新的课程实验复兴与科学化发端

1966年至1976年发生的"文化大革命"使得中国的教育遭受了一场大劫难,学前教育也不例外,全面发展的教育方针被严重歪曲,幼儿园课程的发展遭到了前所未有的破坏。也许正是由于历经动乱的滥觞,所以在十一届三中全会之后的改革开放时期,学前教育事业因着经济发展的迅速飞腾,而亦呈现出前所未有的开放与自主程度。

20世纪80年代伊始,诸如蒙台梭利、杜威、布鲁纳、皮亚杰等各种国外儿童发展理论与教育思想在我国教育领域广泛而迅速地产生了影响。同时,我国近现代教育家们的思想,特别是陈鹤琴先生的幼儿教育思想再次受到重视。这些都为80年代以来的幼儿园课程改革提供了理论背景。

与此同时,幼儿园课程实践过程中问题显著:学科课程过分强调系统的单科知识和技能,忽视儿童的实际活动和直接经验的弊端开始显露,幼儿园课程普遍存在重智轻德体、重教师轻学生、重上课轻游戏等倾向,幼儿园课程不能适应时代和社会发展的要求,幼儿园课程到了非改不可的地步。

1979年,教育部颁布的《城市幼儿园工作条例(试行草案)》规定幼儿园应贯彻保教

① 徐琼霞.新中国幼儿园课程改革的理性反思[D].湖南师范大学,2004.

结合的原则,并规定了幼儿园课程应包含体育锻炼、游戏和作业、思想品德等几个方面。[①]

1981年10月,在继承《幼儿园暂行规程》和《幼儿园暂行教学纲要》(1952)的基础上,教育部颁发了《幼儿园教育纲要(试行草案)》,将1952年的"幼儿园教学"改为"幼儿园教育"。这是迄今为止对我国学前教育影响时间最长也最深刻的课程文件。

《幼儿园教育纲要(试行草案)》共分三个部分:第一部分为年龄特点与教育任务。着重从教育工作的需要出发,扼要地概述了三至六岁幼儿生理、心理的主要特点,并根据我国的教育方针和总的培养目标,提出了幼儿园进行体、智、德、美全面发展教育的具体任务;第二部分为教育内容与要求。分为生活卫生习惯、体育活动、思想品德、语言、常识、计算、音乐、美术八个方面,按各年龄班分别提出要求;第三部分为教育手段及注意事项。针对幼儿的特点,强调在幼儿园要积极开展游戏和各种体育活动,防止幼儿园教育小学化、成人化,并注意发挥教师的主导作用,使幼儿生动活泼地得到发展。

1989年,国家教委颁布了《幼儿园工作规程(试行)》,这项法规在试行7年后正式颁发,规程的改革精神主要体现在:一是强调幼儿的主动活动,为幼儿提供充分的活动机会;二是强调教育要适合幼儿的个体差异,促进每个幼儿在不同水平上的发展;三是强调游戏在幼儿教育中的重要性;四是强调寓教育于幼儿园一日活动之中;五是强调幼儿园活动的过程。《规程》虽未提及"课程"二字,但是根据它的精神,幼儿园的一切活动,只要能影响儿童的行为、态度和价值观,都被看作是课程。[②]

基于上述理论背景、实践困境与政策带动的多重驱动,自20世纪80年代初期,各地更是逐渐掀起了幼儿园课程实验的热潮,如南京师范大学与南京实验幼儿园开展的"幼儿园综合教育结构的探讨"实验,中央教育科学研究所与北京第五幼儿园、崇文区第二幼儿园进行的以常识为中心的"幼儿园综合教育"实验,从单科扩展到整体,从城市扩展到农村,对幼儿园课程改革起了推动作用。

可以看出,20世纪80年代的幼儿园课程改革继承与发展了50年代的课程改革成果,但更突破了50年代以来分科课程一统天下的状况,而强调幼儿园课程的整体性和全面性,强调幼儿的主动性与教师主导作用的发挥,教育方式不再局限于"作业",更加强调了幼儿园课程要适应幼儿的年龄特征的游戏化。总之,80年代的幼儿园课程改革是一场轰轰烈烈的变革,其范围之广、力度之强、程度之深、影响之远是史无前例的。它广泛吸收了国外的先进经验,继承前人的改革成果,力图将多种课程理论与中国实际相结合,积极探索适合中国国情的幼儿园课程,并通过实验研究,努力追求幼儿园课程的科学化和规范化,力图避免分科课程的弊端,这些都在我国幼儿园课程改革的历史上画上了浓墨重彩的一笔。然而,本次改革还存着一些问题,需要我们不断地反思。

其一,课程理论与课程实践脱节。幼儿园课程改革的难点就是理论并不等于实践,"应然"并非"实然",过分在乎理论的"先进性",反而有可能导致幼儿教育实践的"不可

---

① 朱家雄主编.幼儿园课程论[M].中央广播电视大学出版社,2007(7).
② 朱家雄主编.幼儿园课程论[M].中央广播电视大学出版社,2007(7).

操作性"。一种好的理论,有其自身严密的逻辑和体系,它是在特定条件下产生的,只能被用于解释和指导特定的现象和事件。幼儿教育实践则应着眼于最优化地解决问题,着眼于"行得通",而不应过多考虑是否与"正确"的理论相符。"如在理念上,人们倡导在教学中要尊重幼儿的想法,注重培养幼儿的批判意识,但课程实践层面却没有这样做。幼儿源自其经验的、感兴趣的话题常常被忽略,幼儿丰富的想象常常被制止,甚至被当作与教学内容无关的'瞎说',教师不太尊重、也不设法满足幼儿的需要,幼儿成了知识的被动接受者。这种脱节致使课程改革的效果大打折扣。"①

其二,农村幼儿园课程的研究与改革没有受到足够的重视。农村幼儿园底子薄、基础差,在资金、教师、管理等方面与城市幼儿园间存在较大的差异。但目前农村幼儿园的教学现状并没有引起足够的重视,致使幼儿园课程缺乏科学性、经济学、适宜性、实效性与引导性,与城市幼儿园存在较大的差距。对农村幼儿来说,其发展需要总是和他们生活的农村社会现实紧密相关。因此,在农村进行幼儿园课程改革应充分体现农村幼儿园儿童发展的需要与农村社会条件相统一,大力推荐农村幼儿园课程改革。

四、深化时期:多元化理念与本土化探索触发课程文化觉醒与变革

如果说 20 世纪 80 年代的幼儿园课程改革开创了中国幼儿园课程改革的新局面,那么 90 年代以来的改革过程则促使我国幼儿教育进入多元化发展与本土化探索阶段,幼儿园课程初显文化层面的觉醒性变革。

基于前期的研究与探索,幼儿园教育实践呈现出多姿多彩的姿态,出现了游戏课程、情感课程、生存课程、领域课程等,而"以幼儿为本"、"可持续发展"、"生态教育"、"终生教育"等教育观念早已深入人心。学前教育学术交流进一步加强,维果斯基的"最近发展区理论"和社会建构理论、加德纳的多元智能理论、意大利瑞吉欧教育理念等都极大地影响了中国的幼儿园课程改革。这些新的教育理念使新世纪的中国幼儿园课程呈现出多元化、个性化的姿态,多种形式的幼儿园课程格局初现,幼儿园的"整合课程"、"田野课程"、"探索型主题活动"等可以说是这一时期幼儿园课程改革实践的典型。可以说,"我国的幼教工作者在不断吸收和借鉴世界先进教育理论及幼儿园课程研究成果的同时,不断探求幼儿园课程中国化的道路;在对幼儿园课程改革不断自我肯定、自我完善的同时,不断地反省、思考,从而使幼儿园课程改革成为幼教工作者不断充实、提升教育理念的过程,成为教师自我成长的过程,成为不断服务幼儿园课程实践、指导课程实践的过程"②。从这一改革历程来看,幼儿园课程改革者秉持其所具有的坚定立场,不随波逐流,不妄自批判,其改革思路变得开放,且能躬身践行,其研究精神与教育情怀逐渐彰显出课程改革者们的对于课程文化变革的觉醒之态。

21 世纪,我们进入了科技化、信息化、全球化和学习化社会,时代赋予了课程改革新的使命和新的内容,幼儿园课程改革在 21 世纪翻开了新的篇章。

2001 年教育部颁布了《幼儿园教育指导纲要(试行)》,强调幼儿园教育要以幼儿发

---

① 王春燕.百年中国幼儿园课程改革的回顾与反思[J].幼儿教育,2004(9).
② 王春燕.百年中国幼儿园课程改革的回顾及反思[J].幼儿教育,2004(9).

展为本,要尊重幼儿的人格和权利,要尊重幼儿身心发展的规律和学习特点,要以游戏为基本活动,要保教并重,要关注个别差异,促进每个幼儿富有个性的发展;认定幼儿的学习与发展是一个主动建构的过程,幼儿园教育应注重幼儿自主性的发挥与发展,幼儿园课程要为幼儿提供整合的、情景化、生活化的经验。明确了幼儿园课程内容的全面性、启蒙性,相对划分了为"健康、语言、社会、科学、艺术"等五个领域,并对五个领域的目标、内容与要求、指导要点分别做了规定。① 可以说,《纲要》颁布后各地都掀起了学习和改革的热潮,改革在理论和实践上有了新的发展和进步。

2012 年教育部颁布了《幼儿园教师专业标准(试行)》,提出了"幼儿为本,师德为先,能力为重,终身学习"的基本理念,用以指导幼儿园教师开展保教活动。同年 10 月,教育部颁布了《3—6 岁儿童学习与发展指南》,旨在深入贯彻落实《国家中长期教育改革和发展规划纲要(2010—2020 年)》和《国务院关于当前发展学前教育的若干意见》,帮助广大幼儿园教师和家长了解 3—6 岁儿童学习与发展的基本规律和特点,防止和克服学前教育"小学化"现象,全面提高科学保教水平。《指南》主要包括两个部分:儿童全面发展的关键指标以及针对各领域的发展提出了教育指导建议。② 可以说,其对我国幼儿园课程的实施具有非常重要的指导意义。

新世纪学前教育改革体现了更加先进的课程观和儿童观,指导思想更加全面科学;对待国外教育理论更加理性;开始重视课程评价的功能和作用;更加重视园本课程、隐性课程、生成课程的开发;重视与家庭、社区的一体化建设;并针对幼儿教师和 3—6 岁儿童颁布了具体可操作的职业标准和发展指南,对于指导和促进我国的幼儿园课程改革具有重要意义。

纵观我国幼儿园课程,经历了由照搬国外、仿效西方到中国化、科学化,由单一课程模式到多元课程模式的发展过程,而蕴于其中的始终是改革与发展这一主线。幼儿园课程改革是大势所趋,是必然的,也是社会对幼儿教育提出的要求。然而,改革是一个艰难曲折的过程,时代发展过程中的一些问题,如:优质师资的缺乏,幼儿园课程资源不均衡等,都影响着幼儿园课程改革的实施与发展,依然有待于我们进一步探索、发展和深入。幼儿园课程改革始于 20 世纪 80 年代,到现在仍然不断地发生变化。在这些变化中,我们看到幼儿园课程改革给我们带来的希望,但改革也是一把双刃剑,也同时带来一些弊端。若要改革,必须谨慎地把握尺度,而不能盲目地去追求和推行所谓理想中的东西。今天,当我们总结和反思这场改革时,首先要明白幼儿园为什么要进行课程改革,这是课程改革必须解决的基本问题。

课程改革并不只是课程的简单更替,它实际上还是与课程关系密切的人们的知识观、教育观以及儿童观的变革。课程要充分考虑儿童的需求,顺应儿童的发展,要有效地将儿童发展纳入合乎社会需求的轨道,但"以儿童为中心"不是所谓最准确的理念,教育、课程不能只讲儿童,否则教师只会越教越糊涂。如今,关于教师到底"要不要教? 为什么要教? 教什么? 怎么教?"这样最基本的教育问题,也成为了令不少老师左右为难

---

① 徐琼霞. 新中国幼儿园课程改革的理性反思[D]. 湖南师范大学,2004.
② 霍力岩,史贝贝.《3—6 岁儿童学习与发展指南》实施现状与建议[J]. 教育导刊(下半月),2013(12).

的事情,这使我们不得不重新思考、审视幼儿园课程改革的初衷。我们会发现,20 世纪 80 年代以来的幼儿园课程改革仍存在着很多问题,需要我们不断地反思,如存在注重课程形式而缺失课程精神的现象,过多的幼儿园趋于形式冠以"蒙台梭利教育"、"建构主义教育"等形式,却不能体现出鲜明的幼儿园课程主题,以至于存在课程精神缺失的严重现象。课程的目的不是追求花样翻新、课程的内容也不是片面的教育理念、过于注重课程形式只会导致内涵丰富的课程方案失去活力。所以,作为幼儿教育工作者要有清醒的认识,不能被表面繁荣的多种多样的课程实践活动所迷惑,应透过现象看实质。

当然,我国幼儿园课程改革是在我国社会文化、经济、政治等领域变革的大背景下进行的。在当今社会的大背景下,我国幼儿园课程的改革呈现出的发展趋势需要我们注意。

其一,关注幼儿的发展和需要。在充分研究我国社会背景和知识特点的前提下,我国的幼儿园课程不仅在理念上,而且在实践中越来越多地关注幼儿的自身发展特点和实际需要,将立足点放在幼儿身上,以幼儿的全面整体发展为目标,关注幼儿在智力、学习方式以及个性等方面存在的个体差异,尊重幼儿的权利和需要,充分开发并利用环境的教育价值,尊重幼儿活动的权益,同时注重运用适合幼儿的教育方式,将社会普遍认同的、有价值的知识和技能传授给幼儿。随着来自国外的理论、教育实践,以及国内的一些研究对幼儿园课程所产生的影响,幼儿园课程不仅在理念上对关注幼儿的发展和需要取得了共识,而且已经逐渐地在实践层面上发生了根本的变化。

其二,管理多元化和自主化。我国幼儿园课程的管理已经走向多元化和自主化,而且会进一步朝这个方向发展。2001 年教育部颁布的《幼儿园教育指导纲要(试行)》从理论上奠定了幼儿园管理多元化、自主化的基础。在实践中,幼儿园课程管理的多元化、自主化的发展趋势,主要基于以下几个方面的原因:一是全球化趋势和教育的多元化发展,促使幼儿园课程在管理上必须而且应该走向多元化和自主化;二是我国地域广大,经济和文化发展不平衡,教育资源不平衡;三是幼儿园课程改革强调满足儿童的兴趣和需要,让每一个儿童在原有水平上得到发展,只有多元化、自主化的课程管理才能让教育的有效性得到基本的保障,保证了课程改革朝此方向的发展,为实施差别化的教育提供了可能。

其三,注重 0—6 岁婴幼儿课程一体化。随着国际早期教育理念的引入,以及脑科学等相关学科研究的新进展,让人们开始认识到 0—3 岁是人生发展的关键期,是开发人的潜能的最佳时期;同时,随着独生子女政策的影响,我国新生儿出生率逐渐下降,这导致了我国幼儿园适龄幼儿数量不断减少。在这种背景下,幼儿园为了增加入园幼儿的数量,便开始扩大教育服务功能,一些幼儿园开始招收 3 岁以下的儿童,并以亲子园、家长学校等形式服务于幼儿和家庭。在这些因素的影响下,0—6 岁婴幼儿教育课程一体化日益成为当前幼儿园课程发展的一大趋势。

其四,重视与社区教育相融合。我国幼儿园的发展有逐渐依托社区资源的发展趋向。我国社区的服务功能日益加强,社区资源的整合运用日益受到关注。幼儿园依托社区、融入社区,其价值不只限于运用社区资源,更重要的是在更宏观的层面上加强了对学前儿童及其家庭的教育和服务,而这种教育和服务是全方位、多层次和多功能的。

幼儿同课程与社区教育相融合,给我国幼儿同课程改革带来新的思路和发展契机。结合同侪早期教育发展过程中的成功经验,幼儿园依托社区资源以增强教育的有效性,以融合社区资源来丰富幼儿团课程内容的理念已经为越来越多的有志之士所认可和接纳。幼儿园课程与社区教育相融合所产生的优势互补,将会给我国幼儿园课程改革带来新的发展空间。

其五,关注传承中华民族优秀文化。传承和发扬中华民族的优秀文化,不仅可以实现幼儿教育的社会价值,培养适应中华民族文化的合格公民,还可以从根本上抵御盲目引进外来文化所产生的负面影响。在幼儿园教师对幼儿进行经典文化的教育过程中,使中华优秀文化以喜闻乐见的形式自然渗透到幼儿园课程中来,这样的途径既传承了优秀文化传统,又保证了幼儿园课程内容的一泛性与丰富性,从而取得一举多得的教育效果。

其六,重视教师职业水平的提高。教师是课程改革工作中的主力军,教师的职业水平虽然不是幼儿园课程改革本身的问题,但却是我国幼儿园课程改革所需解决的问题。我国的幼儿园教师几乎完全是在传统学科教育的模式中培养起来的,大部分教师很难有效、科学地把握幼儿园的活动过程、贯彻课程改革的理念。在这样的条件下,需要国家、地方等加强幼儿园教师的培养和培训,把幼儿园教师的专业发展落实到实处,通过在幼儿同课程改革实践中的不断反思和总结,培养幼儿园教师对课程开发的能力,并通过职后培训的方式对在职的幼儿园教师进行再教育等,提高幼儿园教师的职业水平。

现代社会的知识更新速度越来越快,只有具有终身学习的能力才能适应时代发展的步伐。在这种背景下,幼儿教育目标日益丰富,课程内容的范围越来越广泛。从国际课程变革的发展趋势看,各国都引入了一些富有时代感的综合主题,如价值教育、国际理解教育、信息技术教育等。因此,我们有必要将新的课程目标与内容整合到原有的课程体系中,在中国国情的背景下顺应世界潮流,学习他们的成功经验,又不缺乏本土化的探索。

路漫漫其修远兮,吾辈将上下而求索。

上篇

幼儿园课程的设计

【学习目标】

本章主要介绍了幼儿园课程及其设计的内涵,要想更好地认识幼儿园课程设计,必须对其上位概念进行理解,即课程与幼儿园课程。通过本项目的学习,使学生能够:

1. 掌握课程及幼儿园课程的概念;

2. 能够对设计不同的幼儿园课程有一定的理论基础;

3. 培养对幼儿园课程设计的兴趣和热情。

【内容脉络】

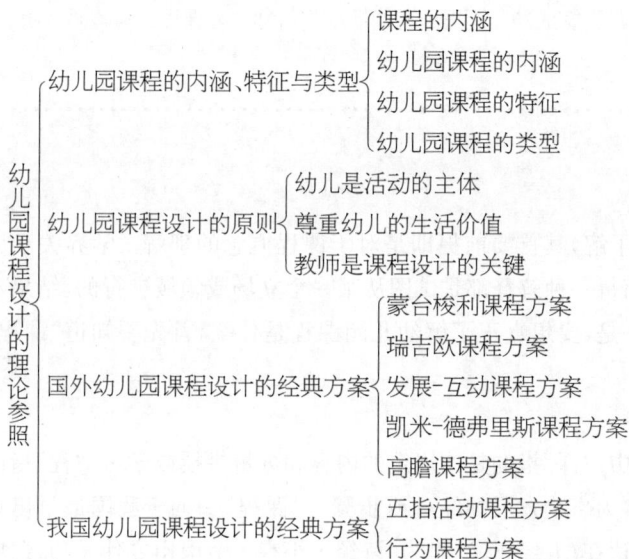

幼儿园课程设计的理论参照

- 幼儿园课程的内涵、特征与类型
  - 课程的内涵
  - 幼儿园课程的内涵
  - 幼儿园课程的特征
  - 幼儿园课程的类型
- 幼儿园课程设计的原则
  - 幼儿是活动的主体
  - 尊重幼儿的生活价值
  - 教师是课程设计的关键
- 国外幼儿园课程设计的经典方案
  - 蒙台梭利课程方案
  - 瑞吉欧课程方案
  - 发展-互动课程方案
  - 凯米-德弗里斯课程方案
  - 高瞻课程方案
- 我国幼儿园课程设计的经典方案
  - 五指活动课程方案
  - 行为课程方案

【先行案例】

一天,几个结束了一天实习的学前教育专业的学生在一起讨论:"今天我什么都没干,就是一直照顾孩子穿衣服、上厕所、喝水。""对,我也是,就是在管着孩子的吃喝拉撒这样的琐事。"……

你认为幼儿园中孩子吃喝拉撒的生活琐事是否是幼儿园教师的工作内容之一? 是否是课程的一部分呢? 幼儿园的课程和中小学的课程又有什么样的区别呢? 我们就带着这些问题来走进幼儿园课程、认识幼儿园课程。

任务 1　幼儿园课程内涵、特征与类型的认识

【完成目标】

1. 掌握课程的概念和类型；
2. 掌握幼儿园课程的概念和特征。

【任务驱动】

如前文先行案例所述，你是否赞成幼儿园里所有的活动都可称之为课程？请阐明理由。

．．．

一、什么是课程

要对幼儿园课程有所了解，其首要前提即是对于课程概念的理解。学界关于课程概念存在着很多的解释，而每一种解释都是试图从某一个立场或领域进行的，结果对课程的界定众说纷纭，莫衷一是，要想真正了解幼儿园课程是什么，首先要知道"课程"一词的来源与释义。

（一）课程的词源考察

在中国传统文化背景中，"课"指的是按规定的内容和分量讲授或学习；"程"指的是一种长度单位，被人们引申为事物发展的经过或步骤。"课程"一词于我国最早出现在唐宋时期。唐朝学者孔颖达在《五经正义》里为《诗经·小雅·节南山之什·巧言》中的"奕奕寝庙，君子作之"这一句作疏时说"以教护课程，必君子监之，乃得依法制也"。其中"课程"虽然与现在我们常说的"课程"一词相差甚远，但这却是我国文献中第一次出现"课程"一词。宋代朱熹在《朱子全书·论学》中也曾多次提到"课程"。他谈到，"宽著期限，紧著课程"，"小立课程，大作工夫"等，虽然他没有对课程进行明确的界定，但意思很明确，就是指功课及进程，这与我们当前对课程的理解基本相似。可以说，课程的基本含义是人们预订分量、内容和步骤并据以刻苦努力的阅读、讲授和作业，并关乎人的安身立命问题，属于严肃神圣的事业。这种理解在我国一直占统治地位并影响至今。

在西方，课程（curriculum）一词最早来自英国著名的哲学家、教育学家斯宾塞（H. Spencer），他在 1859 年发表了一篇名为《什么知识最有价值》的文章，里面最早提到"课程"。它是从拉丁语"currere"一词中派生出来的，原意为"跑道（recourse）"，根据这个词源，西方对课程最常见的定义是"学习的进程"，简称"学程"。

（二）课程的经典界定

当前，关于"课程"到底是什么，不同的学者有不同的认识，甚至许多一线的教育工作者对"课程"认识也有很大的分歧，但是概括起来，主要有以下几种理解：

1. 课程即教学科目

把课程等同于教学科目，在历史上由来已久。在我国古代的"六艺"（礼、乐、射、御、

书、数)和欧洲中世纪的"七艺"(文法、修辞、辩证法、算术、几何、音乐、天文学)都是把课程等同于教学科目。

目前,我国的《辞海》中对课程的定义是"课程即教学的科目,可以指一个教学科目,也可以指学校的或一个专业的全部教学科目,或指一组教学科目"。此外,《中国大百科全书》以及众多教育学教材也认为,课程即学科,指学生的全部学科或者指某一门学科。

这种定义易把课程内容和课程过程割裂开,片面强调内容而忽视了过程,而且强调的是内容是系统的学科知识体系,极大地忽视了学生心智发展、情感陶冶、创造力表现以及师生互动等,对学生的全面发展造成很大的阻碍。而现在课程改革也明确把活动和社会实践课列入课程,这说明将课程等同于教学科目的观点是不全面的。

2. 课程即有计划的教学活动

这个定义指的是在教学过程中,所有有计划的活动都是课程,包括教学范围、序列、进程以及教学方法和教学设计等。这种定义打破了教学科目说的藩篱,拓展了课程的范围。代表人物有麦克唐纳、斯腾豪斯、布拉特等。

但对于这种定义也有不少学者提出质疑。首先,何为"有计划"。不同的人对此有不同的理解。有人把"计划"理解为书面计划,例如,教学计划、教学标准、教学大纲、教科书、教学参考书、练习题以及教师备课的教案;但也有人认为"计划"不仅包括书面计划,也包括非书面计划。因为通过观察,他们发现很多教学活动是基于非书面计划来安排的,例如,很多老师在上课的过程中会出现很多教案上没有的内容,但如果把非书面的计划也包括在内,那么课程的定义又似乎太广了。其次,在这种定义下更关注的似乎是教师是否落实了计划中的教学活动,而忽视了学生的真实体验,这就导致了本末倒置。事实上,我们更应该注意的是教学活动对学生学习过程和个性品质的影响,而不是教学活动本身。

3. 课程即预期的学习结果或目标

这种课程定义要求事先制定一套有结构、有序列的教学目标,所有教学活动都应为达到这些目标服务,因此,更强调课程的预期性和可控性,有利于课程的课程化和标准化。这时,课程关注的不再是活动,而是直接关注预期的学习结果或目标,把重点从手段转向目的。

它强调预测、控制、效率,把目标看成是至高无上的。代表人物有博比特、泰勒、塔巴、惠勒、凯尔、奥利瓦以及莱顿索通等。

但这一定义也受到了一些学者的质疑。首先,预期发生的事情和实际发生的事情之间总是存在一定的差异,在教育目标实施的过程中,不可能完全按照预期的目标进行。其次,把预期的学习结果或者目标作为课程的基本要素,就忽视了非预期的学习结果。但在实际教学过程中,学校文化、教师的人格特征、师生互动的性质等隐性课程对学生的影响也是不容忽视的。

4. 课程即学习经验

20世纪初,杜威根据实用主义经验论,提出课程即学生的学习经验。把课程定义为学习经验,是试图把握学生实际学到些什么。因为经验是学生在对所从事的学习活动的反思中形成的,课程是指学生体验到的意义,而不是要再现事实或要演示行为。这种观点将课程的重心由"学科"、"教师"转向"学生",实现了课程本质由"客体"向"主体"的转变,更关注"主体"的需要、兴趣,更关注"主体"在学习过程中实际获得的东西以及对他们个人的意义。每个学生都是独特的学习者,他们从同一活动中获得的经验各不相同。因此,学生的学习取决于他自己在活动中做了些什么,获得些什么,而不是教师教了些什么。目前,越来越多的人开始把课程本质转向学生在学校获得的经验。[①]

该定义把学生的个人经验包含进来,显得比较宽泛。此外,在实际教学过程中,老师如何保证每个学生得到的经验都是正确的? 如何同时满足几十个学生不同的个体生长要求? 如何为学生制定合适的课程计划? 各级各类学校是否还有必要制定相对统一的标准? 在这种课程下,学校的作用又是什么? 这些问题都值得我们思考。

5. 课程即文化再生产

在这种定义下,任何社会文化中的课程,事实上都是该社会文化的反映,学校教育的职责是要再生产对下一代有用的知识和价值。教育的内容是根据国家需要制定的,教育工作者就是把这些内容传递给学生,使学生可以更好地适应社会,从而把课程的重点从教材、学生转向社会。主要代表人物有鲍尔斯和金蒂斯。

该理论认为课程是文化再生产,其前提就是社会现状已达到完满状态,不再需要改革。然而,现实却不尽人意,现实社会远没有想象中的合理,倘若教育者以为课程无需关注社会文化的变革,就会使现存的偏见永久地传下去。

6. 课程即社会改造

一些激进的教育家认为,课程目的不是为了使学生适应或顺从社会,而是要使他们敢于建造一种新的社会,从而摆脱现存社会制度的束缚。因此,主张把课程重点放在当代社会的主要问题和主要弊端、学生关心的社会现象,以及改造社会和社会活动规划等方面上来,例如,犯罪、战争、贫富、种族歧视、失业、环境污染、疾病、饥饿等问题。主张让学生尽可能地参与到社会生活中去,增强学生适应社会生活的能力,并注重培养学生的批判意识。主要代表人物是巴西的弗雷尔。

针对这样的观点,有的学者认为学校组织并未强大到足以促使社会发生重大变革的地步。然而,认为学校课程能够起到指导社会变革的作用的观点未免过于天真。

通过上述的分析我们可以发现,国内外学界对于课程本身并没有统一界定,其观点主要表现为三种取向:学科取向、活动取向、经验取向。既如此,幼儿园课程作为课程的下位概念,对其理解更是众说纷纭。然而,作为幼儿教师,我们身在课程背景之中,甚至我们本身即是课程的一粒分子,我们需要对幼儿园课程有一个整体的认识和把握。

二、什么是幼儿园课程

(一)幼儿园课程的内涵

事实上,每一种课程理论或课程取向都有其理论基础,都从不同角度揭示了幼儿园

---

① 王春燕主编.幼儿园课程概述[M].北京:高等教育出版社,2010.

课程的内涵和本质。当前,我国主导的幼儿园课程理论基础是活动论。根据教育部"九五"教育科学规划重点课题《中国幼儿园课程政策研究》课题组的反复推敲认定幼儿园课程的定义是:幼儿园课程是实现幼儿园教育目的的手段,是帮助幼儿获得有益的学习经验,促进其身心全面和谐发展的各种活动的总和。

首先,幼儿园课程是活动。一直以来,学术界对于幼儿园课程是什么有很大的争议,归根到底,就是一直在注重幼儿园课程的客体(学科教材)和幼儿园课程的主体(幼儿)间徘徊,立场不一样,得到的结论也就不一样。把幼儿园课程归结于活动,这就解决了我们在考虑幼儿园课程的时候应该注重主体(主观的学习经验)还是客体(学习内容)的两难问题,将视角转向了两者的交合处——活动,从活动的角度看待和解释课程。这一解释也比较符合幼儿的身心发展水平。

知识链接

20世纪二三十年代,是我国幼儿园课程迅速发展的第一个时期,主要代表人物有陈鹤琴、张雪门、张宗麟、陶行知等。这个阶段在吸收西方先进思想的基础上,与中国幼儿园教育实际相结合而提出的幼儿园课程理论研究,摆脱了清末民初学习、模仿日本的学前课程模式,是一整套比较适合中国儿童身心发展及国情的幼儿园课程理论,开创了中国幼儿园课程变革的本土化与科学化研究,创造了这个时代幼儿园课程的最高成就。

这个阶段,对于幼儿园课程的解释主要有以下几种:

张宗麟在其《幼稚教育概论》一书中提出,"幼稚园课程者,由广义说之,乃幼稚生在幼稚园之一切活动也。"

张雪门认为课程是经验,是人类的经验用最经济的手段,按照有组织的调制,用各种方法,以引起孩子的反映和活动。幼儿园的课程是什么? 就是给3足岁到6足岁的孩子所能够做而且喜欢做的经验的准备。

陈鹤琴主张幼儿园课程应该给孩子一种充分的经验,这种经验的来源有二:一是与实物的接触,二是与人的接触。应该把儿童能够学而且应该学的东西有选择地组织成系统,应该以儿童的两个环境——自然环境和社会环境——为中心组织幼儿园课程。

这一阶段,对于幼儿园课程的认识,都非常重视幼儿的经验和幼儿的生活,认为幼儿园课程包括幼儿在园的所有活动,把幼儿看作是课程的中心。这种思想,在当代幼儿园课程的研究中也是很先进的。

其次,幼儿园课程是有计划、有目的的。幼儿园课程并不是随意的,而是根据幼儿的身心发展特点及其知识和活动的逻辑性来指导幼儿。幼儿园根据不同年龄段的幼儿设置不同的教学计划,有年计划、月计划、周计划、日计划等,教师在进行一日活动时,也是按照幼儿园的教学计划进行的。这是幼儿园教育与家庭教育的重要区别之一。当前已经有不少幼儿园根据自己幼儿园的特色进行了园本课程的开发,极具本土特色,但这些课程的开发并不是随意的,而是很多专家进行探讨,根据幼儿园的特色制定的系统的课程。

　　1989 年版的《幼儿教育百科辞典》中收录的课程释义为："广义指为实现幼儿园的教育目标而组织安排的全部教育活动，或指规定的全部教学科目及其目的、内容、范围和进程的综合。狭义指每一学科课程，主要包括教育目标、教育内容、教育方法、评价等内容。"①

　　最后，幼儿园课程是各种活动的总和。所谓的各种活动，也就是《幼儿园工作规程》里所说的"有目的、有计划地引导幼儿生动活泼、主动活动的多种形式的教育过程"。也就是说，幼儿园课程不仅仅是"上课"或所上的各门课的相加，凡是能够实现幼儿园教育目的、能够帮助幼儿获得有益的学习经验的活动，无论"上课"，还是游戏、生活活动，都是幼儿园课程的有机组成部分。

　　冯晓霞认为，幼儿园课程是实现幼儿园教育目的的手段，是帮助幼儿获得有益的学习经验，促进其身心全面和谐发展的各种活动的总和。②
　　虞永平主张，幼儿园课程是"从幼儿身心发展的特点和特定的社会文化背景出发，有目的地选择、组织和提供的综合性的、有益的经验"。③

　　随着课程改革的深入，加上对国内外先进的儿童心理、教育理论和课程理论的不断探究与学习，我国的研究者对幼儿园课程进行了全面、深入的改革，对幼儿园课程的认识有很大改变，主要体现在：更加注重"学习者"的作用，把幼儿园课程的重心放在了幼儿身上；更注重幼儿有益经验的获得和身心的全面、和谐发展；幼儿园课程的范围扩大，把幼儿在幼儿园的一切教育性活动都包括在内。

（二）幼儿园课程的特征

1. 幼儿园课程具有基础性和启蒙性

　　学前教育课程是基础教育课程的基础部分，其基础性主要表现在两个方面：其一，幼儿园课程对中、小学教育甚至是大学及更高的教育都有深远的影响；其二，幼儿园课程的对象是 3—6 岁幼儿，这个阶段正处于人生发展的起始阶段，他们的身心发展迅速，幼儿园课程对幼儿的一生成长都有奠基作用。

　　正是由于幼儿园课程的基础性，对幼儿身心发展的重要作用，且这个阶段的幼儿正处于能够迈开脚步走出家门，睁开双眼观看窗外的年龄，他们对于外界的事物感到好奇，充满求知的渴望，但由于自身身心发展的限制，自己无法做出正确的判断，因此，急需一个正确且强有力的引导者。这时候，幼儿园课程就承担了这样一个引导者的作用，对此进行启蒙。这个阶段的课程不需要有多高深，而是重在能够启迪幼儿心智，萌发优秀的个性品质。

① 祝士媛，唐淑主编. 幼儿教育百科辞典[M]. 上海：上海教育出版社，1989.
② 冯晓霞主编. 幼儿园课程[M]. 北京：北京师范大学出版社，2000.
③ 虞永平主编. 学前课程价值论[M]. 南京：江苏教育出版社，2002.

启蒙与启蒙教育①

　　启蒙，是生命的开始，是人生最关键的一步，在一个人什么都不懂的时候，他的生命就是一张白纸，启蒙就是这张纸上的内容，画成什么就是什么，再也无法抹去。启蒙教育对于一个人的成长至关重要，良好的开端等于成功的一半。在一些不知道新理论的人特别是儿童，不具备验证科学知识的能力时，只能简单使他们记住结果而应用科学知识，这种忽略证明过程的教育方法叫启蒙。启蒙常用的说理方法是用一些被启蒙者已知的类似常识，来说明道理，而不是讲述科学证明过程。

　　那么，何谓启蒙教育？宝宝出生以后就进入了早期教育的关键时期，而且越早效果越好。因为宝宝出生后大脑就进入快速发育时期，并且吸收能力特别强。所以为了帮助其大脑更好地发育及认知更多的东西、培养更高的能力，家长要给宝宝提供一个丰富多彩的益智环境。这时期的宝宝主要是通过感觉器官来学习的，能够刺激宝宝视觉、听觉、触觉、味觉、嗅觉的学习环境就是丰富的益智环境，比如经常带宝宝户外活动、给宝宝买一些色彩鲜艳的图书和玩具—视觉刺激；经常给宝宝讲故事、说儿歌、听音乐—听觉刺激；经常给宝宝洗澡、做抚触、动手玩玩具等—触觉刺激；适时添加副食，并且经常调剂饮食—丰富营养，丰富味觉、嗅觉刺激；宝宝的学习就是在日常生活和玩耍中进行的。除了给予丰富的环境刺激促进智力发育以外，还需培养宝宝与年龄相适应的技能、良好的行为和生活习惯、良好的性格等。

2. 幼儿园课程内容以直接经验为主

　　由于思维方式的限制，幼儿主要通过各种感官来认识、感知世界，因此，只有在丰富的感性经验的基础上，幼儿才能理解事物，从而对世界形成抽象的认识。对于幼儿来说，离开了具体的活动和事物，离开了幼儿的直接经验，教学就变成了记忆力的机械训练，学前教育课程就失去鲜活的生命。因此，在选择幼儿园课程的时候，要注意幼儿的生活经验，不能与幼儿的生活经验相脱离。课程内容的选择应既符合幼儿的兴趣和现有经验，又有助于形成符合教育目标的新经验；既贴近幼儿的生活，又有助于拓展幼儿的经验。

　　著名的幼儿教育家张雪门曾经说过，我们提倡的幼稚园课程，首先应注意的是实际行为，凡扫地、抹桌、熬糖、炒米花以及养鸡、养蚕、种玉蜀黍和各种小花等能够实际行动的，都应让他们实际去行动。在行动中所得的认识，才是真实的知识；在行动中所发生的困难，才是真实的问题；在行动中所获得的胜

---

① 刘睿.启蒙教育与人的全面发展[J].学前教育研究,2009(7).

利,才是真实的制驭环境的能力。我郑重地再说一句,幼童一定先有了直接经验,然后才可以补充想象。

并且,他以儿童研究玫瑰花为例,说明了幼儿园课程如何根据直接经验来组织。他在其1966年出版的《增订幼稚园行为课程》一书中指出,给儿童研究玫瑰花,不应该用画片,也不应该用言语,更不应该用文字,应当使儿童和玫瑰花相接触,用他们的鼻子嗅花的香,用他们的眼睛看花的色彩和形态,用他们的小手抚弄花的滑度和温度,用他们的舌尝花的味。经过多种感官的联络获得了玫瑰花的观念以后,再隔绝他的感官,用一种感官使之认出来,才能得到玫瑰花正确的深刻印象,最后用故事扩充他们的经验,自然就很容易接受了。这对我们幼儿园课程的研究有很大的启示。

3. 幼儿园课程实施方式的生活性和游戏性

(1) 生活性

幼儿园课程的生活性主要体现在两个方面。首先,幼儿园课程的实施方式不是通过集体的教学活动,而是通过幼儿园的一日生活。由于幼儿的年龄特点和身心发展的需要,幼儿园教育目标和内容比较广泛,除了要认识周围的事物、启迪心智外,还要学习基本的生活卫生习惯、生活自理能力、与人相处的态度及基本的常识等。而这些仅仅靠教师专门设计和组织的作业教学活动或者"口耳相传"的教学方式是远远不够的,还需要在日常生活中进行指导。其次,生活性还体现在幼儿园课程实施时,要为幼儿创设有趣的、有探索性的生活场景,而不能离开幼儿的生活,从而不断强化幼儿的生活体验。这种生活化的教学方式能够使幼儿感到亲切、自然,使幼儿更好地适应生活、获得经验、得到发展。如音乐教学中打击乐的内容,就可以充分利用幼儿经常接触的物品,从瓶、杯、碗、筷、勺等便于搜集的物品入手,通过开展"瓶子唱歌的秘密"、"杯、碗、碟的歌声"、"好听的声音"等活动,让幼儿在敲敲打打中认识各种物品,以及该物品所发出的音色特点,了解不同材料所发出的声音。通过教师有意识地引导、幼儿亲自体验,大部分孩子能根据自己对各种音色的理解、想象,对各种生活物品进行分类,同时认识到原来生活中也蕴藏着如此美妙的声音,从而增强对音乐学习的兴趣。

知识链接

活动	中大班时间	活动	中大班时间
入园	7:30—8:00	午睡	12:00—14:00
晨间活动	7:30—7:50	起床	14:00—14:10
早餐	7:50—8:30	午点	14:10—14:20
教学活动	8:30—9:00	户外活动	14:20—14:50
课间操	9:00—9:30	室内游戏	14:50—15:50
教学活动	9:30—10:00	餐前准备	15:50—14:00

续 表

活动	中大班时间	活动	中大班时间
户外活动	10:00—11:10	晚餐	16:00—16:30
餐前准备	11:10—11:20	离园准备	16:30—16:45
午餐	11:20—11:50	晚离园	16:45—17:30
餐后活动	11:50—12:00		

——来自济南某幼儿园一日活动安排

可以说,当前幼儿园园本课程建设的主要发展趋势也表现在幼儿园课程的生活化上,即"回归幼儿生活"的课程理念。主要体现在:其一,增添课程自然气息,拓展幼儿学习空间;其二,紧密联系生活实际,培养幼儿适应能力;其三,充分利用乡土材料,浓郁课程乡土气息;其四,注重家园结合,发挥家长的角色价值。例如:上海某幼儿园教师课例《消防叔叔了不起》,请家长以职业人的不同角色与身份走进课堂,拓展幼儿的学习视野与空间,充分发挥家长资源优势,正因为不同的幼儿园家长资源具有不可复制性,因此相应的课程开发亦具有浓厚的本土性与原创性。当然,在这一过程中,家庭所置身于的自然与社会背景也就成为幼儿园课程资源整合的前提先在条件。

（2）游戏性

游戏性是指在幼儿园课程的实施过程中,尽可能淡化教育目的,强化游戏的手段,更重视学习的兴趣和过程。这是由幼儿的年龄特点决定的,《幼儿园工作规程》也明确指出,幼儿园教育工作的基本原则之一,是"以游戏为基本活动"。这就要求教师在实施幼儿园课程时,要通过游戏的形式进行,更好地适应幼儿的身心发展水平,促进幼儿的发展,保障幼儿的主体地位。

把游戏运用于教育实践活动中,实现游戏与教育及其教学的有机结合是现代学前教育改革与发展的重要方向。

4. 幼儿园课程的潜在性

幼儿园课程的潜在性,又称为隐蔽性,指的是由于幼儿身心发展和学习的特点,幼儿园课程不是体现在课表、教材、课堂教学或"作业"中,而是蕴藏在环境、生活、游戏和各种幼儿喜闻乐见的活动中。有的人甚至把这一特点视为幼儿园课程与中小学课程最基本的不同。

虽然环境怎样创设、活动怎样诱发与指导,都是教师根据幼儿园课程的目的、内容、要求而精心设计的,但这些目的、内容、要求等仅仅存在于教师的意识和行动中,幼儿并不一定能清楚地认识到。幼儿感受到的更多是环境、材料、活动和教师的行为,而不是其背后的教育目的、意图、期望。也就是说,由于幼儿园课程是蕴涵在环境、材料、活动和教师的行为之中,潜移默化地发挥着促进幼儿健康成长的作用的,因此,从幼儿的角度看,幼儿园更像是一个大家共同生活、游戏、交往的地方,而不是"学校"。[①]

因此,我们在实施幼儿园课程的时候,更多的是通过幼儿园的一砖一瓦、一草一木,教师的一言一行、一举一动来影响幼儿,而不是通过目标明确的教学计划,这也给幼儿园教师提出了新的要求。

案例速递

北京市某幼儿园大班语言课"三只小兔"

[活动过程]

师:小朋友们,你们爱听故事吗? 老师现在就讲给你们听。不过呀,你们可要竖起耳朵仔细听啊! 听完以后再讲出来,好吗?

生:好!

(《三只小兔》故事讲述,在此略。)

[结束活动]

师:

A. 我的故事讲完了,看到小朋友听得那么的认真,老师真为你们感到高兴,你们喜欢这个故事吗? 那让我们看一下这个故事的动画好吗?

B. 从你们看得入迷的笑脸中,老师知道你们很喜欢这个故事,那你能把这个故事讲给你的同桌小伙伴听听吗?

幼儿:……

C. 小朋友们,你们为同伴讲故事时的模样可真可爱,听的小朋友也很安静,现在谁能再把这个故事讲给大家听听,一边讲一边可以加上自己喜欢的动作。

师:你们可真勇敢,而且故事讲得都非常棒! 老师都听得入迷了,你们谁以前了解过这个故事,从哪里?

(如果幼儿回答有)师:你真是个爱读书的好孩子,你知道的故事一定很多,以后讲给大家听,好吗!

D. 情感升华,分角色表演:

1. 小朋友,你喜欢故事里的哪个小朋友,说说为什么,好吗?

2. 大家一定喜欢表演吧,你和小伙伴把这个故事演一演,好吗? 先在小组内分好你们要演哪个角色。

[评析]

语言专家们对于最有效地培养儿童语言能力的方法,尤其是在语言教学时的表现方法有许多不同的意见。但在具体实践操作中,主要的方法有语言模仿、图片、图像等音视频刺激。结合上面实例,在讲故事过程中,根据幼儿好动、持续时间短的特点,我时时刻刻关注幼儿的活动,调动幼儿的各种感官,变换多种教学手段。在讲故事的过程中,为了让孩子能保持注意力,不断调整自己的语音语调,在讲述的过程中,培养了幼儿的听记和倾听能力以及注意力。

[①] 冯晓霞主编.幼儿园课程[M].北京:北京师范大学出版社,2000.

为了激发幼儿的兴致,接下来采用了学生喜闻乐见的方式看视频,利用音像,刺激幼儿的感官的协调运用;随后又用了讲一讲、说一说、演一演的方式,让幼儿在说演中完成对故事的理解。为了保障这一系列目标的实现我采用了合理的、有针对性的评价方式,主要以鼓励表扬为主,有效地激发了幼儿的学习热情与持久性。但这样的评价也具有局限性,可能会导致不爱表现的孩子在课堂中成了被动的倾听者、看客,降低他们的参与意识,因此,还要在表扬积极参与的孩子的同时,关注表现不突出的孩子,用富有针对性的语言评价他们的表现,给予适当的行为纠正,也是非常有必要的。批评是教学中不可缺手的要素,只要这种教育是公正的,以不伤害学生的尊严为前提。①

当然,幼儿园课程还有其他的特点,如,幼儿园课程的整合性、幼儿园课程的全面性等,但上述几点无疑是更主要的,把握住幼儿园课程的概念和特征,就不会在设计和组织幼儿课程时偏离大方向。

(三) 幼儿园课程的类型

课程设计的理解基于对课程本身的认识,课程类型亦是如此。对于幼儿园课程类型的认识必须基于对幼儿园课程的理解。

1. 学科课程和活动课程

课程按照其内容性质及其组织方式的不同,可分为学科课程和活动课程。

学科课程指以教育目标和受教育者的发展水平为依据,从不同的知识领域或学术领域,根据一定的逻辑体系,将所选出的知识组织为学科科目或领域,例如健康、社会、语言、科学、艺术等内容领域。学科课程是使用范围最广的课程类型,是学校课程的基本形式。

活动课程又称经验课程,或儿童中心课程,是以实际问题解决为主要形式,以幼儿自主学习和直接体验为基本学习方式,以个性养成为基本目标的一种课程类型。② 活动课程打破学科本身的逻辑,更注重学生的兴趣、需要和能力,更多地关注到当代社会生活和幼儿的现实生活。

学科课程和活动课程,在总体上都服从于整体的课程目标。但两者也有很大的不同,主要通过表1-1来展示。③

活 动 课 程	学 科 课 程
学生中心	教师中心
问题中心——直接体验	教材中心——知识系统
实践活动中心——学生主动学习为主	课堂中心——教师系统讲授为主
注重培养学生个性全面发展	注重学生知识和智力发展为主

表1-1

活动课程与学科课程特征的比较

① 小精灵儿童网.大班语言《三只小兔》教案与反思[EB/OL].[2016-02-10].http://new.060s.com/article/2013/08/21/792262.htm.
② 冯晓霞主编.幼儿园课程[M].北京:北京师范大学出版社,2000.
③ 高峡等著.活动课程的理论与实践[M].上海:上海科技教育出版社,1997.

活　动　课　程	学　科　课　程
注重养成教育	注重训练教育
注重教育过程	注重教育结果
注重问题解决	注重知识获得
主观综合评定为主	客观定性评价为主

基于上述可知,学科课程既有优点也有不足。优点主要有:强调每一科目或领域的逻辑组织,有助于幼儿系统地学习科学知识和人类文化的传承;有助于教学组织与评价,极大地提高了教学效率。但也有很多的不足之处:只注重知识的逻辑体系,容易忽视幼儿的需要和经验;强调单领域的系统知识,而可能容易忽视不同学科之间的相互连续,分离了幼儿的完整生活;学科课程也容易导致单调的教学组织和划一的讲解式教学方法。活动课程有着学科课程不能比的优势,主要体现在:首先,活动课程从幼儿的兴趣和需要出发,与幼儿的生活相贴近,更容易激起幼儿学习的欲望;其次,在教学方法上比较多样,比较适合不同年龄阶段学生的身心发展水平。但也存在不足之处,主要是所学的知识缺乏严格的计划,不利于掌握系统的知识。

2. 显性课程和隐性课程

课程按照其表现形式的不同可以分为显性课程和隐性课程。

相较小学来说,幼儿园课程体系中的显性课程,在学校政策和课程计划中也许没有或者并无必要有明确规定,但在幼儿园现实教育生活中,那些确实在构成幼儿在园学习经验中的常规,有效部分的教育实践和结果,都可视作显性课程。[①] 而隐性课程则极大地扩大了这一范围,不仅包括有计划、有组织的课程,也包括无计划、无组织的课程;不仅包括在课堂学习中获得的知识和技能,也包括通过学校环境(包括物质环境、社会环境和文化影响等)而得到的知识、态度和价值观;在学习结果上,不仅包括幼儿获得了预期性的学术知识,也包括获得的非预期的东西,例如,价值、态度、信念、情谊、人际关系等非学术内容,但需要注意的是,隐性课程既可以是好的方面,也可以是不好的方面。因此需要教师辩证看待,准确判断。

显性课程和隐性课程虽然有所不同,甚至在一定程度上是相反的,但两者之间存在着密切的关系。首先,在显性课程的实施过程中,会伴随着隐性课程,特别是当显性课程实施过程中能充分发挥师幼双方的自主性和创造性时,这种情况下,会产生更多的非计划性、非预期的教育影响,即隐性课程。另一方面,在实施的过程中,隐性课程会不断地转化为显性课程。在显性课程实施的过程中,如果发现不好的隐性课程,那么在下一步显性课程的开发过程中,就会有意识地进行限制;相反,如果发现有好的隐性课程,就会显现出来。这样,原来的隐性课程就转化为有计划、预期性的显性课程,而这些显性课程在实施过程中又会不断产生新的隐性课程。

---

① 江山野编译.简明教育百科全书·课程"隐性"条目[M].北京:教育科学出版社,1991.

3. 理想课程、正式课程、领悟课程、实行课程和经验课程

按照课程决策层次视角的不同，可以把课程分为理想的课程、正式的课程、领悟的课程、实行的课程和经验的课程。

理想的课程，即由研究机构、学术团体和课程专家提出的学校应该开设的课程。例如，现在我国很多学者、专家都意识到生命教育对儿童尤其是幼儿学习与成长阶段的重要性，所以有人提议在幼儿园即有意识地开展生命教育，这一类课程就属于理想的课程。

正式的课程，即由教育行政部门规定的课程计划等，我们平时在课程安排表中看到的课程属此类。正式的课程是理想的课程中的那些被官方认可与授权的部分，例如，生命教育课程是否能够走进校园，成为课程计划的一部分，还要看是否能够通过官方的批准。

领悟的课程，即任课教师所领悟的课程。这种领悟的课程可能与正式课程之间会产生一定的距离，正所谓"一千个读者就有一千个哈姆雷特"。我国也有专家将这种教师重构后的课程称为"师定课程"。比如，在幼儿故事阅读指导过程中，不同的教师对课程的理解不同，侧重点就会不同，有的教师更注重故事本身的寓意，有的教师则注重故事情节，有的教师则注重故事的表达，还有的老师更注重幼儿对阅读活动本身的体验与感受等，这种对课程不同的理解，对教学效果会产生直接的影响。

实行的课程，即在课堂上实际实施的课程。在实施中，教师常常会根据幼儿的反应随时进行调整，因此实行的课程跟领悟的课程也有一定的差距。不同的幼儿会直接影响到课程的实行，在气氛活泼、和谐的环境下，师幼往往比较放松，课程进行过程中，会产生更多新的火花。

经验的课程，是幼儿在课堂学习中实实在在体验到的东西，比如，教师在进行同一课程的过程中，幼儿得到的经验是不一样的，即每个幼儿获得的经验课程是不一样的，可以通过观察和幼儿交谈等方式来识别这种课程。

基于上述分析，幼儿园课程类型是幼儿园课程组织过程中的必然分类，然而，作为幼儿教师，如何把握这些课程类型，我们在课程设计过程中，应秉持什么样的课程理念或者应遵循哪些设计原则呢？

任务2　幼儿园课程设计原则的认识

【完成目标】

1. 明确幼儿园课程设计的三个基本原则；
2. 分析幼儿园活动实例中幼儿园课程设计原则的具体体现。

【任务驱动】

要给孩子一个时间，让他自己安排，学会科学地分配时间；

要给孩子一个空间，让他自己去处理，让他学会独立行动；

要给孩子一个条件,让他自己去干,主动实践,经受锻炼;

要给孩子一个问题,让他自己找寻答案,学会思考,培养解决问题的能力;

要给孩子一个困难,让他学会应对,培养孩子不怕困难,敢于战胜困难的品质;

要给孩子一个机遇,让他学会把握;

要给孩子一个冲突,让他学会在矛盾中发展;

要给孩子一个对手,让他学会竞争;

要给孩子一个权力,让他学会使用权力;

要给孩子一个题目,让他学会创造。

上述是一位教师写下的关于幼儿园课程设计的想法,您认为教师在设计幼儿园课程中所应注意的问题有哪些?

··

幼儿园课程设计的原则即在整体规划与设计幼儿园课程体系过程中,所应该遵循的基本要求和原则。其往往与课程理念或课程价值取向相关,因为它关乎课程发展的导向与风向标,是学前教育在新的时代背景下所应呈现的新观念与新思想。作为幼儿教师,我们有必要对幼儿园课程体系整体规划有所了解,更需要对其背后所体现出来的新课程理念及课程设计原则有所把握,以期获致对于幼儿园课程设计的整体感。

新时代背景下,现代幼儿园课程所折射出来的理念取向主要体现在如下三个方面:其一,尊重幼儿的生活价值;其二,幼儿是活动的主体;其三,教师是课程设计的关键。其亦可作为幼儿园课程设计所应遵循的基本原则,具体内容为以下几点。

一、尊重幼儿的生活价值

幼儿期是人一生中有其独特价值的生活阶段,幼儿不能只是为将来而活着,他们也为现在而活,他们应当充分享用幼儿期的生活,拥有快乐的童年。

事实上,孩子的心灵在一定意义上对我们成年人来说是神秘的黑匣子,我们自认为是在引领孩子为未来美好的生活做准备而进行的教育,其实是一种"致命的自负"。杜威曾在其著作《民主主义与教育》中猛烈批判那些在教育上具有"致命自负"的成年人,这种以"成熟"自居,以"教育儿童为未来做准备"为目的的观点和做法,事实上,这是一种"为预备将来而忽视现在可能性的教育观",其错误"不在强调为未来的需要做准备,而在把预备将来作为现在努力的主要动力"[①]。在幼儿学习过程中,很多教育者在教育观上基于这样一种前见,即认为幼儿是"未成熟的"或"不成熟的",而这种思想根源于将儿童与成年人进行比较,认为成年人是成熟的,而儿童就是不成熟的。但事实上,儿童与成年人都一样在不断生长和发展,他们之间不是生长与不生长,也不是发展与不发展的区别,而是各有适合于不同情况的不同的生长方式。人生从一个阶段到另一个阶段,

---

① [美]约翰·杜威著.王承绪译.民主主义与教育[M].北京:人民教育出版社,2001.

由童年期向成年期发展,往往被视为由低级到高级阶段,由未成熟到成熟阶段发展,但是若将问题折换成不同的视角就会有不同理解,两个阶段的生活意义是同样真实的,内容是同样丰富的,而地位也是同样重要的,成年人的"成熟"状态不是静态不动的目标,成年人也在不断地变化、成长和发展,直到生命尽头我们才能说,自己已经最终体验了生命的意义。故而,我们凭何认为自己的所为就一定能够引领、决定幼儿的生长和发展方向呢? 又有何资格认为我们所认定的"为未来美好生活做准备的"知识与技能的培养就一定能保证孩子能获得美好的生活呢? 我们为什么要牺牲掉享受当下的代价而去追求为未来做可能是徒劳的准备呢? 所以我们的立场是,我们成年人在幼儿学习过程中,最智慧的做法就是如苏格拉底一般承认自己"无知",即首先承认自己"无知",和孩子一起从"零"开始学习,共同感受这种好奇、求知、想象、描述、惊讶到恍悟的学习乐趣,在对话中交流着点滴体会,享受着自由交往的心灵互动。正如维果斯基在《学前教育与发展》中说:"儿童及其意识中最本质的,不仅是儿童意识的个别机能随着年龄的递增在发展与成长,最本质的是儿童个性的发展与成长,是儿童总的意识的发展与成长。"[①]因此,幼儿学习的真正基质不是思维的基质而是情感的基质,幼儿学习指导的关键也应是学习情感与兴趣的萌发。

所以,我们需要"蹲下身来和孩子说话"、"用孩子的眼睛来看世界",尊重他们的生活价值,理解幼儿生活的独特生命意蕴。

二、幼儿是活动的主体

幼儿是独立发展着的个体,有着独立的人格和权利、价值和尊严。教育应尊重和保障他们的合法权益,尊重他们的能力和个性,尊重他们的需要和兴趣。

幼儿的学习方式与思维方式具有独特性,不同于成人,因此,提供给他们的学习内容应有助于其生活与发展,并能进行有效的学习。我们应重视幼儿的活动过程以及在活动中学习方法与学习态度的培养。

课程的设计与实施必须遵循幼儿发展规律与特点,满足幼儿的兴趣与需要;密切联系幼儿的实际生活,通过幼儿亲身参与,直接感知和体验来学习。当前,幼儿园以整合的观念和方法组织课程内容与活动,用游戏来组织幼儿的基本活动,以使幼儿在游戏中形成学习的兴趣,并获得快乐的体验。

据此,我们提供给幼儿学习的形式与机会具有多元化活动特点,如:

1. 分享合作:孩子共同就某个问题表达自己的意见和倾听他人的见解。
2. 分组活动:根据幼儿兴趣不同、年龄大小、能力高低进行合理分组,使幼儿与教师有更密切合作的学习机会。
3. 个体活动:幼儿自主选择一些学习机会。

三、教师是课程设计的关键

教师是教育的第一要素,即使在知识经济时代,先进的电化教育手段也替代不了好

---

① [俄]列夫·维果茨基著,余震球译.维果茨基教育论著选[M].北京:人民教育出版社,2004.

教师的作用。因为人的教育不仅仅是知识技能的获取,还有人格品质的建构,而后者离不开师生。教师是实际课程的研究者、设计者执行者和评价者。教师的人格和幼儿的人格是同样平等的。

可以说,在幼儿园课程设计与实施过程中,幼儿教师所扮演的角色包括:观察者、示范者、环境的提供者、支持者、资源者。

教师在设计幼儿园课程中所应注意的问题有哪些?

1. 了解幼儿的成长历程和发展特征。
2. 建立师生平等的良好关系。
3. 丰富幼儿的学习经验。
4. 为幼儿营造轻松愉快的学习氛围。
5. 为幼儿树立学习的榜样。
6. 教师之间相互合作与支持。

幼儿教师的工作就是观察幼儿的内心需要,为他们准备和创设有利环境,示范教具操作,根据儿童的特点在必要时给予启发、引导和帮助。

任务 3   国外幼儿园课程设计经典方案的认识

【完成目标】

1. 掌握经典的国外幼儿园课程设计方案;
2. 能够把学到的国外经典方案灵活应用于实际的课程设计中。

【任务驱动】

在某市一次幼儿园园长的交流会上,园长们在交流讨论时,发表自己意见,表达了自己的困惑,很多园长认为幼儿园在课程建设中没有方向感,各个专家都有自己的主张,今天这个专家说蒙氏教学法好,明天另一个专家主张瑞吉欧课程方案好,过几天又有专家认为陈鹤琴的五指教学法更好等,使得幼儿园园长和教师往往无所适从,不知道究竟听谁的,那么幼儿园课程设计究竟要走向何处呢?

一、蒙台梭利课程方案

意大利教育家玛利娅·蒙台梭利被誉为在世界幼儿教育史上自福禄贝尔以来影响最大的人之一。她最初研究智力缺陷儿童的心理和教育问题,1907 年在罗马贫民区开设了第一所"儿童之家",将对智力缺陷儿童的教育方法运用于正常儿童。她撰写幼儿教育著作,开办国际训练课程,对世界各国的幼儿教育产生了深刻的影响,促进了现代幼儿教育的改革和发展。

下面我们将从蒙台梭利课程方案的理论基础、教育目标、课程内容、教学方法等几个方面作以梳理,并对其课程方案设计的整体特点进行分析。

(一) 蒙台梭利课程方案的内容框架

1. 课程理念

存在一种神秘的力量,它给新生儿孤弱的躯体一种活力,使他能够生长,教他说话,进而使他完善,那我们可以把儿童心理和生理的发展说成是一种"实体化"。

——蒙台梭利[①]

可以说,蒙台梭利非常重视遗传素质和内在的生命力,正是这种内在的冲动力,促使儿童不断地发展。生命力的冲动是通过儿童的自发活动表现出来的。通过活动,儿童的生命力和个性得到了表现和满足,通过活动,儿童的生命力和个性得到了进一步发展;而在这一过程中,环境亦对儿童的发展起到举足轻重的作用。

总之,自发冲动、活动和个体自由,是蒙台梭利教育体系的基本因素。具体包括:

(1) 儿童观

其一,幼儿的自主学习。蒙台梭利认为"儿童具有吸收性心智",即儿童存在着与生俱来的"内在生命力"或称之为"内在潜力",是人类的潜能。她进一步强调幼儿有强烈的探索周围一切事物的本能,正是这种内在冲动,促使着幼儿不断学习,进而发展自我。同时,她又指出每个幼儿都是遵循自身内部法则的生物体,都有各自的进程表和发展需要。也就是说,"儿童的发展存在敏感期",即特定能力和行为发展的最佳时期,在这一时期个体对形成这些能力和行为的环境影响特别敏感。

> 蒙台梭利的儿童敏感期发展:
> 感觉敏感期(出生—5岁,其中2岁—2.5岁达到顶峰);
> 秩序敏感期(1—1.5岁开始,持续到4岁左右,其中3岁时最为明显);
> 语言敏感期(出生后8个星期—8岁);
> 动作敏感期(0—6岁);
> 对细微事物感兴趣的敏感期(1.5—4岁);
> 还需再明确一点,强调敏感期的教育并不等于否认或忽视非敏感期的教育作用,教育在儿童心理发展中始终起着主导作用。[②]

蒙台梭利认为要把握儿童的敏感期,进行适当的教育,在适当的敏感期内给予教育适当的刺激,才能为儿童的发展提供很好的基础。儿童的心理发展必须在他的周围环境中吸取营养,因此须鼓励和支持幼儿与外界环境的接触和探索,为儿童创造一个包含适当刺激的环境,创设一个有利于发挥幼儿敏感力的"有准备的"环境,这个环境是愉快的、自由发展的、有秩序的和生机勃勃的。

其二,幼儿的自由。儿童不是小大人,不应当以成人的观点强加给孩子。蒙台梭利

---

① [意]玛丽亚·蒙台梭利著,蒙台梭利丛书编委会编.蒙台梭利儿童教育经典原著: 有吸收力的心灵[M].北京: 中国妇女出版社,2003.
② 申继亮,方晓义.关于儿童心理发展中敏感期的问题[J].北京师范大学学报(社会科学版),1992(1).

主张以儿童为中心,反对以成人为本位的教学观点,视儿童为有别于成人的独立个体,并强调给予幼儿自由,但这里的自由不是绝对意义上的自由,是相对意义上的自由,是在作业组织上的自由,并指出理想的作业给了幼儿自我发展的可能性,没有作业(工作),放任自流的幼儿将毫无成就。

蒙台梭利的儿童心理发展观,既不是固定的智力论,也不是环境决定论。她认为儿童的发展是个体与环境交互作用的结果,其动力是儿童生理和心理的需要而产生的活动。

(2)教师观

基于儿童的"吸收性心智"与"发展关键期",蒙台梭利认为教育就不是教师自上而下地教授,而是教师协助儿童自下而上地自我发展。因此,"儿童之家"的教师是"导师",其所具备的角色包括:①环境的提供者。②示范者。③观察者。④支持者和资源者。

总之,蒙台梭利认为教师不是灌输知识的机器,而是幼儿学习的帮助者、支持者和引导者,是环境的创设者、设计者、指导者。教师精心为幼儿创设环境,提供发展的途径,来促进幼儿的发展。基于这样的儿童观与教师观,蒙台梭利儿童教育观即通过其课程目标、内容与教学方法得以体现和实现。

2. 课程目标

蒙台梭利课程方案以培养儿童成为身心均衡发展的人格和建设和平社会为目标,通过作业的方式,培养儿童的注意力,挖掘内在的生命力,在自由和主动的活动中鼓励儿童自我纠正,使儿童在为其设置的环境中成为具有特质的人,从而开发幼儿的内在潜能,为幼儿进入社会打下坚固的基础。

3. 课程内容

蒙台梭利设计了较为完整的课程结构,强调人的各方面发展同步进行,对不同领域、不同方面的内容同时编排,齐头并进。课程方案的内容设计为四个方面:日常生活练习、感官训练、肌肉训练和初步的知识学习。其中,蒙台梭利最重视的是感官训练,即"工作"。他为幼儿提供有准备的环境和教具,供幼儿操作、练习,来促进幼儿的发展。而在课程开设的顺序上,先是日常生活练习和感官训练,在此基础上,再进行初步知识的学习。教师通过创设环境、提供蒙氏教具,对儿童进行观察和引导等方法,对儿童实施教育。

知识链接

蒙氏儿童一日生活作息表[①]

开放时间:上午9:00—下午16:00

9:00—10:00:进入学校,问好,对个人的卫生情况进行检查。日常生活

---

① [美]斯泰西·戈芬,[美]凯瑟琳·威尔逊著.李敏谊译.课程模式与早期教育(第二版)[M].北京:教育科学出版社,2008.

练习,互相帮助穿脱工作围裙。仔细检查教室,看看是不是所有东西都一尘不染、井然有序。对话时间:儿童叙述前一天发生的事情。宗教活动。

10:00—11:00:智力练习。在操作过程中间有简短的休息时间。命名练习和感官训练。

11:00—11:30:简单的体育活动。优美地进行日常动作练习,身体的正常姿态、行走、直线行进、敬礼、注意力的移动,优美地放置物体。

11:30—12:00:午餐,简短的祷告。

12:00—13:00:自由游戏。

13:00—14:00:指导性游戏。如果可能的话,在户外进行。在这个阶段,年龄稍大的儿童轮流仔细进行日常生活练习、清洁教室、除尘,把东西按照顺序放好。对清洁的检查:对话。

14:00—15:00:手工工作。陶土制作、设计等。

15:00—16:00:集体性体育活动和唱歌。如果可能的话,在户外进行。这些练习是为了发展儿童的预见性:参观和照顾动植物。

4. 教学方法

主要有感官训练法、示范法、三阶段教学和自我教育。

(1) 感官训练法

蒙台梭利非常重视感官教育,尤其重视触觉,他认为在幼儿期,幼儿的各种感官处于最佳发展期,他设计了专门供儿童感觉训练的教具,使儿童在与教具直接作用的过程中发展敏锐的观察力和思维力。他设计的感官教具简单,易学,包含幼儿感官训练的各个方面,如长短棒来训练触觉,不同声音和音色的音筒来训练听觉,通过不同气味的瓶子来训练嗅觉,等等。幼儿自由选择喜欢的教具,并在反复独立操作的过程中获得发展。

(2) 示范法

是指幼儿在良好的环境和情境中获得发展,如教师通过自身的语言、行为为幼儿提供学习的榜样,幼儿在榜样中进行模仿学习。在蒙台梭利看来,教师扮演导师的角色,是幼儿学习发展的引导者和帮助者,一般称蒙氏教师为启导员。他必须对孩子的心灵世界有深刻的认识与了解,对于孩子的发展状况了如指掌,才能提供孩子适时、适性地引导,协助与支持。

(3) 三阶段教学

"塞根三阶段教学法"的简称,是塞根使用这种方法来帮助儿童学习,蒙台梭利受此法的启发,来指导自己的教学实践,三阶段教学法旨在帮助幼儿提升概念,即在对幼儿教授概念时使用,它分三个阶段,并且每个幼儿学习一切事物都会经历以下这几个阶段:第一阶段:命名,由成人指认物品并说名称或某一概念,帮助幼儿建立物品与概念之间的关系。例如:"这是长的"、"这是短的"。第二阶段:辨认,让幼儿根据某一概念在2—3个物品中找出与概念相应的物品。例如"哪个是长的"、"哪个是短的"。第三阶段:发音,由幼儿说出物品名称或概念。例如教师问:"这是什么?"幼儿回答"这是长的","这是短的"。透过三阶段教学法的学习,教师为幼儿提供学习事物概念的支架,避免单纯的传授或跳跃式的学习给幼儿带来的障碍,使幼儿在直接感知的过程中获得正确的概念。

（4）自我教育

即幼儿的自我学习,自我发展。蒙台梭利认为,每个儿童都有其自身发展的法则,有各自的需要和发展进程表,幼儿在教育的过程中,有探索和发展的冲动和欲望,促使幼儿在学习中自我发展。蒙台梭利强调幼儿的自主学习,反对以成人为中心的一切教学,主张幼儿在自我教育中获得发展。

（二）蒙台梭利课程方案的整体特点

1. 以儿童为中心

蒙台梭利教育以孩子为中心,通过对他们的深入了解,尊重其人格尊严和成长过程。从促进儿童身心发育角度去设计教学,为孩子一生奠定智慧与品格的良好基础,培养自主、持续的学习工作习惯。反对以成人为本位的教学观点,视儿童为有别于成人的独立个体。

2. "不教的教育"

蒙台梭利反对以教师为中心的填鸭教学,主张由日常生活训练着手,配合良好的学习环境、丰富的教具,让儿童主动去接触、研究、形成智慧;让儿童自发地主动学习,自己建构完善的人格。

3. 把握儿童的敏感期

0—6岁的幼儿在特定的时期会出现特定的喜好倾向,蒙氏科学幼教法强调掌握儿童"敏感期",给予适切的学习,即可获得最大的学习效率。

4. 教师扮演导师的角色

一般称蒙氏教师为启导员。他必须对孩子的心灵世界有深刻的认识与了解,对于孩子发展状况了如指掌,才能给予孩子适性、适时地协助与指导,让儿童成为教育的主体,使他们动脑、有智慧。

5. 健全人格的培养

蒙氏教育的最终目的是协助孩子正常化。孩子的教育,并不只限于幼儿园一隅,整个社会环境的影响,更是无所不在,在心爱乐园的亲子课堂中,家长不仅可以学到先进的教学理念与教学方式,还可以和宝宝一起上课,在课堂中增进亲子感情。透过环境的设计、教具的操作,使孩子一步步建构完善的人格。

6. 尊重孩子的成长步调

蒙氏教育要求教师根据儿童发展的进程对不同特点的儿童进行因材施教,不搞"一刀切"式的教学。

7. 混龄教学

让1岁到6岁的孩子在一起,可使较小的孩子有不同年龄层的模仿对象,而较大的孩子则可以从帮助年幼的儿童中丰富和增强自己的知识和能力。

8. 丰富的教材与教具

孩子是靠感官来学习的,蒙氏教育提供给孩子的良好刺激越多就越能激发他们的内在潜能。蒙台梭利教具非常丰富,但这些教具并非是教师用来教学的工具,而是孩子工作的材料。孩子透过这些工作,从自我重复操作练习中,建构完善的人格。

9. 摒除单一奖惩制度

蒙氏教学采取尊重孩子的方式,培养孩子正在萌芽的尊重感。蒙台梭利教育主张儿童有借助环境建构自我的能力,成人的任务是为不同年龄阶段的孩子准备好适合他发展的环境。成人需理解儿童的发展规律,充当引导角色,而非说教,摒除单一奖惩制度,通过"错误机制"让孩子有自我修正的机会。

10. 爆发的教学成果

蒙氏教育法采取尊重孩子内在需求的方式,让孩子适时、适性地成长,短期内不易察觉成果,但却会在某一时间以爆发的力量彰显出孩子内在的心智成长。

(三) 蒙台梭利课程方案的评价

蒙台梭利课程方案是建立在对儿童内在的发展潜能和能够通过自发、主动的活动来进行自我教育的信念之上的,因而主张给儿童以充分的自由、反对成人的强制性干预,教师给予儿童充分的爱、信任和尊重,细致而耐心的观察,机智而及时的指导。

然而,有研究者也认为蒙台梭利教学法带有相当程度的机械形式化的色彩,给儿童创设了一个过于刻板的学习环境和学习材料,儿童的行为常被高结构化的活动所限制,以至于限制了儿童潜能的实现。此外,还有人批评该课程方案偏重智力训练而忽视情感陶冶和社会化过程。

二、瑞吉欧课程方案

瑞吉欧·艾米里亚(Reggio Emilia)是一个拥有 13 万人口的小城,位于意大利北部地区。20 世纪 60 年代以来,该市在马拉古兹的发起和领导下,依靠政府、社区民众的大力支持,经过专业人员数十年的艰苦努力,继蒙台梭利之后,又推出了一个颇具特色的、堪称影响世界的幼儿教育体系。1990 年,被美国《新闻周刊》评选为全世界最好的教育系统之一。

儿童的一百种语言[①]

——洛利斯·马拉古兹

孩子
是由一百种组成的。
孩子有
一百种语言,

---

① [美]卡洛琳·爱德华兹、莱拉·甘第尼、乔治·福尔曼著,罗雅芬、连英式、金乃琪译.儿童的一百种语言[M].南京:南京师范大学出版社,2006.

一百双手，
一百个想法，
一百种思考、游戏、说话的方式。
一百种倾听、惊奇、爱的方式，
一百种歌唱与了解的喜悦。
一百种世界
等着孩子们去发掘，
一百种世界
等着孩子们去创造，
一百种世界
等着孩子们去梦想。
孩子有一百种语言，
还多了一百种的百倍再百倍。

但是他们偷走了九十九种。
学校和文化
把脑袋与身体分开。
他们告诉孩子：
不要用双手去想，
不要用脑袋去做，
只要倾听不要说话，
了解但毫无喜悦，
只有在复活节与圣诞节的时候，
才去爱和惊喜。
他们告诉孩子：
去发现早已存在的世界，
而一百种当中
他们偷走了九十九种。
他们告诉孩子：
工作与游戏，
真实与幻想，
天空与大地，
理由与梦想，
都是互不相关的。
因此他们告诉孩子
一百种并不在那里。
孩子说：
不，一百种是在那里。

　　所以在这里——
　　孩子可以自由地去探索、尝试、犯错、并被纠正；可以自由地选择在哪里投注他们的好奇心、智慧和情感；可以自由地欣赏由双手、视觉以及形状、材质、声音、颜色所带来的无穷乐趣;可以自由地意识到理智、想象、思想所能构成事物之间的网络……教师是孩子平等的合作伙伴与倾听者,是孩子学习的支持者与引导者,是自我完善的学习者与研究者;家长是与幼儿园共同承担教育子女责任的积极的合作者,是与幼儿园共同完成方案课程的积极的参与者,是利用自身的专业知识与资源,为幼儿园提供各方面丰富信息的积极协助者。

(一)理论基础

与前述学前课程方案不同,瑞吉欧教育不是一种理论派别的附属物,而是开放时代下广纳多种营养之后的一种创造。对它影响最大的理论基础涵盖:

1. 杜威教育思想:作为进步主义运动的中坚人物,杜威的思想构成了20世纪以来许多早期教育方案的理论背景。对于瑞吉欧教育来说,杜威的学说不仅影响其教育的基本观点,而且对于其课程和教学都有许多直接的启示。

2. 皮亚杰建构学习论:皮亚杰关于学习是一个主动的过程,学习者是通过自己对学习对象的意义建构来学习的思想,给瑞吉欧以很大的指导,使他们把重心转向对幼儿的需要、动机、原有经验和发展水平的关注上来。

3. 维果茨基社会建构理论:瑞吉欧从维果斯基那里接受的思想是,幼儿的主动建构过程是社会性的,而不是纯个人性的。教学的本质不在于训练或强化幼儿已经形成的心理机能,而在于激发他们即将萌芽的心理机能并促使它实现。

此外,布朗芬布伦纳的教育生态学观点、加德纳的多元智力理论等,都是瑞吉欧教育的理论来源。

(二)课程理念

1. 儿童是一个拥有充分的生存和发展权利的人,是发现及创造生活内涵的主体。他们需要成人的尊重和理解,有权利从成人那里得到他们发展所需要的帮助。

2. 儿童是主动的学习者。儿童对学习有天然的兴趣,其学习取决于儿童在成人所提供环境中的活动。教学应以学习的儿童和儿童的学习为出发点和基础,应满足儿童学习的渴望。

3. 儿童能以自己的方式来发现和解释他们周围的世界,教育的任务就在于增强儿童发现的可能性,在于激发儿童作为学习者的创造性。

4. 儿童的学习是一种互动,是以某种相互关系为基础的社会建构的过程。

5. 在各种关系中,师生关系是最为直接地影响幼儿学习与发展的。

(三)课程目标

瑞吉欧虽然没有明确地表达过其教育目标,但从其具体内容,还是不难看出其所追求的目的是儿童愉快、幸福、健康地成长。其中,主动性、创造性又被视为这些目标的前提与核心。

让儿童更健康、更聪明、更具潜力、更愿学习、更好奇、更敏感、更具随机应变的适应能力、对象征语言更感兴趣、更能反省自己、更渴望友谊。

(四)课程内容

瑞吉欧没有明确规定的课程内容,更没有固定的教材或预先设计好了的教育活动方案。课程内容来自周围环境,来自儿童生活中感兴趣的事物、现象和问题,来自他们的各种活动。日常生活是取之不尽的课程内容资源,课程的价值也恰恰在于充分地向幼儿揭示日常生活的意义。使儿童熟练地运用他们自己的经验,能够在计划中独当一面,从而主动地学习。

除了围绕自己感兴趣的事物和问题开展研究外,儿童,特别是年龄小一些的孩子还可以从事许多其他活动:积木游戏、角色游戏、听故事、游戏表演、烹调、家务活动以及穿衣打扮等自发性活动,还有许多如颜料画、拼贴画和黏土手工等。

(五) 课程组织与实施

1. 摒弃绝对以儿童为中心、忽视教师作用的放任自流式教育,强调团体中心、关系中心、构建儿童与教师、成人一起游戏、工作、说话、思考、发明的课程模式。可以说,方案教学(项目活动)是主要的课程和教育模式,以小组学习的形式为主。而档案袋则是课程实施与教学的一个重要组成部分。

2. 强调多种学习方式,如主动探索、互相讨论、自我展示、自我表现。因而,在教学方法上以对话法和探究法为主,力求为儿童提供丰富复杂的环境和问题接触的机会,倡导儿童运用多种语言认知、表达和沟通获得完整的感觉经验,并促进儿童与社会的相互依存。

3. 课程是整合的,无科目分类;也是不连续的,强调为儿童提供合适其发展水平的个性化课程;课程不是预设的,而是开放的生成课题。

4. 创造一种儿童文化,为儿童提供自主、自由构建主客观经验的时空环境同时也创造一种文化,是儿童在相互合作的社会化的气氛中不断获得一百种主客观经验。

案例速递

"乌龟结婚"活动实录

[方案活动时的对话]

(已有的生活经验)

佳佳:"乌龟是一个人在沙滩上下蛋的。"

明明:"不对,乌龟下蛋要两个人,一只公乌龟,一只母乌龟。"

轩轩:"乌龟要先结婚才下蛋。"

师师:"那乌龟结婚时会是什么样子呢?"

佳佳:"跟人一样,穿婚纱的吧!"

明明:"其他乌龟会来喝喜酒的!"

轩轩:"乌龟是不会喝酒的。"

……

从来没有看到或听到乌龟会喝酒。

[讨论]

如果你是他们的幼儿教师,你会如何生成并引导幼儿学习新的内容?并陈述理由。

（六）课程评价

受过程和主题评价取向影响的瑞吉欧课程评价主要采用质性的评价方式,注重表现性目标的达成,强调对儿童团体的认知、情感、价值观、行为等发展状况做出评价;注重对课程发展、内容等层面的整体性评价。

三、发展-互动课程方案

在皮亚杰的认知发展理论和维果茨基的社会文化历史理论的影响下,以及弗洛伊德的心理学思想的熏陶下,发展—互动课程模式应运而生,同时形成了其独特的课程理念。

（一）课程理念

发展—互动课程模式强调学生是一个完整的个体,是及各个方面发展需要的个体,儿童的认知、情感、社会性各个方面的发展不可分离,相互协调,课程的设置必须兼顾儿童各个方面。为了促进儿童各个方面的发展,如智力、情感、社会性等,课程的内容要尽量丰富,为学生提供各种各样锻炼的机会,呈现各种各样的学习材料,给儿童充分的机会,亲自动手,操作实践,在与外界环境不断地接触、交往互动中来使幼儿获得大量的感性经验,以此来促使幼儿了解世界,从而促进幼儿自身的发展。简而言之,课程是帮助幼儿获得经验和对外界认知的桥梁,是有关社会生活的各个方面知识的融合体,具有综合性。此外,课程的实施方面强调学校、家庭、社会之间的合作、协商。该模式认为儿童的发展离不开社会和家庭,在家庭和社会生活中,儿童能获得认知和发展的机会,儿童的发展是三者相互协调,相互作用的结果。家庭和社会共同承担着促进儿童发展的职责。

（二）课程目标

发展—互动课程模式有其自己的课程目标,在理念上把"儿童"看成是完整儿童,要求促进儿童各方面统一协调的发展。因此在课程目标上强调要促进儿童认知、情感、社会化等各个方面统一全面的协调的发展,来使人的潜能充分地发挥出来,以此来促进儿童的完整发展。具体表现在:

1. 能力极致化——儿童的个人能力被最大限度地激发,儿童掌握并使用各种技能;

2. 个性独特化——每个儿童形成一个与众不同、有头脑、有思想的独特的人,有自己的价值观念和认知体系;

3. 情感社会化——儿童学会社会交往,并培养良好的社会情感,养成适应社会的各种良好的品质,并在社会生活中不断地调节自己的社会行为、认知,做出适当的改变来适应社会的复杂变化以及习俗约束和伦理规则;

4. 知识融合化——儿童习得的不同知识,以及同一件事物认识的不同方面要有效地进行融合,以期使儿童达到从不同的角度全面认识事物的目的。不得不承认,课程承担着一种工具性价值,是儿童与社会沟通的中介与桥梁。

（三）课程内容结构

该课程模式适合对象为 3—4 岁中等阶层的家庭儿童。活动课程是发展互动课程的主要项目,包含的活动涉及幼儿生活的各个方面,如工作、游戏、体能、讨论、音乐、劳动等,采取的形式也多种多样,如集体活动、游戏活动、小组活动、自由活动、区角活动等,区角活动是各种活动中占重要部分的活动,是主要的活动类型。以下是该课程模式一周的主要安排,我们从中可以更加了解发展互动课程模式的基本情况。

表 1-2 河滨街教育学院 实验学校一周作 息表①		星期一	星期二	星期三	星期四	星期五
	8:00—9:00	抵达	抵达	抵达	抵达	抵达
	9:00—9:30	游乐场	游乐场	游乐场	游乐场	游乐场
	9:30—9:45					
	9:45—10:00					
	10:00—10:15	讨论	讨论	讨论	讨论	讨论
	10:15—10:30	点心	点心	点心	点心	点心
	10:30—10:45	工作	体能	美劳	区角	区角
	10:45—11:00					
	11:00—11:15					
	11:15—11:30		△	1/2 组音乐 1/2 组区角		
	11:30—11:45					
	11:45—12:00	1/2 组图书馆 1/2 组区角	1/2 组律动 1/2 组区角		1/2 组音乐 1/2 组图书馆	
	12:00—12:15					
	12:15—12:30	午餐	午餐	午餐	午餐	午餐 分享讨论
	12:30—12:45					
	12:45—13:30	休息	休息	休息	休息	Good-bye
	13:30—13:45	西班牙语	区角/户外	1/2 组律动	区角/户外	
	13:45—14:00					
	14:00—14:15	△		区角		
	14:15—14:30					
	14:30—14:45	故事	故事	故事	故事	
	14:45—15:00		Good Bye Meeting			

四、凯米-德弗里斯课程方案

凯米—德弗里斯课程方案虽然定型较晚,但被认为是比较"纯粹"、"正统"的,而且是唯一被皮亚杰本人所承认的课程模式。

---

① 简楚瑛主编.学前教育课程模式[M].上海:华东师范大学出版社,2005.

（一）课程理念

该课程模式主要受皮亚杰理论影响，该课程的一个最大特色，是在对各种传统的学前教育活动进行考察的基础上，充分审视了学前教育活动的优劣，将不同的知识类型进行分类，并以皮亚杰的发生认知理论以及道德认知发展阶段为基础阐述了如何对幼儿进行教育。

（二）课程目标

凯米认为，幼儿教育的最终目标是儿童的发展。因此，她把课程目标分为长期和近期两种。

1. 长期目标：发展儿童的"自律或自主性"，培养未来的具有批判性、创造性思考能力、不盲从既成的权威和价值的人。即发展整体的人格，特别强调个体在智能和道德上的自主。

2. 近期目标：分为认知和社会性/情感两大部分。

（1）认知方面。培养幼儿主动学习，积极探索的态度、兴趣和好奇心，勇于提出各种问题和有趣的想法，发展思维能力和认知事物间的联系、异同和属性的能力。

（2）社会性、情感方面。在人际关系环境中情绪安定、愉快。学会尊重他人的感情和权利，协调自己与别人的看法，并发展独立性、自信心，独立地考虑问题并自信地表达出来。①

（三）课程内容

儿童的发展是幼儿与环境相互作用的过程，因此应该多让幼儿去学习儿童周围环境中的人、事、物，并与他们发生积极的相互作用。同时在吸取皮亚杰对知识的分类的基础上，认为为了促进幼儿的发展，幼儿所学的课程内容包括社会道德教育、团体游戏（包括八大类游戏：瞄准游戏、赛跑游戏、追逐游戏、躲藏游戏、猜测游戏、口令游戏、玩牌游戏、盘面游戏）、物理知识等活动。该模式主要适合 3—5 岁的儿童。具体内容包括：

1. 日常生活

日常生活活动中蕴涵着巨大的教育价值，应该自觉而自然地加以运用。比如，饭前摆碗碟、配刀叉的活动能够帮助幼儿获得"分类"、"对应"等数理逻辑知识。

2. 传统活动

凯米课程中吸取了许多幼儿教育中被经验证明有教育价值的活动，并赋予了它们新的意义。例：粘贴画、捉迷藏等。

3. 来自皮亚杰理论启示的活动

凯米认为，尽管传统活动有巨大的教育价值，但在发展儿童的认知能力方面仍是有缺陷的。因此需要专门设计一些这样的活动来帮助幼儿获得这方面的经验。

---

① 罗嘉君.认知课程模式之凯米课程[J].学前课程研究,2007(1).

（四）课程组织与实施

凯米课程的教学活动形式主要包括：

1. 独自操作物体的活动

2. 群体讨论

3. 小组规则游戏

4. 实验

整体来说，凯米—德弗里斯课程方案重视儿童的生活和活动；重视儿童认知发展与社会性/情绪发展的密切结合；重视课程内容与学习过程的统一；重视课程内容的结构化。

五、高瞻课程方案

美国高瞻课程模式始创于 1962 年，又名"海伊斯科普课程"，为教师和家长提供了一个基于学前儿童发展的教育思想和教育实践的框架，对世界学前教育产生了重要的影响。

（一）课程理念

它以皮亚杰、维果茨基和杜威的关于脑的研究以及儿童发展的理论为依据，把学生看成是学习的主动者，具有主观能动性的人；教育工作要按照儿童身心发展的阶段，根据儿童的兴趣，以儿童为中心进行教育，重视儿童与周围环境的互动；家长是幼儿的支持者、合作者和伙伴。家长通过创设支持性学习环境，与孩子积极对话，来促进幼儿的学习，帮助他们思考，解决问题，做出选择。成人要在活动中观察、支持和扩展孩子的工作，同样作为教师，是学生学习的引导者，要围绕着从研究发现和儿童发展理论中得来的关键发展经验组织课程和教学，来推动儿童的发展进步。

（二）课程目标

高瞻课程的目标是为幼儿的小学生活做准备，但课程目标也是随着课程模式的发展，关注点也在不断地变化。20 世纪 80 年代后，更加关注儿童的主动学习，同时非常关注儿童的社会性和情感的发展，其最终目标是使儿童成为主动学习的人。

（三）课程结构

美国学前高瞻模式为孩子的主动学习创建了一个连续性的环境，促进了孩子的独立发展。该课程模式的一日日程是由"计划—做—回忆"（plan-do-review）、小组活动、大组活动、户外活动等环节组成，其中"计划—做—回忆"活动是这些活动的主要环节，而且他们的顺序不能颠倒，来保证幼儿的主动学习。课程的内容涉及十个方面：创造性的心象、空间、音乐、社会关系、语言和文学、运动、分类、数、时间，每一类下面又细分了该类涵盖的关键经验，课程并不是教师事先设定好的，"关键经验"只是教师用来确保他们所设计的活动能够促进儿童发展的清单，同时也为成人观察每一个儿童提供了框架。以下是高瞻课程课程模式的一个典例。

表 1-3　High/scope 每日例行活动表①

幼儿在统一时间到校和离校	半日制 非正式的聚集时间 计划—工作—回顾时间 点心时间 大团体时间 小团体时间 户外时间与放学	全日制 早餐 大团体时间 计划—工作—回顾时间 小团体时间 户外时间 午餐 阅读与休息时间 点心时间 户外活动与放学
幼儿不统一到校时间与离校时间	半日制 早到者参与的小团体时间 非正式的聚集时间 计划—工作—回顾时间 点心时间 户外时间 大团体时间 晚到者参与的小团体时间	全日制 早餐与自由活动 非正式的聚集时间 计划—工作—回顾时间 户外活动与点心时间 小团体时间 大团体时间 午餐 唱歌休息时间 点心与户外时间 和父母计划—工作—回顾时间

适用对象：3—4 岁低收入家庭的儿童

任务4　我国幼儿园课程设计经典方案的认识

【完成目标】

1. 掌握我国经典的幼儿园课程设计的方案；
2. 对比国内外课程设计方案，找寻共同点和不同点。

一、五指活动课程方案

20 世纪 20 年代初，我国幼儿园课程设置十分混乱：有教会幼稚园的宗教课程，有蒙养园的日式课程，也有少数幼稚园实施福禄贝尔、蒙台梭利课程。正是在这样的社会背景下，我国教育家陈鹤琴先生(1892—1982)决定以南京鼓楼幼儿园为基地，努力编制既适合中国国情，又适合幼儿身心发展特点的课程。"五指活动课程"即陈鹤琴先生为中国幼稚园教育创编的课程，是中国化、科学化幼儿教育的奠基人。

（一）课程目标

课程应为目标服务。他认为"课程与方法都是达到目的的工具，所以谈教育，第一应当解释目的。在谈教育目标之前，他先确立了"儿童是主体"的思想。教师先测量儿

① 简楚瑛主编.学前教育课程模式[M].上海：华东师范大学出版社，2005.

童的个性,了解儿童。希望他们达到怎样的目的,然后选择最适宜的教材和方法,以达到所希望的目的。他提出,五指活动课程的目的在于发展幼稚生的心智和身体。

基于此,陈鹤琴先生从道德、身体、智力、情感四个方面阐述了幼儿园课程的具体目标:

1. 做怎样的人:应有合作的精神,同情心,服务的精神。

2. 有怎样的身体:应有健康的体格,养成讲卫生的习惯,并有相当的运动技能。

3. 怎样开发儿童的智力:应有研究的态度,充分的知识,表意的能力。

4. 怎样培养情绪:应能欣赏自然美和艺术美,养成欢天喜地的快乐精神,消泯惧怕情绪。

(二) 课程内容

所谓五指活动课程,是指该课程由五个方面的内容组成,而这些内容又是以一种整体的、相互贯通的方式组织起来的,就好像人的手掌,虽有五指之分,但彼此相互联系,共存共生。

1. 五指活动课程的基本内容

(1) 健康活动:包括饮食、睡眠、早操、游戏、户外活动、散步等;

(2) 社会活动:包括朝夕会、周会、纪念日集会、每天的谈话及政治常识等;

(3) 科学活动:包括栽培植物、饲养动物、研究自然、认识环境等;

(4) 艺术活动:包括音乐(唱歌、节奏、欣赏)、图画、手工等;

(5) 语文活动:包括故事、儿歌、谜语、读法等。

他以"五指"比喻课程结构的五个基本部分,指出五指课程要和谐发展:"五指,是活的,可以伸缩,互相联系。课程是整个的,连贯的。依据儿童身心的发展,五指活动在儿童生活中结成一个教育的网,有组织有系统,合理的编织在儿童的生活上。"[①]这五个方面是相互联系的,像人的手指生长一样,新的组织在已有的基础上生发出来,并共同构成新的结构,儿童变得更强,自身更完善。就像人的五个手指,共同构成了具有整体功能的手掌。"五指活动"在儿童生活中构成一个教育的网,有组织、有系统,合理的编制在儿童的生活上。

2. 五指活动课程的内容选择标准

(1) 凡儿童能够学的东西,就有可能作为幼儿园的课程,但同时还应考虑幼儿学的代价。如果会妨碍幼儿今后的学习,就不要勉强幼儿现在学。

(2) 凡教材必须以儿童的经验为依据。

(3) 凡能使儿童适应社会的就可取为教材。

儿童所接触的环境,所需要了解的环境无外乎两个方面:自然环境和社会环境。因此我们所要选择的课程内容也是就此取材,注重儿童的生活环境,以大自然、大社会为中心,"大自然、大社会都是活教材"。所需要注意的是选择的内容要适合孩子的学习与发展,适合他们的兴趣和需要,适应他们的能力水平。只有把大自然和大社会作为内容资源,选取符合孩子身心发展特点的内容进行重新设计与组织才是合理的。

---

① 北京市教育科学研究所编.陈鹤琴教育文集[M].北京:北京出版社,1983.

3. 五指活动课程的内容编制原则、方法

(1) 十大原则：民族性、大众性、科学性、现实性、教育性、儿童性、连续发展性、适合性、陶冶性、言语性。

(2) 三种方法：圆周法、直进法、混合法。

① 圆周法：大、中、小班学习的内容相同，不同就是按照年龄不同，设计的难度不同；

② 直进法：各年龄班学习内容不同，小班浅、大班深；

③ 混合法：上述两种方法综合运用。

(三) 课程组织与实施

从幼儿周围的自然环境与社会环境中选择儿童感兴趣且又适合幼儿学的物和事作为"主题"，组织、融合儿童的科学、社会、语文、艺术、健康活动，从而使这些活动成为一个相互联系的整体。这就是五指活动课程的"整个教学法"或"单元教学法"。

1. "整个教学法"

陈鹤琴之所以提出"整个教学法"，主要是反对当时幼儿园以采用社会分科为主的课程方式，把幼儿学习的整体性破坏了，他认为儿童的生活是整体的，需要整体的去理解环境，而不是单个知识领域，因此他倡导的"整个教学法"，其实也可以看作当前流行的"主题课程教学"的一个前身。

2. 游戏式

游戏是陈鹤琴认为最适合整个教学法的一种课程活动，通过游戏可以学到知识，锻炼身体，丰富想象力，并得到情感满足。

3. 小团体式

鼓励儿童合作交流，使不同发展水平的儿童在相互作用中都进步，这与蒙台梭利的主张有一定的相似性，都强调差异促进学习。

课程组织与实施过程中应注意的问题：

(1) 应十分注意"计划性"与"灵活性"的结合。

(2) 应注意物质环境的创设和材料的提供。

(3) 应采用游戏化的教学法教导儿童。

(4) 应多采取小组教学法。

(5) 应多提供户外活动的机会。

(6) 教师应成为儿童的朋友，使幼儿不害怕、肯接近。

然而，通过梳理陈鹤琴五指活动课程方案的主要内容，我们也可以看出他的教育思想与他所处的历史环境密切相关，比如他特别强调民族性。当时的中国社会极为落后，被西方国家的教育思想所充斥，现在随着我们国家的发展，社会背景发生了深刻的变化，因此应批判地继承他的教育思想，挖掘那些仍然有利于当前幼教发展的理念。

陈鹤琴幼儿教育思想中有关幼儿园教育的目标、内容、实施等均与新《纲要》相通相融，如新《纲要》明确指出："幼儿园的教育内容是全面的、启蒙性的，可以相对划分为健康、语言、社会、科学、艺术等五个领域，也可作其他的划分。各领域的内容相互渗透，从不同的角度促进幼儿情感、态度、能力、知识、技能等方面发展。"领域划分是相对的，整合进行是绝对的。幼儿园的课程全部包括在"五指活动"中,并采用单元制,各项活动都围绕着单元进行教学。然而,通过梳理陈鹤琴五指活动课程的主要内容,我们也可以看出其教育思想与他所处的历史环境密切相关,比如他特别强调民族性。当时的中国社会极为落后,西方国家的教育思想严重充斥。然而,随着我国社会发展水平的逐步提高,社会背景发生了深刻变化,因此我们在继承与发展他的教育思想时,注意反思性地、适切性地挖掘那些仍有利于当下幼儿教育发展的先进思想与理念。

知识链接

陈鹤琴的故事[①]

"蟾蜍,你好吗?"

　　有一天,阳光和熙,陈鹤琴同一鸣(1岁10个月)在草地上玩耍,他们一起观赏花草,识别昆虫,玩得兴致勃勃。突然,有一只大蟾蜍蹦了出来,一跳跳到一鸣眼前。这只蟾蜍长得特别大,一鸣以前从没有见过这么大的蟾蜍,他脸上顿时露出害怕的神色。举起手来向后退,并且喊叫说:"咬!咬!"陈鹤琴走过去,从地上拾起一根小草棍,轻轻地去刺着那只蟾蜍说:"蟾蜍,你好吗?你也来同我们一起游戏吗?"一鸣见爸爸在同蟾蜍说话,也就凑了上来,后来,他接过爸爸递给他的草棍也去刺刺蟾蜍,起初一触就缩回来,仍显出有些害怕的样子,但慢慢地他就平静下来,不再像当初那样害怕了。

"我们也来拍手"

　　一鸣1岁3个月时,有一次,陈鹤琴带他去看小学生演戏。剧场里有300多个小学生,戏演得很精彩,看节目的人常常兴奋得齐声鼓掌。陈鹤琴想,这个当儿小孩子一般会产生惧怕的心理的,所以他一抱一鸣进门,就笑嘻嘻地对他说:"你看,这儿有这么多的小孩子!"后来,当戏演得十分精彩时,陈鹤琴预料观众一定会鼓掌,就先对一鸣说:"我们也来拍手!"一鸣一听小孩子鼓掌,也就欢欢喜喜地鼓起掌来。

　　在一鸣一两岁的时候,每逢乌云聚集雷电交加的天气,父母总是带他到屋檐下,露台上,用手指着云对他说:"这里像一座山,那里像一只狗,这是狗的尾巴,这是狗的耳朵。"又指着闪电对他说:"这闪电像一条带,多么好看!"于是一鸣也很快乐地用手指指点点,看云看电,对雷鸣电闪毫不惧怕了。平时,一鸣走路若跌跤了,父母总是让他自己爬起来,即使跌破了也不大惊小怪。他稍大一些学骑三轮小车,偶尔车子倒了,人也翻倒在地,父母并没有对他说什么,他也慢慢地爬起来,嘴里说一句:"汽车倒翻哉!"然后扶起车子重新骑起来。

　　陈鹤琴认为:小孩子的胆大不大,勇敢不勇敢,主要看做父母的是怎样教的。小孩子的许多不必要的惧怕,大部分是由父母的暗示养成的。若要小孩子胆大,一方面做父母的要以身作则,另一方面要施行良好的教育。

① 陈鹤琴著.陈鹤琴全集(第一卷)·儿童心理之研究[M].南京:江苏教育出版社,2008.

二、行为课程方案

1966 年,我国著名幼儿教育家张雪门先生出版了《增订幼稚园行为课程》一书,对其所提出的"行为课程"做了明确界定:"生活就是教育,五六岁的孩子们在幼稚园生活的实践,就是行为课程。"这种课程"完全根据于生活,它从生活而来,从生活而开展,也从生活而结束,不像一般的完全限于教材的活动"。

> 张雪门先生是我国现代教育史上著名的幼儿教育专家,他以毕生的精力致力于幼稚教育,先后达 60 年。他的幼儿教育思想和实践过去曾对我国,尤其是我国北方和台湾产生过很大的影响,他对幼稚教育的目的、课程和师资培养等方面的论述,有不少地方现在仍值得我们研究和借鉴。同时他一生不为名利,热爱幼教事业,热爱儿童,为幼教事业鞠躬尽瘁的献身精神和他注重实践,几十年如一日始终在幼稚园、幼稚师范最基层的岗位上辛勤工作,孜孜不倦地进行学习和研究的严谨、求实的治学态度和工作作风,值得我们终身学习与追求。[①]

事实上,张雪门在早期阶段即认为不应当把课程仅视为"知识的载体",而应当是把"技能知识、兴趣、道德、体力、风俗、礼节种种的经验,都包括在课程里"。换句话来说,"课程是适应生长的有价值的材料"。不过当时他还没有如 1966 年在其著作中对"行为课程"提出明确概念。下面我们就其课程思想作以简述:

(一) 课程的本质

张雪门认为课程的本质是经验,他的这个观点始终如一,但又分为 2 个阶段:

第一个阶段:课程即经验。课程是人类生活有价值的经验,而且认为有确定的经验也有既有的知识。

第二个阶段:课程即行为。强调活动,强调直接经验,提倡让孩子参与生活实践,提倡"做中学"。

> 课程,它首先应注意的是实际行为,凡扫地、抹桌、熬糖、爆米花以及养鸡、养蚕、种玉蜀黍和各种小花等,能够让幼儿实际行动的,都应该让他们实际去行动。因为"从行为中所得的知识,才是真实的知识;从行动中所发生的困难,才是真实的问题;从行动中所获得的胜利,才是真实的制驭环境的能力"。同时幼儿只有通过这种实际行为,才能使个体与环境接触,从而产生直接经验,这种经验也可以说是人生的基本经验。他还特别说明,"幼童一定先有了直接经验,然后才可以补充想象"。至于游戏、故事、唱歌等教材,虽然也可以给予幼儿模仿和表演的机会,然而并不能代表人类实际的行为。所以,他要求教师一定要注意儿童的实际行为,要"常常运用自然和社会的环境,以唤起其生活的需要,扩充其生活的经验,培养其生活的能力"。他认为"若教师真能做到这样,这便是行为课程了"。[②]

---

① 唐淑,钟绍华主编.中国学前教育史[M].北京:人民教育出版社,1995.
② 戴自俺主编.张雪门幼儿教育文集[M].北京:北京少年儿童出版社,1994.

（二）课程的内容

1. 课程内容来源于孩子的现实生活，来源于孩子直接的活动，包括：自发活动、与自然和社会接触的活动。

2. 教材：是课程内容的载体，因此必须重视教材的编写，那么真正适合儿童发展的教材是什么样的？

① 必须适合现实生活的需要；

② 必须符合社会普遍生活的标准；

③ 必须适合儿童目前生长阶段的需要；

④ 必须适合儿童目前的学习能力。

以上就是编制适合儿童发展教材的标准，只有全面符合这四点才是真正好的教材。

（三）课程组织与实施

张雪门认为，幼稚园课程的组织与小学、中学和大学各级学校的课程不同，它有自己的特点和要求，其特点有三：

第一，"幼稚生对于自然界和人事界没有分明的界限，他看宇宙间一切的一切，都是整个儿的。"所以编制课程时如果分得太清楚太有系统了，反不能引起儿童的积极反应。

第二，"当幼稚生的时期中，满足个体的需要，实甚于社会的希求。"所以编制课程时，应兼顾社会和个体两方面的需求。

第三，"幼稚园的课程，须根据儿童自己直接的经验。"虽然这种经验不如传授式的经济和整齐，但对于幼儿来说，意义重大。

所以，在行为课程实施的过程中，需要采用行为课程教学法，即：

教师在课程进行前：要准备教材、布置环境、详拟计划。

在课程进行中：行为课程的内容可以包括幼儿的工作、游戏、音乐、故事儿歌，以及常识等科的教材。所以在实施时，则应彻底打破各学科的界限。在活动进行中，教师应在各科教材中选择与学习单元有关的材料，加以运用，适当配合幼儿实际行为的发展，使各科教材自然地融会在幼儿生活中，力求做到从生活中来，从生活而发展，也从生活而结束。同时，教师要随时巡视指导，不重讲解，而着重指导幼儿行为的实践，使幼儿在活动中养成负责守法、友爱互助等基本习惯。

行为课程的教学结束后：评量与检讨也是重要的一环，教师可以此了解幼儿的知识、思考、习惯、技能、态度、理想、兴趣等方面的成就，作为改进教学的参考。至于单元的选择，则须配合教育宗旨、教育政策、社会需要及幼儿的能力。

综上所述，张雪门的幼稚园行为课程理论的基本思想就是"生活即教育"、"行为即课程"，强调通过儿童的实际行为，使儿童获得直接经验；同时要求根据儿童的能力、兴趣和需要组织教学，主张采取单元设计的方法，打破各种学科的界限。这种课程理论，虽然从学校教学的一般规律看来，不是完全无可非议，但对学前儿童的教育来说，则有比较明显的积极意义。

【关键术语】

幼儿园课程；幼儿园课程设计；蒙台梭利课程方案；瑞吉欧课程方案；发展—互动课

程方案;凯米-德弗里斯课程方案;高瞻课程方案;我国幼儿园课程设计方案

【真题链接】

1. 教师如何为幼儿的主动学习提供支持?

2. 下列哪一种不属于《3—6岁儿童学习与发展指南》倡导的幼儿学习方式?
(　　)

A. 强化练习 　　　　　　　　B. 直接感知

C. 实际操作 　　　　　　　　D. 亲身体验

3. 在幼儿教育活动中,最能为幼儿提供交谈机会的组织形式是(　　)。

A. 班集体活动 　　　　　　　B. 全园活动

C. 个别活动 　　　　　　　　D. 小组活动

4. 下列选项中,属于《国家中长期教育改革和发展规划纲要(2010—2020年)》提出
的战略目标的是(　　)。

A. 全面普及学前教育

B. 基本实现区域之间的教育公平

C. 全面实施素质教育

D. 优质教育资源总量不断扩大

5. 创建"活教育"体系的教育家是(　　)。

A. 福禄贝尔 　　　　　　　　B. 杜威

C. 陈鹤琴 　　　　　　　　　D. 蒙台梭利

6. 成立我国第一个幼儿教育研究中心,并亲自主持幼稚园研究工作,提出"活教
育"思想的是(　　)。

A. 陶行知 　　　　　　　　　B. 陈鹤琴

C. 张宗麟 　　　　　　　　　D. 张雪门

扫一扫二维码
获取参考答案

【学习目标】

幼儿园课程设计与组织是幼儿教师工作的主要内容之一,幼儿园课程设计的基本要素包括目标的制定、内容的选择、组织与实施的过程以及课程评价等。通过本项目的学习,帮助学生:

1. 了解幼儿园教育活动设计的基本要素,初步掌握设计幼儿园教育活动的方法;
2. 明确幼儿园课程设计的步骤和基本要求;
3. 培养和提高幼儿教师的基本素养。

【内容脉络】

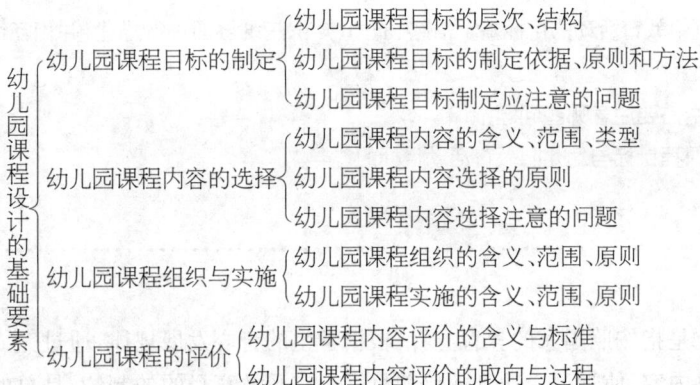

【先行案例】

(1) 这段时间班上几个男孩对插枪特别感兴趣,只要有空,就立即跑进操作区用积塑粒插起来,对其他区域的材料,尤其是美工区用来折叠的纸张理也不理。而投放这些纸张的主要目的是希望孩子们在折纸的过程中潜移默化地获得有关几何图形的变化、组合、等分等数学方面的直接经验,这是积塑拼插所不能代替的。怎么办? 教师突然想到了一条妙计,班后她精心用纸折了一把手枪。第二天,当那几个男孩又在津津有味地用积塑材料插枪时,老师一下亮出了自己的"秘密武器"。

"啊! 这么棒的枪!"

"老师,让我玩一会儿。"

"让我玩一会儿。"

"不行,我自己也要玩呀!"

怎么办? 几个孩子的胃口被吊得高高的……"老师,你教我们做好不好?""好啊! 想学吗? 可是有点难啊!""想!""难点也没关系!"简直是异口同声! 于是,孩子们心甘情愿地来到了以往不屑一顾的美工区,全神贯注地投入了折纸活动。

(2) 幼儿在看了一部警察抓坏人的电视后,对警察叔叔敬佩之至,一连许多天,天天谈论、模仿,而模仿中又有一些偏差——仅仅是一些追追杀杀的打斗动作,以至于搞得班里闹哄哄的。陈老师意识到从孩子们对警察叔叔的兴趣中可以引申出这样的教育目标:帮助孩子们更全面地了解警察的职责。于是她及时调整了社会领域的教育内容,组织开展了"警察叔叔怎样工作"的活动,收到了极好的效果。

请就上面两个案例分析幼儿园教育活动目标的制定和教育内容的选择。

任务 1　幼儿园课程目标的制定

【完成目标】

1. 理解幼儿园课程目标层次与结构；
2. 掌握幼儿园课程目标制定的主要问题；
3. 培养幼儿教师制定课程目标的能力。

【任务驱动】

请对上述先行案例中教育活动的目标基于情感、能力、知识三维层面进行描述，并相互讨论两个问题：

1. 目标制定过程中需要注意哪些问题？
2. 谈一谈幼儿园课程目标与幼儿园教育活动目标的差异。

･･･

课程目标广义上是指按照国家的教育方针，根据学生的身心发展规律，通过完成规定的教育内容和学科内容，使学习者达到的培养目标。它受教育目的的制约，是总的人才培养目标的具体体现；狭义上是指预先确定的要求学生通过某门课程的学习所应达到的学习结果。据此，我们认为幼儿园课程目标是幼教工作者对于幼儿在一定学习期限内学习效果的预期，它是幼儿园教育目的的具体化。

幼儿园教师应当从广义的角度去理解课程，明白幼儿在幼儿园所进行的一切活动，不论是专门组织的课堂活动，还是幼儿自选或自发的各种游戏活动，以及幼儿在日常生活活动中的所有具有教育性的经验，都是幼儿园课程的组成部分，因为所有这些活动都会对幼儿的全面和谐发展起到重要作用，它们的相互结合与渗透，能有效帮助幼儿达到幼儿期的学习与发展目标。

一、幼儿园课程目标的层次与结构

（一）幼儿园课程目标的层次

国家规定的幼儿园教育目标是宏观的表述，要实现这一目标，需要对目标进行具体的分解，转化为可以操作的具体目标。只有这样，幼儿园教育才能有效，教师在组织幼儿园的教育活动时才有据可依，并将教育目标落实在幼儿的发展上。[①]

1. 纵向层次

幼儿园教育目标从纵向的逻辑关系来分解，可依次划分为五个层次。国家的教育目的必须通过这五个层次的层层具体化，才能转化为对幼儿的可操作的发展要求。

[①] 桂景宣主编.学前教育概论[M].北京：高等教育出版社,2007.

（1）幼儿园教育目标。上述《幼儿园工作规程》所提出的保教目标就属于这一层。

（2）年龄阶段目标。它以儿童发展水平为依据，对幼儿园教育目标作具体分解和落实。

（3）学期教育目标。它是指按照幼儿园的有效教育时间将目标的内容进行合理的安排。它是由一系列相互联系、逐步递进的单元目标构成的。

（4）单元教育目标。单元目标又可以分为内容单元目标和时间单元目标两种。内容单元是以教育活动主题为单元来分解教育目标，时间单元是以一个月或一周为单元来分解教育目标。

（5）教育活动目标。它是指幼儿园一日生活活动、游戏活动或某个具体教育活动的教育目标。

最上层的目标即幼儿园教育目标基本上是固定的。下面四个层次的目标由上朝下看，每一层目标都是上一层目标的具体化。从下朝上看，每一层目标都受上一层目标的制约。国家的教育目的应通过这5个层次的层层具体化，才能转化为促进幼儿发展的可操作目标，也只有通过这样的转化才有可能真正实现幼儿的全面发展。

2. 横向层次

横向结构指每一纵向层次的目标都可从三个角度加以确定，分别形成内容目标结构、领域目标结构和发展目标结构。

从幼儿园教育的基本内容出发看幼儿园教育目标，每一纵向层次的目标都包括体育的、智育的、德育的和美育的目标。这四育的目标相互联系、有机结合，形成了内容目标结构。

从幼儿园教育目标的现实媒体——相关学科或领域——看幼儿园教育目标，每一纵向层次的目标都可分为健康、语言、社会、科学、艺术等领域的目标，从而形成了领域目标结构。

从幼儿身心发展看幼儿园教育目标，每一纵向层次目标的内涵都包括身体动作发展、认知和情感发展等方面的目标，从而构成了幼儿心理发展的目标结构。

（二）课程目标的结构

布卢姆等人的《教育目标分类学》以人的身心发展的整体结构为框架，为建立教育目标体系提供了一个比较规范化、清晰化的形式标准，被人们广泛接受和采用。这个框架中教育目标分为三大领域：

1. 认知领域：包括知识的掌握和认知能力发展。

2. 情感领域：包括兴趣、态度、习惯、价值观念和社会适应能力的发展。

3. 动作技能领域：包括感知动作、运动协调、动作技能的发展。

不同层次的目标要有不同的表述方法。一般来说，总目标是无法表述得太具体的，只能原则性地指出目标涵盖的范围和方向，其余各层皆应是总目标的具体化。当然，目标层级越低，表述得应该越具体、越具有可操作性。对于单元目标来说，一般有如下要求：

1. 要明确，与上层目标的关系要密切、要比较直接。

2. 涵盖面要广，应包括知识的学习，能力的培养、操作技能和情感态度方面的学习。当然,单元的目标可以有重点,但必须兼顾各方。

3. 目标要有代表性,每一条均是单独的内容,不要有交叉重复。

制定好目标后,对其表述既可以从教师的角度,指明教师应该做的工作或应该努力达到的教育效果;也可以从幼儿的角度,指明幼儿通过学习应该达到的发展。当前,关于目标的表述主要以两种类型为主:行为目标和表现性目标。行为目标,指的是一种用可以具体观察或测量的幼儿行为来表示的对教育效果的预期;表现性目标(或非行为目标、一般性目标),是一种非特定的、较广泛的目标,它描述的是学习者(幼儿)身心的一般变化。

二、制定幼儿园课程目标的政策依据

2016 年 3 月起施行的《幼儿园工作规程》第一章第五条规定了幼儿园保育和教育的主要目标。

《幼儿园教育指导纲要(试行)》明确提出了健康、语言、社会、科学、艺术五个领域的内容与要求,设计并组织好这些教育教学活动,是幼儿教师首要的工作任务。

《3—6 岁儿童学习与发展指南》分别提出了 3—4 岁、4—5 岁、5—6 岁三阶段幼儿有效学习的特征,对各阶段幼儿游戏与探索、主动性学习、创造力和独立思考能力发展水平提出合理期望,并指明了幼儿学习与发展的具体方向。

知识链接

幼儿园教育任务有哪些?

《幼儿园工作规程》第一章第三条规定:"幼儿园的任务是:贯彻国家的教育方针,按照保育和教育相结合的原则,遵循幼儿身心发展特点和规律,实施德、智、体、美等方面全面发展的教育,促进幼儿身心和谐发展。"这里强调的是德、智、体、美等的全面发展,注重的是身心的和谐发展。

幼儿园保育和教育目标是什么?

《幼儿园工作规程》第一章第五条规定幼儿园保育和教育的主要目标:

(一)促进幼儿身体正常发育和机能的协调发展,增强体质,促进心理健康,培养良好的生活习惯、卫生习惯和参加体育活动的兴趣。

(二)发展幼儿智力,培养正确运用感官和运用语言交往的基本能力,增进对环境的认识,培养有益的兴趣和求知欲望,培养初步的动手探究能力。

(三)萌发幼儿爱祖国、爱家乡、爱集体、爱劳动、爱科学的情感,培养诚实、自信、友爱、勇敢、勤学、好问、爱护公物、克服困难、讲礼貌、守纪律等良好的品德行为和习惯,以及活泼、开朗的性格。

(四)培养幼儿初步的感受美和表现美的情趣和能力。

幼儿园课程设置应以本专科专业培养目标和以上文件为依据,结合幼儿园课程的内容以及幼儿身心发展的特点,使自己的课程设置更加完善,符合当前社会的发展和用人单位的需求。

三、幼儿园课程目标制定的原则与方法

(一) 幼儿园课程目标制定的原则

1. 整体性原则

幼儿园课程目标的涵盖面要尽量周全,指向幼儿的全面发展。这里的全面发展,不仅包括体、智、德、美各方面,而且,每一方面都要尽量涵盖情感态度、认识、动作技能的内容。

2. 系统性原则

课程目标要具有连续性和一致性。

第一,阶段性目标之间要相互衔接,体现心理发展的渐进性。

第二,下层目标与上层目标之间、局部目标与整体目标之间要协调一致,每层目标都应该是上一层目标的具体化,以保证每一个具体目标的实现都朝实现总目标前进一步,都成为实现上层目标的有效环节。

3. 可行性原则

课程目标的制定要从充分考虑本地区、本幼儿园、本班儿童发展的实际出发,在儿童的"最近发展区"内,通过教学促进发展。

4. 时代性原则

课程目标应该体现时代性。未来社会的合格成员应该有积极的自我概念;了解和尊重他人,善于合作;有不断学习的态度和能力;时间观念强,做事讲究效率;有社会责任感,关心人类环境;独立性强,勇于开拓和有创造性等。

5. 缺失优先原则

即"补偿性"原则。在制定的课程纲要时,特别要在课程目标中把儿童现实发展中不足的、但又是理想发展所必须的方面突出出来,并在课程的各个环节中给予特别的关注,以保障幼儿基本的学习权和发展权。

6. 辩证性原则

辩证的观点不仅应表现为协调社会要求、儿童需要和学科知识之间的关系,平衡情感、认识、动作技能之间的关系,也应表现为处理好一些具体的目标,尤其是社会性发展面的目标的提法。

(二) 幼儿园课程目标制定的具体方法

在建构幼儿园教育目标体系时,特别是在将上一层目标(一般比较宏观、概括)转化为具体的下一层时,应将纵、横两个维度结合起来考虑。

以体、智、德、美四育与认知、情感、动作技能三种心理成分的交叉结合为例,我们可以看到,体育、智育、德育、美育任何一方面都含有认知、情感、能力三种发展内容,同样,认知、情感、能力任何一方面都必须体现体、智、德、美四方面的教育内容,两个维度上各成分的结合,便可能形成一项目标,如将各成分再做细致的分解(将认知分为记忆、理解、应用三个层次,将智育分成语言、数学、科学三部分内容),各个子成分的交叉结合,便可能产生出一个更完整系统的课程目标体系来。具体包括:(1)幼儿园课程方案整体目标的制定;(2)各领域目标的制定;(3)教育活动(单元和具体活动)目标的制定。

四、幼儿园课程目标制定应注意的问题

(一)目标的内容要全面

要能促进幼儿的认知、情感态度和能力的发展。一般的目标内容应包括认知、能力、情感三个方面,教师在分析教材时,要充分挖掘其多方面的教育价值。

(二)目标制定要适宜幼儿年龄特点

不同的儿童有不同的需要和经验,教师在制定目标时,要研究和把握本班幼儿的身心发展的实际水平,发展需要和兴趣经验,使教学目标处于幼儿的最近发展区内,体现教学目标的适宜性、个性化,而不应一味照抄照搬。

(三)目标制定应体现学科特点

虽然当前幼儿园倡导各学科领域的相互融合,强调幼儿的全面发展,但不论是分科教学还是综合教学,都有核心领域的核心价值,教师在制定目标时要深入分析具体教学内容的知识体系,从所教领域出发,挖掘其促进幼儿全面发展的教育潜质,关注本领域的核心价值,比如语言领域的核心价值在于倾听、感受、理解和表述,不同的语言教学形式,侧重点有所不同;科学领域的核心价值,倾向于孩子积极主动的探究学习,多感官、多渠道对事物的感知,对事物探究兴趣的激发等,而艺术领域的核心价值,更倾向于对美的感受与表达,而绝不能为了形式上的花哨,先想环节再定目标,或将一节课整成又像语言、又像音乐、又像美术、又像科学的四不像。

综上所述,制定科学合理的教学目标并非易事,一个适宜、有效的教学目标不仅反映了教师对知识的分析建构能力,还反映了其教学理念,对幼儿的了解程度以及对教学目标功能的理解等综合素养。作为教师,我们应认真汲取《纲要》与《指南》的理念,多学习有关教育学、心理学、幼儿教育相关学科知识理论,对照科学理论,冷静审视,分析自己以往在目标制定过程中的问题,找出症结所在,不断探寻提高自己制定教学目标能力的有效策略、方法,使教学活动目标真正落实于教学活动过程之中。

任务2　幼儿园课程内容的选择

【完成目标】

1. 理解幼儿园课程内容的含义、范围与类型;
2. 掌握幼儿园课程内容选择的原则方法;
3. 培养幼儿教师幼儿园课程内容选择的职业素养。

【任务驱动】

在下面这个例子中,教师不仅成功地将课程内容转化为幼儿的兴趣,还逐渐培养了幼儿的新兴趣。请你谈一谈这位教师在课程内容选择与处理上有哪些值得欣赏的做法?如果是你,你会怎么办?

这段时间班上几个男孩对插枪特别感兴趣。只要有空,就立即跑进操作区用积塑粒插起来,对其他区域的材料,尤其是美工区用来折叠的纸张理也不理。而投放这些纸张的主要目的,是希望孩子们在折纸的过程中潜移默化地获得有关几何图形的变化、组合、等分等数学方面的直接经

验,这是积塑拼插所不能代替的。怎么办? 老师冥思苦想,突然想到了一条妙计。下班后,她精心用纸折了一把手枪。第二天,当那几个男孩又在津津有味地用积塑材料插枪的时候,老师一下亮出了自己的"秘密武器"。"啊! 这么棒的枪!""老师让我玩一会儿!""不行,我自己也要玩呀,怎么办?"几个孩子的胃口被吊得高高的。"老师,你教我们做好不好?""好啊,想学吗? 可是有点难啊!""想,难点也没关系。"简直是异口同声。于是,孩子们心甘情愿地来到了曾经不屑一顾的美工区,全神贯注地投入了折纸活动。

　　幼儿园课程内容是幼儿园课程目标的最直接的体现,是实现课程目标的手段,是指根据课程目标而选择的内容,是课程的实质性部分,是课程目标得以实现的中介,其直接指向"应该教什么"的问题。

一、幼儿园课程内容的含义、范围与类型
(一)幼儿园课程内容的含义
1. 对课程内容的理解

在学科中心的倾向下,课程内容指的就是学科中特定的事实、观点、法则等,它们主要体现在教材之中。

在经验中心的倾向下,课程内容则是指学生通过实际的教学过程和教学环境应该获得的认识、态度、行为方式等。它们存在于学生参与的教学活动中,存在于教学活动所涉及的问题领域、课程或科目中。

综合各种观点,教育内容是指一整套以教学计划的具体形式(课表和课程)存在的知识、技能、价值观念和行为。它们是根据各种社会为学校规定的目的和目标而设计的。按照不同教育层次、类型、年级和学科安排的这些内容……是构成一个具体过程学习的对象。因此,这些内容是明确的,是通过教师指南、教学大纲和教材的形式所表现出来的。

2. 对幼儿园课程内容的理解

有研究者依据课程内容本身的概念和表现形式,认为"从整体来讲,幼儿园课程内容是动态的,但它同时又包含着相对静态的知识形式"。并认为幼儿园课程内容可以分为三种形式:静态形式、动态形式、动静融合形式。[①]

我们认为,幼儿园课程内容就是以培养幼儿完整健全人格和身心全面和谐发展为目的而选择和组织的能够帮助幼儿获得有益经验的一切幼儿园课程因素的总和,其不仅包括知识,还包括经验、活动、情感、态度、价值观等等。

(1)活动对象

活动对象基本相当于传统意义上的教育内容——存在于"教材"或"学习材料"中的关于周围世界的基本知识,包括事实、概念、规律、原理、社会行为准则、评价标准等。

① 朱家雄主编.幼儿园课程[M].上海:华东师范大学出版社,2003.

(2) 活动过程

活动过程包含着关于这种活动本身(方式方法)的知识、技能技巧,即"做"的知识。

(3) 学习活动的"产品",即所谓学习经验

它是活动对象和活动过程本身所蕴含的知识、技能"内化"为幼儿个人的知识、技能和认知能力的结果。同时,在与学习对象相互作用的过程中,幼儿同时也在形成着对活动对象、活动过程以及作为活动主体的自己的情感态度。

(二) 幼儿园课程内容的分类

幼儿园课程内容可从不同角度、根据不同标准分类。目前的幼儿园课程大体存在着如下分类类型。

1. 按学科结构分类

我国1981年10月颁布的《中华人民共和国教育部幼儿园教育纲要(实行草案)》将课程内容分为体育、语言、常识、计算、音乐、美术六科,采取的是这种分类方法,并列出一个分科教学的"课程表"。

2. 按活动对象的性质划分或学科与心理相结合的方式划分

人民教育出版社出版的《幼儿园教育活动》把课程内容分为健康、自然、社会、语言和艺术五个领域,是以幼儿活动的对象(幼儿与之相互作用的事物)的类别及其所规定的活动类型(健康生活活动、科学探索活动、社会交往活动、语言交流活动和表现与创造活动)的差异为标准而划分的。

南京师范大学出版社出版的"幼儿园课程实施指导丛书"则把学科逻辑和幼儿心理顺序结合起来,将课程分为健康、科学、社会、语言、艺术五个领域。

3. 按基本学习课题或问题领域划分

上海市的课程标准纲领性文件《上海市学前教育纲要》,把课程内容分为共同生活、探索世界、表现与表达三个方面;中国福利会幼儿园的"生存课程"将课程内容分为学生活、学学习、学做人三个方面。

这样划分课程内容的根据是幼儿的基本学习课题或问题领域。国际21世纪委员会在一份重要报告中明确地提出,面对未来社会的发展,教育必须围绕四种基本的学习——学知、学做、学会共同生活、学会生存来重新设计、组织。[1] 上述分类方式无疑是按照这一思路来确定的。

4. 按幼儿的主要活动形式或围绕关键经验的活动划分

欧美一些国家的幼儿园课程根据幼儿的主要活动形式,把内容分为游戏、工作、唱歌、律动、感觉训练、故事、实物观察、烹饪等。

一些以皮亚杰理论为指导的学前教育方案,也往往把课程内容视为能提供给幼儿"关键经验"的各种活动。如凯米方案以皮亚杰所谓前运算阶段的三类经验——物理经验、社会经验、数理逻辑经验为标准,将包含这三类经验的日常生活(如饭前摆碗碟、配刀叉)、传统活动(捉迷藏、猜谜语、各种比赛、合作游戏、美工等)和来自皮亚杰理论启示

---

[1] 联合国教科文组织,国际教育发展委员会编著.学会生存——教育世界的今天和明天[M].北京:教育科学出版社,1996.

的活动作为课程内容。

5. 按幼儿心理发展领域划分

英国的《学会学习》课程的内容是从幼儿身心发展的角度划分的。具体分为：自我意识、社会能力、文化意识、交际能力、动作与感知能力、分析解决问题的能力、美感与创造意识七个发展领域。围绕上述领域选择适合幼儿的活动和游戏并加以组织，便构成了幼儿园的课程。

课程内容如何分类，或多或少从一个侧面反映课程所强调和突出的价值。但严格地说，如何分类并不是最为重要的，最重要的是各种课程框架下的内容是否是有助于幼儿获得基础知识的内容，是否是有助于掌握基本活动方式的内容，是否是有助于发展幼儿的智力和能力的内容，是否是有助于培养幼儿情感态度的内容，总之，即其是否能为幼儿的发展提供有益的学习经验。

二、幼儿园课程内容选择的原则

基于上述，我们了解了幼儿园课程内容的基本结构和选择范围，那么，如何从这些范围中选择具体的课程内容呢？什么内容是适宜的呢？这就需要以一定的原则或标准为选择依据。

(一) 合目的性原则

所谓合目的性，指的是选择的课程内容必须符合并有助于实现课程目标。因为课程内容是实现课程目标的手段，课程目标一旦确定，就要求选择与之相符的内容来保证它的实现。可以说，目标为内容的选择提供了一个基本的范围和标准。按照这一标准，在选择内容时需注意以下几点：

1. 有目标意识

选择内容时首先要考虑："选择这个内容是为了实现哪一个或哪几个目标？"这要求对拟选内容可能包含的教育价值进行基本分析，估计一下这项内容是否与目标有关联，是什么样的关联，是否还有关联更为密切的内容等。

2. 正确理解目标与内容的关系

内容与目标并非一一对应的关系。一项目标往往需要多项内容的学习方能达到。因此，围绕某一目标来选择内容时需要考虑："还有哪些内容可以促进这一目标的实现？"例如："能进行简单的分类"这一目标，就需要通过多种多样的内容逐渐达成。例如几何形体的分类；颜色的分类；玩具的分类；动物、植物的分类；服装的分类等等。反之，一项内容也可能指向多项目标。所以，在选择某一内容时还需要考虑："这一内容还可以达到哪些目标？"例如："幼儿园的数"这一写生画活动不仅可以发展幼儿的绘画表现能力，还有利于他们的观察、图形抽象与组合能力的发展，同时激发对幼儿园的情感。对目标与内容之间关系的正确理解，会使课程中的学习变得扎实、有效、自然。

3. 考虑目标达成所需要的"关键学习经验"

有些目标(如自信心、探究精神等)没有什么直接与之相对应的内容，因而这些目标的实现很难由特定的内容来保证。例如，我们希望培养儿童的自信心，而自信心来源于多次的成功经验。我们无法通过"教或学什么"让儿童获得这种经验，只能通过控制内容的难易程度,指导学习的方法,为他们创造获得成功经验的有利条件。

(二) 基础性原则

基础性是学前教育最基本的特征。幼儿园课程的内容应该体现这种基础性:它应该立足于幼儿基础素质的全面发展,并为其一生的可持续发展奠定坚实的基础。因此,幼儿园的课程内容应该涉及人生发展最基本的问题,帮助他们学知、学做、学生活、学学习。其中,健康的生活方式、良好的行为习惯、学习的欲望和能力、积极适应社会生活的态度和能力尤为重要。

在具体选择内容时,应参照本节"幼儿园课程内容的范围"部分,选择那些有助于幼儿获得基础知识、发展智力和基本能力、形成基本态度的内容。

此外,判断所选内容是否具有"基础性"的参照标准,还可以看它是否与儿童现在的生活、学习有直接关系;是否必须现在学,以后再学就失去最佳时机;是否是文化或人类知识中的最基本成分,而且是今后学习所必需的基础;是否具有最大的应用性和迁移性;等。

事实表明,越是基础的内容,越具有长远的发展价值,因此,基础性也就意味着发展性。

(三) 价值性原则

合目的性和基础性原则都已涉及到课程内容的价值问题。有效的学习首先依赖于有价值的学习内容,课程内容选择的本质就是价值判断。这里,我们只是进一步强调这一点,并以认知领域为例,来说明如何体现这一原则。就幼儿的认知学习来说,有价值的内容一般应具有以下特点:

1. 贴近幼儿的生活,是他们经常接触的事物或现象

如,物体的运动、动物、植物、简单自然现象等等,这类内容一方面可利用幼儿的已有经验增强学习过程中的主动性;另一方面,通过发现每天司空见惯的事物或现象中的"问题"及新异性,可使幼儿逐渐具有一双善于"发现"的眼睛。科学家、发明家与常人的最大区别之一,就在于有无这双发现的眼睛。从小让幼儿养成发现、思考的习惯,这本身的价值就是无法估量的。

需要注意的是,今天,我们不能对"贴近生活"做过于狭隘的理解。应该看到,随着电视等现代大众传媒的普及,幼儿的经验已经超越传统意义的生活时空向外扩展。很多在过去看来远离幼儿的事物,其实已经成为他们经验的一部分。不少幼儿对早已绝迹的恐龙兴趣盎然,说起恐龙的种类、习性如数家珍,就是一个明证。搜集有关的信息,探讨恐龙灭绝的原因,初步理解生物与环境的关系,萌发幼儿的环保意识,同样可以看做是从幼儿的生活中发掘出来的有价值的课程内容。

2. 有利于幼儿认识事物的本质以及事物之间关系和联系

探究事物的本质和规律是科学研究的根本目的。尽管幼儿受其认知方式和特点的限制,还不可能真正理解和把握那些高度抽象的原理、规律。但我们也应看到,第一,认识是一个渐进的过程,对某些"真理"(如沉浮原理、物体的运动规律等)幼儿或许不能一下子理解到位,但可以逐渐接近它;第二,某些事物的本质属性和规律性联系是存在着一些可感知的外部特征的。如,"滚动"这一常见的物体运动方式,由于其主要变量(方

向、速度等)对运动物体的形状、界面的光滑度、坡度等的依从性可以被直接感知,因而也可以引导幼儿通过研究发现这种关系。

3. 能够让幼儿"研究",并有利于幼儿学习和掌握基本的研究方法

有些内容比较有利于幼儿去研究,在研究中发现学习,这不仅有利于幼儿理解知识,同时可以学习基本的研究方法,如观察、比较、测量、实验,甚至调查,那么就特别应该成为课程的内容。方法既是一种"知识",一种"做"的知识,也是一种能力。事实上,幼儿在生活中已经开始研究问题,也开始接触和运用这些方法,且不说观察、比较、测量法,就是实验法和调查法儿童也不时在使用。比如,游戏时,尤其是未确定共同的游戏主题时,他们经常询问同伴想玩什么、怎么玩,这就是一种"社会调查"。如果一个内容能够让幼儿去"研究",并学习运用某种方法解决问题,那么,这个题目就是有价值的,因为,除了知识和方法的学习之外,幼儿也自然而然地形成着学习兴趣和主体性品质。

4. 挑战幼儿的能力并包含需要合作才能解决的问题

有价值的研究内容应该落在幼儿的最近发展区内,并包含着合作的需要和机会。无论对哪个年龄阶段的人来说,学得最好的时候,都是积极地参与到问题解决中并与他人合作的时候。

(四) 发展适宜性原则

发展适宜性原则,是指课程内容既要符合幼儿已有的发展水平,又能促进其进一步发展,即难度水平处在幼儿的"最近发展区"之内。

"最近发展区",指的是儿童已经达到的发展水平和即将达到的发展水平之间的差距,其操作性定义可以表述为"儿童自己独立完成的智力活动任务和在成人或有能力的伙伴帮助下所能完成的任务之间的差距"。这个距离空间恰恰是教育的"用武之地"。同一年龄阶段的儿童既有共同的最近发展区,也有各自不同的最近发展区。因此,课程内容的选择既要适合幼儿的一般年龄特点,又要适合幼儿的个别差异。目前国内外有关儿童发展的大量研究已经揭示了幼儿在认知、情感态度、能力、社会性个性等方面的年龄特征和一般发展趋势,这为课程内容的选择提供了重要的心理学依据。然而,现实中的幼儿虽然基本遵循这些规律,但不同地区、不同家庭的儿童和不同儿童个体在已有的经验和发展水平上往往会显示出自己的独特性来。因此,了解本地区、本园、本班幼儿的一般发展和特殊需要,是选择适宜的课程内容所必须的前提。

(五) 兴趣性原则

"兴趣是最好的老师。"兴趣具有一种动机力量,能使人进入一种"情感性唤醒状态",产生一种吸收信息、扩展自己的倾向,为观察、探索、追求和进行创造性努力提供可能性。世界著名情绪研究专家伊扎德指出:"兴趣对思维和记忆的功能联系是如此广泛,以致在缺少它的支持时,对智力发展之濒于险境的危险不亚于脑组织的损伤。"[①]对幼儿来说更是如此。因此,课程内容的选择必须要考虑幼儿的兴趣。具体做法:

1. 关注幼儿的兴趣,从他们感兴趣的事物中选择教育价值丰富的内容

幼儿感兴趣的事物中有不少蕴涵着丰富的教育价值,教师要善于分析、发现,及时

---

① 黄敏儿,郭德俊.伊扎德情绪理论的生物社会取向[J].首都师范大学学报(社会科学版),2000(1).

将它们纳入课程。

例如,在一次"假如我有朵七色花"的谈话中,不少孩子表达了自己希望有很多有趣而且耐玩的玩具的愿望。老师立即意识到:玩具种类繁多,外形、材料、构造、原理、玩法各不相同,蕴涵着丰富的认知价值。而且,围绕玩具还可引出爱护、分享、合作等社会性话题。于是便以"怎样实现大家的这个愿望"为"引子",引出一个孩子极感兴趣的系列活动——"玩具博览会"。

2. 将必要的课程内容"转化"为幼儿的兴趣

有些课程内容从幼儿长远的发展来看是必要的,但不见得所有的孩子都感兴趣。那么,就需要教师尽量把它们转化为幼儿的兴趣。

(六) 直接经验性原则

幼儿认识活动的具体形象性,使得他们的学习具有直接经验性特点。因此,幼儿园的课程内容应该具有直观性、情境性和活动性,使幼儿能够通过直接感知、操作和体验,将学习内容转化为自己的直接经验。

许多儿童教育家如福禄贝尔、杜威等都主张让幼儿在生活中、在活动中、在接触自然与社会中学习。我国著名幼儿教育家陈鹤琴先生也提出"活教育"的思想,主张以大自然、大社会作为幼儿的"活教材",让他们直接向大自然、大社会学习。这其中的一个重要原因,就在于大自然、大社会是直观形象的、生动的、具有情境性的、儿童能参与其中进行各种探索活动,是蕴涵着丰富的教育价值的"知识宝库"和"实验室"。在这里,幼儿既可以感知事物的外部特征和直接联系,也可以通过各种活动揭示那些隐蔽的特征和内在联系、规律性,而且这些内在联系和规律性往往有其相应的可感知的形象作支持,因而十分有利于幼儿理解。如"生物适应性"这一基本生物学规律,虽然深奥,但却可以通过动物的外形特征(有无尖齿利爪、有无翅膀等)、生活习性(肉食还是素食,凶猛还是温顺,游、飞、爬还是跑等)和生存环境(水里还是陆地,沙漠还是草原)之间的依存关系形象地反映出来,是幼儿能够认识和理解的,因此可以作为学习的内容。而一些化学现象(如酸碱反应等),尽管其色彩或其他变化可以被幼儿感知,也能引起他们的惊讶和兴趣,但不少幼教专家不主张将其纳入幼儿园科学教育的内容,原因也在于其内部变化过程和变化原理是幼儿无法感知和理解的,因而产生"科学就是变魔术"的误解。

(七) 兼顾"均衡"与"优先"的原则

何谓均衡? 课程内容的均衡,指的是构成课程内容整体的各个部分之间的比例要适当。课程内容均衡与否的判断标准,既可从内容领域的角度考察,也可从为儿童各种潜能发展提供的学习机会的角度考察。真正均衡的课程,尤其要考虑幼儿发展的需要。

根据均衡性原则,选择内容必须从课程的整体性出发,并不断对所选内容进行整体反思。

首先,要检查每项课程目标是否有相关的内容与之相对应,以保证它的实现。对于那些无法直接通过提供对应内容的目标,也要思考一下这些目标如何落实:是通过创设某种环境,还是通过控制课程中的某些因素? 总之,要评估一下是否为儿童各种潜能的发展提供必需的学习机会和条件了。

其次,要检查各部分内容之间比例是否恰当。与不同重要程度的目标相对应的内容是否各自占有适当的比例,是均衡的重要指标。重要的课程目标一定要有具体的途径和措施来落实,不要出现所谓"口惠而实不致"的情况。

这也就是说,均衡不等于平均。均衡必须同时注意"优先"。而所谓"优先",指课程设计者对某些内容和活动(包括媒介)作价值比较,决定是否纳入课程及其比重和先后次序。确定课程目标时应该遵循的"缺失优先"原则在考虑课程内容时同样适用:课程要特别注意为幼儿理想的发展所必需的、现实中又特别缺乏的品质提供学习经验。例如,我国90年代初的一项研究①发现,不少小学生缺乏学习的主动性、学习能力、责任感和社会适应能力,在这种情况下,幼儿园的课程就需要特别加强这些方面的内容,为儿童提供可以自己研究探索的"课题",让他们在主动学习的过程中逐渐形成这些品质。

三、幼儿园课程内容选择中需注意的问题

(一) 目标流失问题

课程设计中,常常出现这样一种情况:在以目标为依据选择教育内容(或曰目标向内容转化)的过程中,一部分目标"流失"了,即失去了保证这些目标实现的"依托"。

前面我们已经讲过,有些目标(主要是态度类目标,如自信心、探究精神等),也许没有可选择的内容直接与之相对应,因而这些目标的实现很难由特定的内容来保证,这就使得它容易流失。然而,这一类目标往往正是儿童长远发展最需要的基本素质。为了解决这个问题,课程设计者必须形成"学习经验"的概念,了解达成这些目标需要的"关键学习经验"是什么。我们已经知道,学习经验是实现儿童发展(目标)的"营养",而学习经验是儿童在与学习环境的相互作用中获得的,"学习是通过学生的主动行为而发生的;学生的学习取决于他自己做了些什么,而不是教师做了些什么"。教育者无法向儿童输送这种经验,但可以提供合适的活动,指导活动的方法,为他们创造获得这种经验的有利条件。因此,根据目标选择学习经验,构建能使儿童获得这些经验的课程情境和课程活动,是防止目标流失的关键。

(二) 课程内容超载的问题

课程内容"超载"是我国当前幼儿园课程内容选择中的突出问题。这种超载主要表现在以下两方面:一是容量过大,在有限的时间内已经不可能保证质量地完成,结果要么"走过场",无法使幼儿产生真正的学习,要么"加班加点",剥夺了他们应有的自由游戏和自主活动的时间;二是难度过高,超出幼儿所能接受和理解的程度,结果是机械记忆,生吞活剥。这两种情况不仅不能有效地帮助幼儿获得有益的学习经验,反而造成了沉重学习负担,败坏了他们的学习兴趣,损害了他们的自信心。

造成这种状况的原因很多。其中,科技进步和社会发展造成的人类知识总量的不断增加,新的学习领域不断涌现,是一个客观原因。然而,是否把这些新知识引入幼儿园课程,如何引入,在很大程度上却是由课程设计者掌控。因此,设计者应该意识到,课程是发展的,新内容的吸纳是必然的。但哪些的确是幼儿园课程必须吸纳的,哪些安排在以后教育阶段的课程中更好,哪些是全新的内容,哪些其实只需要改革原有内容,在

---

① 陈平,朱敏.小学生学习主动性培养的实验研究[J].教育研究,1995(10).

其基础上略加引导,这都需要遵循前面所述的选择原则认真考虑。同时,"纳新"必须"吐故",不吐故而纳新必然造成课程内容日益膨胀。因此,如何使课程内容保持一个适当的容量和难度,需要用一种整体的、系统的观点加以统理。

(三) 片面适应社会需求,无视学习代价的问题

随着科学技术和经济文化的发展,社会对人的要求越来越高,早出人才快出人才的呼声一浪高过一浪,社会上常常响起的各种"从娃娃抓起"的声音(尽管娃娃的年龄并没有明喻),使得计算机、外语、环保等等教育内容都涌向低龄儿童。而一些脑科学的研究成果在没有得到教育验证的情况下,被比较随意地、想象性地用来解释儿童的学习潜力,并以此为论据提出教育的任务。这使得人们对早期教育抱以过于浪漫的期望。而家长们唯恐孩子输在起跑线上的心态和要求,更直接对幼儿园的教育造成了不小的压力。我们的一些课程设计者或者迫于压力,或者追赶时髦,或者怀有浪漫的情愫,一概把"娃娃"理解为幼儿,把所有的新内容一揽子都装在幼儿园课程内容的筐里,既不考虑幼儿园的客观条件(如有没有适当的"双语教育"环境和合格的外语师资等),也不考虑幼儿学习和发展的规律和年龄特点,更不考虑幼儿为这些学习所付出的代价。这种片面理解社会需要,一味迎合社会需求的情况,再一次把课程的重心转向社会,转向学科,课程为幼儿发展服务的思想在这里又被动摇。

学习是需要付出代价的。儿童是以生命为代价(至少表现为时间和精力)换取学习效果的。因此,教育者必须树立一种"效益观",在引导、组织学习时要估算一下儿童可能的收获和付出,尽量以最少的付出获得最大的收益。如果选择学习内容时过于迎合社会要求而不考虑幼儿的身心发展规律和学习特点,就会产生"负效益"。现实中,过于强调"知识"和"特长"、过于追求"立竿见影效果"的教育,往往是以幼儿的健康、学习兴趣、自信心等"一生可持续发展"所必需的基础为代价进行的。这种"杀鸡取蛋"的短视行为,是幼儿教育的"大忌",课程工作者要时刻警惕。

(四) 幼儿园课程内容与幼儿园外生活经验及小学课程内容不衔接的问题

一般认为,课程内容的不衔接指的是"缺少",出现家庭、幼儿园和小学低年级"谁都不管"的情况。这是一种"缺失性"不衔接,幼儿园课程中的确存在着这种不衔接。例如,由于儿童的社会生态环境的变化,我国儿童的家庭生活经验中已经比较缺乏社会角色、社会交往能力的学习条件和学习机会。而幼儿园也普遍重视"智力开发",忽视社会性培养。这就造成了"双不管"的情况。近年来,由于多方的努力,这种状况略有好转,但仍是一个值得注意的问题。

此外,还存在着另一种课程内容不衔接——"多余性"不衔接。这主要指以下两种情况:

1. 幼儿园简单重复甚至低于幼儿在幼儿园外(家庭和社会生活中)获得的自发经验

例如,对盛产西瓜的地区来说,煞有介事地组织"认识西瓜"的集体教育活动,让大家看看、尝尝、说说(形状、颜色、味道),仅此而已,实在是一种"多余"。当然这并不是说生活中经验过的事物不可以选作教育内容,但如果不能扩展、整理、提升幼儿的有关经验,仅仅是同一水平上的重复,那无疑是在浪费孩子的时间。泰勒曾经特别指出,"家庭和社区中的日常环境,通常都为学生提供了相当一大部分教育方面的发展,学校没有必

要重复校外已充分提供的教育经验。学校的种种努力应该主要集中在学生目前发展中存在的严重差距上"。① 在大众传媒基本普及的今天,幼儿从家庭获得的经验绝非往日可比,选择课程内容必须把这一因素考虑在内。

2. 幼儿园成了小学课程"先修班",抢先教授小学低年级的课程内容(主要是读写算)

一般情况下,小学并不欢迎幼儿园的这种过度热情的行为。因为,在我国,幼儿园属于非义务教育,幼儿的入园率并非百分之百,没有幼儿园教育经历的儿童同样可以入小学学习。因此,幼儿园提前教授小学课程内容,将使小学面临一批基础参差不齐的学生,增加教学的难度。而且,小学是按地方统一的教学计划和教材组织教学的,不管儿童在幼儿园学了什么,入学后基本都是从头学起。这样一来,在幼儿园提前学习小学课程内容的儿童反而可能丧失学习的新鲜感、兴趣以及认真对待学习的态度。因此,无论从哪个角度看,幼儿园都没有必要去"抢"小学的教育任务。只要把幼儿阶段该学习的都学好了,该发展的都发展起来了,就为孩子将来的成长积蓄了巨大的可能性和"后劲"。

任务3　幼儿园课程组织与实施

【完成目标】

1. 掌握幼儿园课程组织与实施的概念、范围;
2. 了解幼儿园课程组织与实施的原则;
3. 体验幼儿园课程组织与实施的过程。

【任务驱动】

在开展"我爱实幼"的主题活动时,其中有一个活动是幼儿自制连环画《我们的幼儿园》,是在基本了解、熟悉幼儿园的环境、设施的基础上进行的。幼儿几人合作,画出他们最喜欢的幼儿园的某个环境或场地,并要求给画面配上文字解说,由我来记录。在制作图书的过程中,我尝试将"因为……所以"、"如果……就"等关联词运用到图书的解说中,孩子们在我的帮助下、引导下,终于用图画和特有的文字语言展示出来了。如:"如果你走进实验幼儿园,就会看见绿色的大操场";"因为我们每天都可以做游戏,所以我很喜欢上幼儿园";"只要你天天上幼儿园,你就会有很多的朋友";"小朋友在幼儿园里,有的唱歌,有的画画,还有的搭积木";"因为老师教我们本领,和我们做游戏,所以我们很喜欢老师";"小朋友不仅喜欢滑滑梯,还喜欢玩荡椅";"因为我们是实幼的好娃娃,所以实幼就是我们的家"……当我拿着这本书时,心中有股喜悦,可是也有点不安,虽然孩子们通过各种方法对我们的幼儿园有了初步的了解,但是在运用这些关联词上却不得不承认老师的指导性太强,我的心中觉得有问题,觉得很牵强,但也似乎一时难以解决。

这时,我将这本书递给陈老师看,她看后对我说:"编得还可以,可是我觉得一下子就用关联

---

① [美]拉尔夫·泰勒著,施良方译,瞿葆奎校.课程与教学的基本原理[M].北京:人民教育出版社,1994.

词编书,可能幼儿未能真正理解。"我立刻说:"我也知道,可是如何解决呢? 不知从何入手,关联词好像对幼儿来说太难了。"她也皱起眉头,一会儿她说:"我只是觉得应该先听听孩子们在日常活动中的谈话,看看他们是否应用了这些关联词,然后再进行整理,加深印象,逐步引导。"我觉得有道理,决定在日常生活中了解幼儿的语言,给予幼儿在一定的情况下学习使用这些关联词的机会。

· ·

　　基于上面这一案例,谈一谈这位老师在活动组织与实施过程中有哪些好做法? 面临的主要问题是什么? 如果是你,你会怎样做?

一、什么是幼儿园课程组织

(一) 幼儿园课程组织的概念和范围

1. 幼儿园课程组织的概念

前文中,我们将幼儿园课程界定为"帮助幼儿获得有益的学习经验,促进其身心全面和谐发展的各种活动的总和"(注: 这一界定是教育部"九五"教育科学规划重点课题《中国幼儿园课程政策研究》课题组经反复讨论认定的),因此,相应地把幼儿园课程组织理解为: 创设良好的课程环境,使幼儿园课程活动兴趣化、有序化、结构化,以产生适宜的学习经验和优化的教育效果,从而实现课程目标的过程。[①]

2. 幼儿园课程组织的范围

(1) 关于内容的组织

① 内容组织方法

其一,逻辑组织法。根据知识本身的系统性、逻辑性安排内容。

优点: 有利于学习者获得系统知识;有利于学习者做较严密的思维训练;计划性相对较强,老师容易把握。

缺点: 过分强调知识本身的系统性和逻辑性,很难照顾儿童的兴趣和需要;与生活联系不密切;很难照顾儿童学习能力方面的差异。

其二,心理组织法。以幼儿兴趣和生活经验为基点,按经验演进的原则逐步扩大学习的范围。

优点: 适合儿童身心发展规律;调动幼儿积极性;灵活性较强。

缺点: 对教师要求较高;较少考虑学科自身的逻辑性。

② 内容组织形式

其一,以学科为中心的组织形式: 如分科形式;广域形式;综合形式。

其二,以社会问题为中心的组织形式。

其三,以儿童经验为中心的组织形式。

---

① 黄瑾主编.幼儿园教育活动设计与指导[M].上海: 华东师范大学出版社,2008.

3. 内容组织原则

(1) 顺序性。根据儿童认识和学习内容的特点,课程内容的组织安排一般应该由浅入深,由易到难,由近至远,由简单到复杂,由已知到未知,由具体到抽象。

(2) 连续性。连续性原则强调的是后续的学习与先前的经验之间的关系。

(3) 整合性。加强课程内容之间、内容和学生的学习经验之间以及学习经验之间的有机联系,以帮助儿童把从各领域所学到的知识和先后获得的各种经验加以统整和贯通。

(二) 幼儿园课程组织的基本原则

1. 整体性原则

人本质上应该是身心各方面和谐统一的整体。幼儿教育的目的就是把他们培养成为和谐发展的"完整儿童"。为此,幼儿园课程需要把各种教育因素有机地组织起来,使它们相互支持、相互强化,只有按这样的原则组织起来的整体优化的课程结构,才能转化为幼儿完整、系统的学习经验,以达到促进其身心全面和谐发展的目的。

2. 生活化原则

课程组织的生活化原则,要求设计者在制定课程蓝图或计划时:

(1) 对课程目标及其达成途径进行分析,以考虑实现目标的适宜方式;

(2) 对一日生活主要环节的教育功能和可能蕴藏的教育机会进行分析,一方面使其"名正言顺"地承担起实现课程目标的任务,使其潜在的教育价值得到充分的发挥;另一方面,减少不必要的专门教学活动,为幼儿园课程提供更多的生成和发展的空间;

(3) 对幼儿的生活环境和生活变化规律进行分析,以便课程安排更符合幼儿的需要,更具有广泛的教育资源。

3. 主体性原则

这里所谓的幼儿园课程组织的主体性,指的是要把课程组织成教师主动引导的、幼儿积极参与的教育教学过程。幼儿是学习的主体,只有幼儿的主动参与、主动建构,课程才能内化为他们的学习经验,促进其身心发展;也只有在主动学习的过程中,当今社会最需要的、以创造性为最高表现形式的人的主体性品质才能逐渐形成。研究表明,幼儿的主动学习包括以下特质:

(1) 内在的学习动机;

(2) 对目标的直接行动,即动手操作,亲身体验;

(3) 实际解决问题;

(4) 表达和分享经验。

课程组织的主体性原则特别希望强调的一点是,课程组织不只是目标、内容、途径、方法等的组合,更是人的活动和人的经验的组合,是人与人、人与课程情境的相互作用。因此,幼儿园课程的组织要充分考虑如何让幼儿在与课程环境(教师、同伴、内容、情境等)的相互作用中主动学习。

二、什么是幼儿园课程实施

课程实施是将课程计划付诸于教育实践的过程，以达到预期的教育目的和课程目标。

课程实施的研究，有益于课程编制者了解、分析、评定课程计划与教育实际之间的切合度，以及导致切合度高低的原因，理解课程变革失败或成功的原因，从而及时调整课程计划，完善课程编制的过程。

(一) 幼儿园课程实施的取向

1. 忠实取向

课程实施的忠实取向是将课程实施的过程看作忠实执行课程计划的过程。这种取向的基本假设是，课程实施要忠实地反映课程设计者的意图，从而达到预定的课程目标。忠实取向认定，课程是一套程序，尽管可以稍作变动，但在大体上却要遵循，并以此作为评价依据。忠实取向认定，课程变革是教师实施课程专家制定的课程变革计划的过程，课程变革是否成功，主要取决于教师是否不折不扣地实施此变革计划。忠实取向也认定，教师的角色是课程专家所制定课程计划的忠实执行者。在研究方法上，忠实取向强调课程决策者、课程计划制定者与课程实施之间的单向性关系。

2. 相互适应取向

相互适应取向认定，课程不仅是一套程序，也还包括教育实际情境中的各种因素，这些因素会影响甚至改变课程的实施。相互适应取向认定，课程变革是一个复杂的、不可预知的、非线性的过程，课程变革的实施过程是一个"实施驱动"的过程，课程变革中所发生的一切，不管是否与预期的目标一致，都会成为课程中有意义的组成部分。相互适应取向认定，教师是课程专家所制定课程计划的积极"消费者"，教师对课程专家编制的课程计划的积极改造，是课程实施能获得成功的基本保证。

其在研究方法上，强调课程决策者、计划制定者与课程实施者之间的相互理解对事件所赋予的意义和理解，强调课程变革的复杂性和过程性，因此，相互适应取向在本质上是受"实践理性"支配的。

3. 创生取向

课程实施的创生取向将课程的实施过程看作是教师和儿童个性成长与发展的过程，课程实施者们自身创造的过程，即教师的角色是课程开发者。这种取向的基本假设是：课程实施是在具体教育情境中创生新的教育经验的过程，而已有的课程计划只是为这个经验创生过程提供平台而已。创生取向认定，课程是教师与儿童共同创造的经验，包括课程内容，人的思维、情感和价值观等。这些经验都是教师和儿童在实际中体验到的，是情景化的和人格化的。

其在研究方法上，对个案性质的"深度访谈"倍加推崇。强调教师和儿童在课程实施中的主体性和创造性，尊重参与者的价值观，强调个性自由和解放，将课程创造和开发的过程视为个性成长和完善的过程，因此，创生取向在本质上是受"解放理性"支配的。

课程实施的忠实取向、相互适应取向和创生取向三者并不是非此即彼的，课程实施的取向往往是处于包括这三个取向在内的连续体上的某个特定位置。

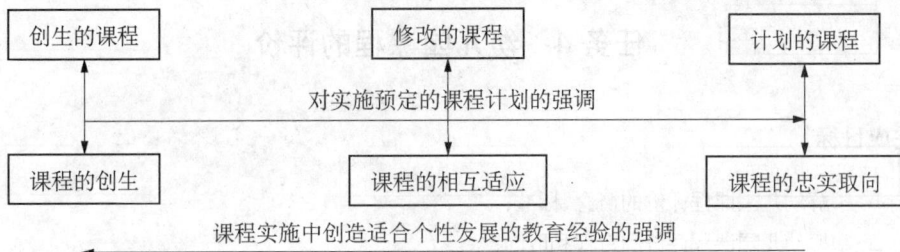

图 2-1

课程实施的
三个取向

如图 2-1 所示,越往忠实取向的一端,课程实施就越强调实施预设的课程计划。越往创生取向这一端,课程实施就越强调在课程实施中实施者共同创造适合个性发展的教育经验。

对课程实施取向的选择和定位,其依据并非是孰优孰劣,而是其适合性。如果将幼儿教育的优先关注点放置于提高幼儿教育质量上,幼儿园课程变革往往会去追求创生取向;如果将幼儿教育的优先关注点放置于解决教育公平问题上,使每个适龄儿童都有机会获得幼儿教育的机会,那么会追求忠实取向。

在较长的时间段来看,幼儿园课程变革往往会有反复。当幼儿园课程变革已经从忠实取向发展到了相互追求相互适应取向,甚至发展到了追求创生取向,虽然局部地解决了课程变革所存在的问题(如不关注儿童的自身发展的需要,没有发挥教师的能动性,等等),但是也产生了由此带来的另一些问题(如课程的随意性,教师的水平难以达到要求,等等)。在权衡利弊得失以后,幼儿园课程变革还有可能从相互适应取向(或创生取向)向忠实取向回归。

(二) 影响幼儿园课程实施的因素

课程实施会受多种因素的影响,既有积极方面的影响,对课程实施能起促进作用,也有消极方面的影响,对课程实施能起阻碍作用。

影响幼儿园课程实施(包括幼儿园课程变革和幼儿园教育活动实施等)的因素,主要有以下几个方面:

1. 幼儿园课程与社会、文化的适宜性;

2. 教育行政部门的推动和支持;

3. 幼儿园课程变革的需要;

4. 幼儿园课程计划本身的状况;

5. 幼儿园课程实施的管理和运行机制;

6. 幼儿园课程编制者与实施者之间的沟通;

7. 幼儿园课程实施者本身的水平和能力。

可以说,在幼儿园课程实施过程中,如何根据影响幼儿园课程实施的各种因素以及它们之间的关系,选择和定位课程实施的基本取向,是保证课程能有效实施的关键。

任务4 幼儿园课程的评价

【完成目标】

1. 了解幼儿园课程评价的概念、标准；
2. 掌握幼儿园课程评价的过程和取向；
3. 体会幼儿教师在课程评价过程中对幼儿身心可持续发展的关注。

【任务驱动】

一儿童回家后将考卷交给爸爸，爸爸一看"95分"，马上喜出望外；过了一段时间，这名儿童又交给爸爸一张考卷，爸爸一看"55分"，二话没说，几个耳光。实则任课教师认为他学习成绩良好，进步很快，第一次考试"95分"在班级排名第30名，而第二次排名上升至第5名。这个儿童也认为自己这段时间有了很大进步。为什么三人(教师、爸爸、儿童)评价不同？

••

课程评价是对课程的价值做出判断的过程。评价课程的价值，可以诊断课程，修正课程，对各种课程的相对价值进行比较，预测教育的需求，或者确定课程目标达成的程度等。

一、什么是幼儿园课程评价

(一) 幼儿园课程评价的概念

幼儿园课程评价是针对幼儿园课程的特点和组成成分，分析和判断幼儿园课程的价值的过程，即评估由于幼儿园课程的影响所引起的变化的数量和程度。那么，由谁分析和判断？即幼儿园课程评价的人员由谁承担？这主要取决于课程评价的目的、种类、评价人员与被评价者的利益关系等因素。

例如，如果课程评价的目的是总结性的(如：向教育行政部门做有关课程发展的报告、决定课程实施效果的优劣等)，那么课程评价人员应从那些不受评价对象制约和影响并具有评价知识和经验的人中去选择；如果课程评价的目的是形成性的(如：为课程编制和改进提供指导意见、发现课程实施中存在的问题等)，那么课程评价人员应从那些接近评价对象并具有评价知识和经验的人中去挑选。

那么，这些人员主要评价幼儿园课程的哪些方面呢？主要有三个方面：

其一，对课程方案本身的评价。主要是考察和评定幼儿园课程所持有的基本理念以及所强调的主要价值取向是否与幼儿园所在的社会文化背景相契合，是否与幼儿园教育实际状况相契合；考察和评定幼儿园课程的目标、内容、方法和评价等课程的各种成分是否在课程理念的统合之下形成一个协调的整体，并发挥其总体的功能。

其二，对课程实施过程的评价。主要是考察和评定课程实施过程中的诸多动态因素,如师生互动的质量、幼儿和教师在课程运行过程中的态度和行为、幼儿园环境的创设和利用,以及动态变化中的各种因素之间的关系,等等。

其三,对课程效果的评价。课程效果有显性也有隐性;有长效也有短效;有预期也有非预期的。所以,对课程效果的考察和评定,会涉及什么是效果以及如何去衡量效果的问题。

事实上,对幼儿园课程的每一种评价都有可能涉及这3个方面,只是其侧重点有所不同。

(二) 为什么要特别重视幼儿园课程评价

这是因为,课程评价可以被用于及时发现课程中所存在的问题,并以此为依据,调整和改进课程,使原有的幼儿园课程更为完善;或者从根本上改革课程,开发和发展新的幼儿园课程。作为编制课程的教师、幼儿园课程专业人员、幼儿教育行政管理人员或者其他课程编制人员,有可能通过课程评价的过程,提高课程编制的水准,从而更有利于原有课程的完善或新课程的开发和发展。

而从课程管理层面来说,课程评价的应用不仅可以满足幼儿教育政策制定者、幼儿园行政管理人员以及社会其他成员获得教育方面信息的需要,以便管理课程,制订出各种课程决策;更可以满足教师、课程专业人员、幼儿园行政管理人员以及其他负责课程编制人员的需要,通过课程评价,检验或完善原有的幼儿园课程,或者开发和发展新的幼儿园课程。

因此,我们作为幼儿教师,非常有必要重视、了解和掌握有关幼儿园课程评价的相关知识与要求。

二、幼儿园课程评价的标准与指标

在评价课程时,都需要有能衡量课程设计、课程实施状况和课程效果的标尺。课程评价的标准就是这种衡量的标尺,而评价指标则是评价标准的具体化。

从一般的意义上说,课程评价理当客观、公正和标准化,课程评价的标准和指标也应规范化。但是,课程评价是极为复杂的事,它是对课程的价值做出判断,而价值观是相对的,不同的价值观会对同样的课程做出不同的判断。由此,从不同的价值观出发,就有可能运用不同的评价标准和指标作为课程评价标尺;以不同的目的、用不同的方式所作的课程评价也会运用不同的评价标准和指标作为课程评价标尺。

例如,在对以目标模式设计的幼儿园课程的效果进行评价时,常以课程确定的行为目标作为课程评价指标,这些课程目标本身比较行为化和具体化,从上一级指标到下一级指标,多层次的指标构成一个完整的指标体系,课程目标中所确定的许多具体的、可观测的行为,都是评价这种课程效果的指标。又如,在对某一以幼儿经验为主展开的主题活动的效果进行评价时,评价指标就不会十分具体,常常会采用无记名方式,让一些评价人员根据其经验,运用等级评定方式,评估各要素在评价指标中的重要程度,并进行加工,以此作为评价该课程效果的依据。在对同一主题活动的实施状况进行评价时,则可在课程评价专家的指导下,由教师作为评价主体,由幼儿园园长、其他教师、家长以及其他人员参与评价,分析、发现和解决课程实施过程中的问题,使课程的实施得以改进。

项宗萍(1995)根据因果关系模型及一些相关因素分析,提出对教育过程进行评价的一些指标:

1. 教师对儿童活动的安排

(1) 让儿童使用玩具材料的时间占非餐点时间的比重;

(2) 让儿童自选玩具材料与操作内容的时间占学与玩时间的比重;

(3) 伙伴可交往时间占非餐点时间的比重;

(4) 安静、纪律与等待时间占非餐点时间的比重;

(5) 非学前技能的学与玩时间与玩时间占非餐点时间的比重;

(6) 无目的、无材料、无教师差异的自由活动时间占非餐点时间的比重。

2. 教师行为

(1) 教师在一日活动中对儿童亲切温和与尊重儿童人格的态度与用语;

(2) 教师听儿童说、关注儿童情绪态度变化的频度;

(3) 教师对儿童积极肯定的评价频度;

(4) 教师参与儿童学与玩的频度;

(5) 教师面向每一个儿童的行为取向;

(6) 教师完全脱离儿童活动的时间占非餐点时间的比重。

3. 儿童活动的积极性

(1) 儿童在园的言语伴随频度;

(2) 儿童在园时的伙伴交往频度;

(3) 儿童在园的无所事事的行为频度。

她认为,运用这些指标,"能使评价所致力于改进的方向与促进儿童发展的方向一致"。[①]

三、幼儿园课程评价的取向

在对幼儿园课程做出评价时,必然会表现出评价者某种基本的价值取向,反映出课程评价者关注的是幼儿园课程的哪些方面的价值。最为常见的取向是形成性评价和总结性评价。

(一) 形成性评价

形成性评价是一种过程评价,旨在通过对课程发展过程中所获得的材料的分析和判断,调整和改进课程方案,使正在形成中的课程更为完善。形成性评价可以在课程设计阶段和早期试验阶段进行,通过评价,使课程设计和编制者获得有关信息,在教育理论探讨、课程框架构思、教育目标确立等方面发现问题和诊断问题,及时加以修正;形成性评价可以在课程实施阶段进行,通过评价,检查课程在实施中的有效性,逐步修正或改革,逐步使课程定型;形成性评价还可以在课程推广过程中进行,通过评价,使课程的示范和推广过程由于调整和巩固而更切合课程采纳者的教育实践。

① 项宗萍.从"六省市幼教机构教育评价研究"看我国幼教机构教育过程的问题与教育过程的评价取向[J].学前教育研究,1995(2).

（二）总结性评价

总结性评价是一种结果评价，旨在对课程实施以后所获得的效果进行评价，以验证课程的成功程度和推广值。但是，在幼儿园课程评价过程中，形成性评价和总结性评价并非是非此即彼的。例如，在为课程发展而进行的形成性评价过程中，可包含对某个阶段教育的短期效果做估计的总结性评价；在以评定课程效果而进行的总结性评价中，也可包含一些形成性评价，作为课程判断和决策的参考依据。

四、幼儿园课程评价的过程

在幼儿园课程评价中，人们对课程存在不同的价值取向，对课程评价的取向也有不同的看法，因此，在评价过程中会运用不同的评价模式，采用不同的评价技术。这就是说，评价过程无法完全被规范化。

从较为宏观的层面上看，幼儿园课程评价的过程大致可分为以下 5 个阶段：

（一）确定目的

即课程评价人员要确定他们要评价什么，并由此决定如何设计评价方案。在这一阶段，课程评价人员要详细说明评价的目的，要识别评价是在哪些政策和限制条件下进行的，要决定评价在哪个课程范围（如整个课程计划，还是某个课程领域，等等）中进行以及如何安排评价的时间，要认定在实施评价后所达成的决策程度，等等。

（二）搜集信息

在这一阶段，课程评价人员要认清评价所需的信息来源，以及能用于搜集这些信息的方法、途径和手段。

（三）组织材料

在这一阶段，课程评价人员要对所搜集到的信息进行编码、组织、储存和提取，使之有效地运用于评价。

（四）分析材料

在这一阶段，课程评价人员要选择和运用适当的分析技术，对经由处理的材料进行解释。

（五）报告结果

课程评价人员要根据课程评价的初衷，决定课程评价报告的性质，包括报告的阅读对象、报告的形式（是正式的，还是非正式的；是描述性的，还是以数据分析为基础的等）以及有关报告的其他事项。

案例速递

小班单元主题活动"好玩的沙"①

单元总目标：1. 认识沙的颜色、性质及干沙与湿沙的不同；
　　　　　　2. 认识沙在日常生活中的用途。

---

① 小班单元主题活动"好玩的沙"[EB/OL]. [2016-01-10]. http://www.91exam.org/zxks/280-66/66767-2. html.

活动一：认识沙
活动目标：1. 观察后能说出沙与石头的不同；
　　　　　 2. 能认出沙的颜色。
活动二：漏沙与量沙游戏
活动目标：1. 知道筛过后的沙不含杂质，可使漏斗的沙流畅；
　　　　　 2. 能利用小量杯量沙，说出两个粗细不同的杯子哪个装得多，
　　　　　　　哪个装得少。
活动三：沙箱设计
活动目标：1. 能以自己的构想设计沙箱的内容；
　　　　　 2. 能与别人共同合作设计。
〔讨论〕
　　上述材料中，所设计的单元总目标和活动目标违背了哪些原则？为什么？
请你对这一主题活动的内容设计进行评价。

【关键术语】

　　幼儿园课程目标的制定；幼儿园课程内容的选择；幼儿园课程组织与实施；幼儿园课程评价

【真题链接】

　　1. 汪老师平时对幼儿大声喧哗、随地乱扔果皮的行为熟视无睹、不予理睬，有人参观或检查时才提出要求。该教师的做法（　　）。

　　A. 体现了宽容待生的教育要求　　　　B. 体现了严慈相济的教育原则

　　C. 忽视了幼儿良好习惯的养成　　　　D. 影响了幼儿学习成绩的提高

　　2. 幼儿园的教育活动应是（　　）引导幼儿生动、活泼、主动活动的多种形式的教育活动。

　　A. 有目的、有计划　　　　　　　　　B. 有目的、有规则

　　C. 有序、有计划　　　　　　　　　　D. 有序、有规则

　　3. 活动目标应包括（　　）等三个方面。

　　A. 知识技能，能力，情感

　　B. 知识技能，能力，社会性

　　C. 知识技能，能力，情感、社会性

　　D. 知识，技能，情感、社会性

　　4.《幼儿园教育指导纲要（试行）》中的教育目标较多使用"体验"、"感受"、"喜欢"、"乐意"等词汇，这表明幼儿园教育强调（　　）。

　　A. 知识取向　　　　　　　　　　　　B. 情感态度取向

　　C. 能力取向　　　　　　　　　　　　D. 技能取向

　　5. 在幼儿园阶段，下列不属于幼儿学习内容的是（　　）。

　　A. 听故事　　　　　　　　　　　　　B. 洗手如厕

C. 与同伴一起游戏   D. 学习 10 以上的加减法

6. 某幼儿园在其教学计划中大量增加小学一年级的课程内容,该幼儿园的做法( )。

A. 正确,有利于幼儿园和小学的衔接   B. 错误,背离了幼儿教育的基本目标

C. 正确,有利于促进儿童认知发展水平 D. 错误,只能适量增加小学教育的内容

7. 幼儿园的教育内容可以相对划分为( )这几个领域。

A. 健康、语言、社会、科学、音乐

B. 健康、语言、社会、科学、美术

C. 健康、语言、社会、科学、艺术

D. 健康、语言、社会、数学、艺术

8. 老师组织集体游戏时,发现嘉嘉独自一人专注地看着落在地上的小水珠,老师走过去对嘉嘉说:"还是先跟大家一起玩吧,游戏后再观察,然后把看到的告诉老师和小朋友,好吗?"该教师的做法( )。

A. 保护了幼儿自主探索的兴趣   B. 忽视了游戏的活动目标

C. 忽视了幼儿仔细观察的需求   D. 培养了幼儿的动手能力

9. 早期读写教育属于( )教育。

A. 社会教育   B. 科学教育

C. 艺术教育   D. 语言教育

10. 在幼儿园工作实践中,一些老师认为上课是传授知识、发展幼儿智力的唯一途径,组织幼儿进餐、睡眠等,只是保育工作。这种想法有违( )。

A. 尊重幼儿原则   B. 发挥一日生活的整体功能原则

C. 重视年龄特点和个体差异原则   D. 循序渐进原则

11. 语言活动中,吴老师发现凯凯正在拨前面一个女孩子外衣上的绒毛,此时吴老师恰当的做法是( )。

A. 停止教学,点名批评   B. 停止教学,当众罚站

C. 继续教学,不予理睬   D. 继续教学,微笑提醒

12. 老师在组织规则游戏时,发现有孩子开小差。老师应采取的措施是( )。

A. 点名批评,制止这种行为   B. 继续游戏,完全视而不见

C. 大发雷霆,把幼儿赶出活动室   D. 轻拍幼儿,提醒幼儿集中精力

13. 学前教育评价的目的是( )。

A. 了解幼儿的发展需要,以便提供更加适宜的帮助和指导

B. 让家长知道孩子在幼儿园的表现

C. 完成教育评价任务

D. 加强家园合作

14. 在学前教育评价中,以( )为主要的评价方式。

A. 幼儿自评   B. 家长评价

C. 教师评价   D. 教育主管部门评价

15. 教师根据幼儿的图画来评价幼儿发展的做法属于( )。

A. 观察法   B. 作品分析法

C. 档案袋评价法   D. 实验法

16. 简述学前教育目标。

17. 阅读下面材料，回答问题。

大班幼儿在玩积木时，出现了自发探究行为，其探究过程与结果如下图所示。

图 1   图 2

问题（一）：图中的幼儿在搭建中可能会遇到什么问题？

问题（二）：在解决问题的过程中，幼儿能获得哪些学习经验？

问题（三）：该游戏中的材料有什么特点？这些特点对幼儿的学习活动有什么影响？

扫一扫二维码
获取参考答案

【学习目标】

1. 掌握幼儿园单元主题活动、项目活动、区域活动含义及特征；
2. 了解各类型课程设计的组织实施方法以及关键问题；
3. 区分不同类型的活动课程的基础上灵活运用各类型的活动课程。

【内容脉络】

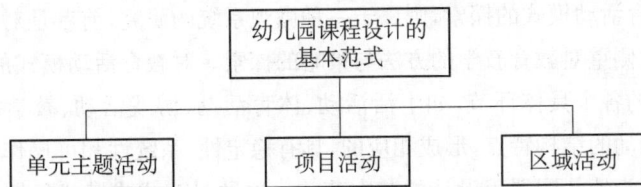

【先行案例】

某幼儿教师在幼儿园教育活动反思中这样写到：自从贯彻落实《幼儿园教育工作规程》和《幼儿园教育指导纲要(试行)》以来，幼儿园课程五花八门，如学科课程、主题课程、游戏课程等，在这些课程活动的具体实施中又有不同的要求。对于我来说，在幼儿园教育活动的具体实施中，该怎样把握不同类型课程教育活动的目标？这些课程之间是不是可以有机融合？等等。这一系列的问题始终困扰着我。①

通过本项目的学习，我们一起来探讨一下这些问题。

---

① 陈光春主编.幼儿园课程论[M].北京：教育科学出版社,2014.

范式亦可称"范型"、"模式"。一般指可以作为范本、模本的式样。课程模式则是指按照一定的教育思想、教育原理、教育方法将教育结构中的诸要素(教师、教育对象、教材、教育情境等)及教育目标、教育内容、教育方法、实施途径与评价等方面加以科学地整合,形成一种相对稳定的教育教学体系和运作形式。

而幼儿园课程模式一般是指根据幼儿园教育的目标,在一定的教育教学理论和原则的指引下,对幼儿园教育活动的结构、方法和手段等各种因素进行优化组合而设计形成的、相对稳定而又概括的范型。如果说课程模式的研制,属于一种宏观系统的研究的话,那么,对教育活动模式的探索,则属于一种微观系统的研究,前者是对课程方案的整体研究,而后者侧重对教育教学的方法与策略的探索。对教育活动模式的研究,是对幼儿园教育活动的各个具体环节,如生活活动、体育活动、游戏活动、教学活动等进行探索,根据每个活动的结构特点,形成相应的,具有稳定性、系统性和可操作性的教育活动范型,亦可称之为幼儿园课程设计的基本范式。这种对范式或模式的探索使幼儿园教师在执行一日生活各类活动时,能更好地把握规律,提高效益,取得更理想的教育效果。

我国自 1903 年建立第一所幼稚园始,至今已走过 100 多年的历程。随着幼儿教育理论的不断更新,幼儿园课程设计的基本范式也在不断转型。尤其是 20 世纪 80 年代以来,我国幼儿教育的改革,在"活动教育课程模式"的实验探索中持续发展而多样化,如综合主题活动、情感教育活动、项目活动、领域活动,乃至当今盛行的幼儿园整合教育活动模式等。这些课程设计的范式,都是以自己研究的特点为核心,研制成一整套课程目标与计划、课程教材与内容、课程组织方式与执行方法、课程评价与反馈系统等,使各种课程模式或课程范式,既符合课程的一般理论、原理,又具有各自的特色与个性。下面,我们将着重介绍三种对我国幼儿教育影响深远的幼儿园课程设计的基本范式:单元主题活动、项目活动和区域活动。

任务 1　单元主题活动的设计

【完成目标】

1. 知道单元主题活动的内涵及特点;
2. 掌握单元主题活动的设计原则及方法;
3. 能够根据相关材料设计主题结构网络图。

【任务驱动】

新《纲要》指出幼儿园教育活动的组织应注重综合性、生活性和趣味性,因此围绕幼儿的生活开展的主题活动成为幼儿园的重要教育手段。单元主题活动是幼儿园的主要活动形式,对我们来说也并不陌生,那什么是单元主题活动呢?

一、什么是单元主题活动

（一）单元主题活动的内涵

单元主题活动是指在一段学习时间内围绕一个中心内容即主题来组织的教育教学活动。这个中心内容可以是幼儿身边发生的一件事，可以是幼儿的一个问题，还可以是某一节日等。我们将幼儿的学习内容通过主题，有机地连接起来，从而打破了学科之间的界限，这样幼儿就能获得与主题相关的完整经验。由于单元主题课程不在强调各科的精细知识，而是强调儿童的生活本身就是一个整体，儿童自然也能得到比较完整的知识。主题内容一般来源于幼儿的生活实际，这又会使幼儿不至于感到枯燥，确保了知识的完整性与趣味性。

（二）单元主题活动的特点

1. 知识的横向性

主题活动重视各学科之间的横向联系，打破了学科之间的界限，将各学科的学习有机联系起来，这样儿童获得的经验才是完整的。例如，我们利用幼儿特别喜欢玩水的这一特性，设置一个"水"的单元主题活动，帮助幼儿认识"水"，我们可以从不同领域设置不同的内容，科学领域"水的浮沉"、"水的三态"，社会领域"节约用水"，健康领域"打水仗"，语言领域"一颗小水滴的旅行记"等等，从而让幼儿知道，水的形态、水的作用等知识，这样我们通过"水"这个主题将健康、语言、社会、科学等领域的知识有机联系到一起。

2. 灵活性

主题活动的方案在执行的时候并不是一成不变的，主题来源于儿童，来源于幼儿生活经验的累积以及在活动过程中的学习情况。教师在组织活动时，要及时捕捉孩子的信息，及时做出反应，根据孩子的反应做出调整，随时生成新的计划，所以说，主题相对来说是灵活的。例如，在一次主题活动"奇妙的水"中，幼儿知道了水的三种形态，气态、液态、固态，而这个主题在进行时，正赶上当地的梅雨季节，经常下雨，那老师就可以带领小朋友出去观雨，体验雨，通过观察，启发小朋友思考雨是如何形成的，《小雨滴找妈妈》就自然而然生成了。

3. 教育资源多样性

主题活动来源于生活，而生活是变化万千的，与社会、幼儿园、家庭以及社区等都有着千丝万缕的联系。家庭、社会、社区是幼儿园教育的重要资源，在进行主题活动设计时，也要将这些资源整合到主题活动中。例如以季节为主题的活动，就可以带领孩子多去公园走走，了解一年四季的变化，同样，还可以开展亲子活动，整合家庭这块资源，增加孩子与父母之间的交流，所以说，主题的教育资源具有多样性，并不仅仅局限于幼儿园。

4. 学习的探究性

主题活动内容丰富多彩，在主题活动中，孩子的探索空间很大，很多课程随时生成，例如同样是在"奇妙的水"中，幼儿可以自由探究水的特性，体验水与我们人类、环境、社会的关系，通过做与水有关的游戏，在探究中获得知识，开发智力。

案例速递

水的世界(大班主题活动)

[活动意图]

幼儿们不仅对水充满了好奇,玩水更是他们的兴趣,水也是他们游戏的天然材料。本主题将通过"找找水在哪里"、"看看水会怎么变"、"说说水能怎么用"等子主题活动展开,让幼儿知道水的三态、水的特征以及自然界中水的存在形式,让幼儿在教师和家长的引导下了解水的合理利用,知道水是怎样受到污染的,以及水对各种生物的危害等,从而树立爱护水源及节约用水的意识。

[活动目标]

1. 乐于参与有关水的游戏活动,能够大胆地探索水的奥秘,勇于发现并解决问题。

2. 感知水的特点,了解有关水的变化、水的本领,知道水给人类带来的便利。

3. 对有关水的体育运动有一定的认识,并且基本了解它们的游戏规则,知道参与一些体育锻炼有助于身体健康。

4. 认识各种图形,能够初步按事物一定特征进行分类,并能学会记录。

5. 萌发初步的环保意识。

6. 具有良好的听说能力,能够用语言、动作以及绘画表达出自己对事物的理解和认知。

7. 对生活中关于水的事物感兴趣,愿意参与到集体活动中来,体验到集体活动带来的乐趣。

[讨论]

上述例子中"活动目标"和"活动意图"是否能匹配?

二、单元主题活动的设计

单元主题活动具有综合性、开放性、多样性的特点,既符合幼儿的身心发展特点,又要凸显"以儿童为本"的理念,这就要求教师具备一定的主题内容选择的能力。

设计单元主题活动的时候,除了考虑内容的选择、目标的定位、方法等方面外,还需要教师进行设计实施,从主题网、目标体系,再到各个活动具体设计都需要教师进行统筹规划。

(一) 主题的选择与确定

活动主题是核心,教师首先要确定主题,教师根据教育目标以及幼儿的兴趣爱好,选择适合幼儿发展的主题。围绕这一主题,展开丰富联想,充分调动其他教师的积极性,吸收教师制定主题的相关经验,将与这个主题相关的内容记录下来,内容做到具体、详细,如果有幼儿参与,也需要及时把幼儿的想法用笔记录下来,融合到主题活动中去。我们将这些记录下来的内容,进行归类总结出这个主题的子题,然后,每一类设计一个标题,这样主题基本确定下来。

1. 主题的选择来源

主题内容是丰富多彩的,一般来源于幼儿的生活,什么样的主题才能适合当前儿童的兴趣和需要,这在选择主题时,是至关重要的。

(1)学科领域

主题的设计一般是以学科领域为基础的,主题名称也往往是幼儿在该领域关注的话题。比如,"奇妙的身体"、"春天来了"、"相亲相爱一家人"等。这些主题明显与特定的学科领域有关,我们只要将这些学科内容知识重新整理安排,展开主题教学活动。这些主题教学活动,从一开始的涉及单个学科领域的内容发展到涉及多个学科领域的内容,并且逐渐融合进一些生活性的领域,从而体现主题的综合性功能。

(2)幼儿生活

幼儿的很多主题活动都来源于幼儿的生活事件,以及与幼儿相关的社会生活事件。我们将这些日常生活事件整合到主题教学活动中,由于与幼儿密切相关,这样才能够真正吸引幼儿的兴趣,增强幼儿的积极性。围绕幼儿生活事件设计的主题活动覆盖了多个领域的内容,往往具有很大的活动生成空间,因此,幼儿的一日生活的各个环节都可以作为主题课程的内容来考虑,处理好预设课程与生成课程的关系,设计出最符合幼儿发展需要的主题内容。

(3)文学作品

文学作品也是幼儿园主题教育活动很重要的一个来源。文学作品中尤其是故事、儿歌、寓言等,短短的文字渗透着大大的道理,并且故事、寓言、儿歌都是幼儿非常喜欢的,我们可以将这些文学作品中的内容融合到主题教学中,对幼儿良好习惯的培养以及道德启蒙的熏陶起到一定的作用。

(4)自然规律

我们在社会发展过程中,总结、提炼概括了一些原理、规律。我们可以指导幼儿有趣味地去发现它、认识它,把一些相关的事物和活动串联起来,构成一组串联的活动。例如,中国的二十四节气的变化,颜色的变化,长辈的称谓等这些我们已经总结概括出来的原理规律通过主题的形式将内容整合起来,开展相关的综合活动,开阔幼儿的视野。

2. 主题的选择依据

陈鹤琴先生认为,大自然大社会就是幼儿园课程。我们在具体选择开发主题活动的时候应该考虑哪些因素呢?幼儿喜欢吗?符合他们的兴趣需要吗?有没有一定的教育价值?因此,我们在选择开发主题的时候,必须依据以下几点:

(1)幼儿的兴趣需要

俗话说,"兴趣是最好的老师",幼儿感兴趣的事情更容易调动幼儿的积极性,我们在选择主题的时候,要做到以幼儿为本,深入了解幼儿的兴趣需要。例如,很多小男孩对汽车很感兴趣,老师就可以以"各种各样的交通工具"为主题,引导幼儿认识公共汽车、电车、小轿车,以及轮船、飞机等水陆空交通工具。

(2)教育目标

幼儿园课程以增进幼儿身体动作、智力、社会情绪、语言、创造力等方面全面和谐的发展为目标,因此,单元主题活动要以目标为导向,在选择主题内容的时候要考虑到这些内容能否支持、帮助、引导幼儿达成上述的发展。我们强调从幼儿的兴趣出发,但也不能否认主题活动的目的性,考虑社会对学前教育的要求。我们主题活动既要满足儿童即时的兴趣和需要,也要促进儿童的发展。如果教师一味地强调关注儿童当时的兴趣,而没有看到这样做的目的是为了让儿童更好地学习,更加健康全面地成长、最终成为社会所需要的人,那么,这样的主题活动只是形式上的活动。

主题活动的目标离不开幼儿教育的总目标,我们在选择主题内容时,可以直接从幼儿教育的目标出发,寻找相应的主题活动。例如,根据幼儿教育目标"培养幼儿热爱大自然的情感",结合幼儿的兴趣需要,就可以选择以一年四季为主要内容的主题内容,可以多设置一些踏青等户外的活动,这样既满足了儿童的兴趣需要,又实现了幼儿教育目标。这样的主题才更有价值。①

(二) 确定单元主题目标

主题在确定上的过程中,已经融合了多方面的考虑因素,设计者也很清楚该主题的教育价值所在,这些教育价值换句话来说也就是主题目标,用规范的语言文字表述出来,我们的主题目标也就完成了。值得注意的一点是,由于一个主题内容比较丰富全面,并且主题要在相当长的一段时间内进行实施,所以,主题的目标一定要全面。

(三) 设计主题网

主题网是按照主题活动内容之间的关系将他们组合到一起,以便清晰地了解活动之间的关系,有利于活动内容的拓展和生成,即考虑:组成单元的系列活动具体有哪些,内容是什么,涉及哪些教育领域,哪些活动可以达成哪些活动目标等等。有的主题中一个子活动可以达成一个主题目标,但是也有的一个主题目标需要几个子活动来达成,如果在主题目标中提到了,而在活动内容中没有体现,那就必须要考虑增加相应的内容。如下图 3-1 所示:

图 3-1

主题网的设计

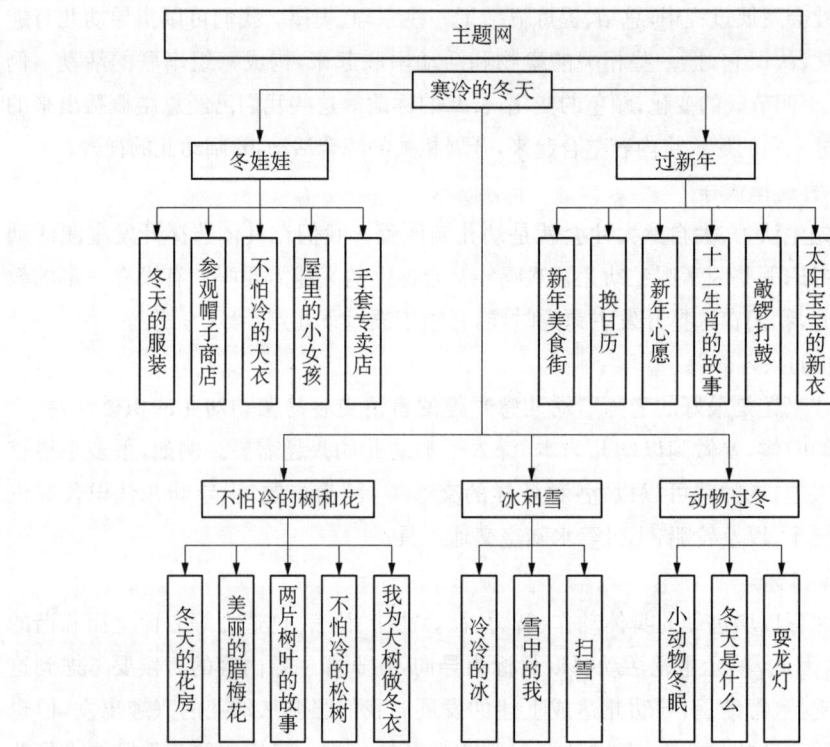

① 陈文华主编.幼儿园课程论[M].北京:科学出版社,2010.

（四）设计每个活动

制定好主题网络结构图之后，子主题就很清晰地呈现出来，下面的每个活动也一目了然，那我们下一步需要做的就是设计好主题下面的每一个活动。设计每个活动的框架：活动的名称、目标、准备、过程、延伸等。在这儿需要注意的是活动目标必须要具体详细，可操作，区分于主题目标。

（五）考核与评价

单元主题活动设计好之后，可以做一个预先的考核评估，根据考核评估的结果来进行修订单元活动设计。设计好的单元主题活动方案付诸实施后，再根据幼儿的反应和实际效果对活动设计再评估。选出内容相对稳定、幼儿比较感兴趣的、教育价值比较高的单元主题活动方案，作为以后的参考。

三、单元主题活动的组织与实施

我们了解了主题活动的特点、来源以及依据，同时也要做好主题活动的组织与实施工作。主题活动开展的成功与失败，直接关系到幼儿的发展。教师对主题的理解和演绎不同，围绕主题展开的知识也不同，幼儿获得的发展也不同。这就要求我们在进行主题的组织与实施过程中，园长做到统一筹划，把握幼儿园特色办学方向；业务组长把握整体目标；年级组长做好带头工作；教师积极参与，努力挖掘主题资源；家长、社区等做好配合与支持工作，确保主题活动顺利实施。

（一）研讨交流

教师在主题活动开展前，应该就要开展的主题内容，以及围绕主题的中心话题进行讨论，对主题所蕴含的问题、现象等事件进行交流探讨，各抒己见，从而制定出相关的教学活动、游戏活动、区域活动以及日常的生活活动，构成幼儿园的主题活动内容，但是也要保留幼儿实际的生成活动的空间。

（二）观摩学习

主题活动是灵活多样的，在制定和实施的过程中生成空间较大，可以根据幼儿园、班级幼儿的不同组织实施，这就给我们提供了一个互相交流学习的平台。我们每学期可以定期开展教研活动，不同年龄阶段的孩子主题活动在制定时，互相交流，一方面做好知识的衔接，另一方面，可以互相学习，发现问题，及时解决。新教师积极向老教师学习，老教师深入课堂指导新教师等，形成一个良好、向上的教研氛围。

（三）注重评价与反思

幼儿教师应该学会自我反思，建立自我评价机制，幼儿园也要建立一套评教系统加以督促。所设计的课程是否符合幼儿的兴趣与需要，是否遵循了幼儿身心发展规律，有没有达到教育目标，在达到了基本的教育目标之后，对幼儿的个性等其他方面有没有促进和提高，这些都可以作为反思的议题，在不断的评价反思中提高教师的课程开发能力。

四、单元主题活动的指导

在单元主题活动组织的过程中，特别注意以下问题：

首先,要注意单元主题活动的整体性,综合性应该是自然的,一气呵成的,不是知识模块堆积、生拼硬凑的。

其次,要注意发挥幼儿的主动性、积极性。"幼儿能够自己做的,就让他自己去做,幼儿自己能够想的,就让幼儿自己去想。"我们在进行主题活动设计时,要考虑到幼儿的主观能动性以及幼儿的兴趣爱好。在主题活动的过程中,孩子要积极探究,而不是被动接受教师的灌输,不再满足于听,而更愿意自己去做和问。

最后,要注意单元主题活动知识之间的横向联系,以便通过提供一个整体性的外部内容来影响幼儿,形成一个内部完整的经验结构。

案例速递

<table>
<tr><td colspan="3" align="center">"无限美好的祖国春光"主题单元教学实施方案①</td></tr>
<tr><td colspan="3" align="center">春到梅花山</td></tr>
<tr><td rowspan="3">实施前</td><td>确定教学环境</td><td>做好在多媒体教室上课的准备</td></tr>
<tr><td>准备教学资源</td><td>课文配乐录音;
梅花图片和赏梅图;
《春到梅花山》课件。</td></tr>
<tr><td>落实前需技能</td><td>熟读课文;
认识课文中的生字;
了解梅花的外形、生长习性以及梅花山的相关资料。</td></tr>
<tr><td rowspan="2">实施中</td><td>专题导入阶段</td><td>先复习词语,再创设情境,引领学生走入课文内容。</td></tr>
<tr><td>专题实施阶段</td><td>一、先创设探究活动情境
课件展示梅花图片引导学生欣赏,同时播放课文录音,引发对梅花山的向往。
二、帮助学生确定学习方案
1. 采用多种方式朗读课文,读出感情。
2. 在熟读课文的基础上,给出探究问题,学生讨论、交流。
(1) 梅花什么时候开的?
(2) 你喜欢那开放的梅花吗? 请你找出课文中的句子,读一读,说说你喜欢的理由。
(3) "你挨着我,我挨着你"说明什么?
(4) 梅花是什么样子的? 找出句子读一读。
(5) 人们喜欢梅花吗? 从哪里看出的?
(6) (课件展示梅花山涌动的人流)你看,老人、小孩、姑娘、小伙儿都来到了梅花山,这么多的人置身于这美丽的梅花山中,你猜猜他们会干些什么呢? 你想干什么呢?</td></tr>
</table>

---

① 道客巴巴网站."无限美好的祖国春光"主题单元教学实施方案[EB/OL].[2016-04-12]. http://www.doc88.com/p-1116135686760.html.

续　表

		3. 小结:哦!歌声、笑声融合在一起,人们尽情地享受着大自然的美,陶醉在这梅花丛中,这时的梅花山成了——欢乐的海洋。 4. 指导书写生字 重点讲间架结构和运笔; 强调握笔姿势和坐姿。
	拓展活动	布置拓展任务,引导学生进行拓展研究。 还有什么植物也像梅花一样不怕冷? 描写梅花的词语和诗句你知道多少? 为学生提供网络资源。
实施后	评价学生活动情况	制定评价量规,组织学生进行自评和互评; 推选优秀的活动小组; 对优秀的小组和个人进行表扬。
	指导下一专题的开展	建立与下一专题学习的关联。

草原的早晨

	确定教学环境	做好在多媒体教室上课的准备。
实施前	准备教学资源	1. 课文配乐录音; 2. 草原风景图片和牧羊图; 3. 草原牧歌; 4. 《草原的早晨》课件。
	落实前需技能	1. 熟读课文; 2. 认识课文中的生字; 3. 简要了解草原人民的游牧生活。
实施中	一、欣赏音乐	播放草原牧歌。
	二、探究活动	一、创设情境阶段 在草原牧歌的背景音乐下,课件播放草原图片,指导欣赏,引入课文内容。 二、合作探究阶段 1. 出示图片,引导想象黎明前的草原是怎样的?(宁静。) 2. 播放录音:鞭声 引导想象草原醒来的样子; 播放动物叫声:羊儿咩咩,马儿欢腾……想象草原热闹的景象。 3. 出示图片:说说草原的早晨美不美? 形容一下草原的样子。 4. 草原放牧羊群排队跑出圈门的视频,提问:这些羊儿多不多呀? 自读课文,找一找:你从哪些词语中读出了羊儿的多?

续 表

		体悟"涌出"的意思; 表演欢乐的羊群。 5. 看着羊儿们一头扎进无边的草原,牧民们是怎么做的? 出示牧羊图,表演牧民们跨上骏马、挥动鞭儿、追赶羊群的动作。 6. 羊儿越跑越远,越跑越远,好像跑到了天边,你们看——(大屏幕展示:远处,一群群羊儿在飘动的画面,接着字幕出现"远处,一群群羊儿像朵朵白云在飘动"这一行字。) 体会这个比喻句的精妙; 模仿说一句比喻句。 7. 播放歌曲《美丽的草原我的家》:体会"回荡"的意思。 三、展示阶段 1. 说草原、赞草原 2. 朗读、比比谁读得好
	三、拓展延伸	你会用什么词语来形容草原呢?
实施后	评价学生活动成果	1. 发放评价量规,学生互评,教师评价 2. 教师口头评价:表扬有合作精神的同学和小组、踊跃发言且发言精彩的小组代表,以及朗读得正确、流利、有感情的同学。
	指导下一专题的开展	建立与下一专题学习的关联。

任务 2　项目活动的设计

【完成目标】

1. 知道项目活动的内涵及特点;
2. 掌握项目活动与单元主题活动的异同点;
3. 能够设计并实施幼儿园项目活动。

【任务驱动】

意大利瑞吉欧幼儿教育的创始人马拉古齐在其著作《孩子的一百种语言》中,写有一首小诗《其实有一百》(本书项目一"知识链接"引有具体内容,在此略)。在这首诗中,我们可以体会到他视儿童为一个自己能认识、思考、发现、发明、幻想和表达世界的栩栩如生的孩子;一个是自我成长中主角的孩子;一个富有巨大潜能的孩子。面对这样的孩子,成人应如何应对? 最重要的是要承认"其实有一百";其次,要以孩子的思维、儿童的立场来看待一切;另外,千万不要压制孩子,应让孩子充分表现其潜能。瑞吉欧教育的成就就归功于这样一种"走进儿童心灵"的儿童观,而其实践这种儿童观的主要活动方式就是项目活动。

在进入本任务学习之前,您所了解的项目活动有哪些内容? 在进行项目活动设计时,如何贯彻瑞吉欧关于"走进儿童心灵"的儿童观。

一、什么是项目活动

(一) 项目活动的内涵

所谓的项目活动,就是指儿童在教师的支持、帮助和引导下,围绕某个大家感兴趣的生活中的"课题"(主题或者题目)或认识中的问题,进行深入研究,在合作研究的过程中发现知识,理解意义,建构认知。

(二) 项目活动的特点

项目活动强调的是,在幼儿教育生活中,教师应尽可能地减少介入,不可过度介入,"与其牵着儿童的手,倒不如让他们靠自己的双脚站立着"。其特点包括:

1. 发展和学习是一个相互的过程

幼儿园的项目活动课程,强调随机生成、动态设计,活动方案和计划不完全是预先确定的,而是先有一个大概的框架或者体系,在活动的过程中,根据幼儿的兴趣、反应不断做出调整、修订、发展,有的时候甚至要改变原先设计好的计划,生成新的计划。项目活动的实施过程中,把幼儿的发展放在第一位,幼儿不只是纯粹为了知识的学习,还包含其他能力的发展。因此,项目活动开展的过程是"教"与"学"互动的过程,是教师和幼儿共同发展、共同建构的过程,幼儿的学习和发展是一个相互作用的过程。

2. 发生于环境和儿童之间

环境是幼儿的第三位教师,幼儿拥有探索环境的权利,教育本身是由各种复杂的因素构成,环境相对于幼儿来说,是诸多因素中起决定性作用的因素。因此,学校的建筑结构、空间的布置和材料的丰富多样性,以及配置的许多吸引幼儿探索的物品和设备,都经过精心的挑选和摆放,以传达沟通的意图,激发人与人之间,人与物之间的交流和互动,环境可以说是产生互动的容器。

3. 五种结构性的活动形式

(1) 团体讨论

团体讨论是全班一起或分成小组,针对各种议题或构想进行讨论,并分享想法和经验的方式。也是教师了解幼儿、指导他们学习的重要方式。幼儿的年龄越小,越适合采用小组讨论的方式,教师也容易给予协助和指导。

(2) 实地考察

实地考察不是昂贵的旅游,不需要花太多的花费或到距离太远的地方,理想的实地考察就是走出教室进行现场参观、访问、调查,以获得第一手的资料。比如,调查幼儿园的建筑、户外场地或植物、访问在幼儿园服务的人员、测量幼儿园并制作幼儿园的沙盘模型等,这些都是实地考察。

(3) 发表

发表是让幼儿回顾与主题相关的园外个人经验,并将它表达出来。幼儿可以用语言讨论这些经验的差异性,并陈述所要调查的问题,更可以用画图、数学符号、戏剧扮演或模型制作等各种发表方式来表达和解释个人经验。

　　这种表达的过程会加深幼儿对他们所观察事物的了解，并鼓励幼儿把自己的想法进行整理，以向教师与同伴汇报。

　　（4）探究

　　项目活动重视各种探索，幼儿可以访问自己的父母、园内的小朋友、园外的朋友；可以通过实地参观和访问专家的方式找到问题的答案。他们也可以实际接触、试验等方式来探讨分析物品、材料或事物之间的关系，更可以利用图书馆或教室里的书籍研究更深入的问题。

　　（5）展示

　　在项目活动过程中，幼儿可以各自从事所选的活动，或与小组成员一起工作。他们展示在布告栏和墙上的"档案"（工作记录）不仅是有用的资源，同时也可与全班分享个人的工作和构思。借助于讨论和展示，幼儿非常清楚地了解研究工作的进展情况，展示也有利于家长和来访者了解幼儿园的教育活动工作。

案例速递	一次组织幼儿谈话活动，突然教室外响起了响亮的铜鼓喇叭声，原来是一墙之隔的小学生在练习铜管乐，孩子们有的捂住耳朵大叫"吵死了，吵死了"；有的很快离开座位夸张地模仿起敲锣打鼓吹喇叭等动作，教室里热闹极了。响亮的铜鼓喇叭声使原有的教育活动无法再继续下去。 　　［应对］ 　　教师组织幼儿跟着铜鼓喇叭节奏舞动起来，然后一起去隔壁的小学看"热闹"。

　　这五种形式在项目活动发展的每一个阶段都有所体现，并为儿童提供宝贵的学习机会；同时，为教师支持、引导儿童的学习提供了一个策略性的"框架"。

　　（三）项目活动与单元主题活动的比较

　　项目活动和我们前面讲的单元主题活动十分相似：都强调儿童的兴趣和经验，以儿童为中心；都主张课程要生活化，要以完整的学习促进整体的发展；都是围绕一个"中心"展开。尽管相似的地方很多，但是两者的根本区别在于，项目活动更加注重幼儿的主体性，比单元主题教学活动更彻底坚持"以儿童为本"；项目活动更加强调"教"与"学"是一个互动的过程，是与幼儿共同发展、共同建构的。两者的异同点如下表：

活动形式	相同点	不同点
单元主题活动	1. 都强调儿童的兴趣和经验，以儿童为中心； 2. 都主张课程要生活化，要以完整的学习促进整体的发展； 3. 都是围绕一个"中心"展开。	1. 活动内容教师预先计划好的； 2. 教师设定目标；活动内容基本一致；持续时间较短。
项目活动		1. 在活动过程中生成的，不是预先设计好的，但绝不随意盲目，而是对其有所规划； 2. 目标是由教师幼儿共同制定；幼儿活动内容从项目中自由选择，不要求一致；持续时间长。

二、项目活动的设计

（一）师幼共同建构课程

如瑞吉欧教育体系所述,项目活动课程与我们所熟悉的课程的一个明显不同在于:通常的课程都在教育活动发生之前就预先以方案(教案)的形态存在了,后面的活动过程不过依葫芦画瓢。但是在项目活动中,只有师生在活动过程中的共同建构,而没有教师预先的设计。或者说,教师的"设计"是被活动情境和幼儿在活动中的表现激发出来的。当然,在活动之前教师并非毫无准备,对幼儿的了解,对其行为意义的敏感和理解,对教学目标的宏观把握以及对于教学情景的掌握能力等,都是这种随机"设计"的基础。可以说,是幼儿和教师共同引导和促成课程的发生、进行和终结。这样,课程就寓于活动之中,寓于生成之中,寓于师生的互动之中,成为一个在情景中随着活动的自然演变而发生、发展、结束的逐渐实现和具体化的过程。

（二）在真实生活中解决问题

在项目活动中,幼儿所探索的问题往往来自真实的生活。教育者认为,充分揭示日常生活中的意义,对幼儿具有更深刻的价值和趣味。因此,在项目活动中,我们看到的往往是现实的(就在其生活世界之中的)生活活动、社会活动和认识活动;其主题大多是幼儿感兴趣的事物、现象或感到困惑的问题,诸如"雨中的城市"、"水坑"、"光与影"、"小鸟的乐园"、"广场上的狮子雕像"之类。当活动的主题和内容为幼儿所熟悉时,他们就能更积极主动地运用其心智去探索、去发现、去尝试,以多种多样的方式解决问题,去寻求对自己所熟悉的世界的更深刻理解。否则,幼儿可能会更多地依赖成人。

这也表明,项目活动的价值不在于获得某些特定的知识,而在于获取知识、解决问题的过程,在于求得智慧和能力的发展。

（三）合作教学

在教学方面,瑞吉欧突出的特点在于强调师生合作对某一问题进行研究。瑞吉欧将教学的过程比作教师和儿童在进行乒乓球游戏,教师"必须接住儿童打过来的球,并以某种形式推挡回给他们,使他们想同我们一起继续游戏,并且在一个更高的水平上继续游戏,或许还能发展出其他游戏"(泰兹娜-费里皮尼,1990)。这种游戏是双方的经验水平不对等,但瑞吉欧的教师从不因此试图去控制、限制幼儿的行为,代替幼儿的研究探索;相反,他们非常强调幼儿自己的主动探索和自由表达。因而瑞吉欧的教师们更多的是通过一些试探性的提问或商谈式的建议,来引发幼儿自己的探索和表达。另外,在这种合作的过程中,作为对活动的结果有所期待,对有更多自觉性的教师而言,其重要任务之一是将幼儿兴趣和努力聚集在一个主题之上,使幼儿愿意继续下去。

要做到这一点,如何把"球推挡给孩子"就很重要了,瑞吉欧的教师不是借助于明确的控制和规范,而是通过教师对幼儿的活动的关心、支持、建议和帮助来实现活动的继续和延展。例如,当教师发现幼儿的讲述和绘画出现不一致时,她不是以直接告诉幼儿的方式"推挡"给幼儿,而是思考以什么样的方式才能让幼儿自己意识到这种不一致。于是,她让幼儿重听以前小组讨论的录音,再对照自己的绘画进行讨论。教师这种花更多的时间和精力使问题"复杂化"的做法的目的在于帮助幼儿聚焦于某一个问题,探索、发现自己的问题所在。很快,幼儿就发现了问题,同时找到了解决的方法——要学习如何从背面、侧面画人。这是一个很典型的师生合作研究的例子:幼儿在认识的过程中出现了冲突,但却没有意识到,教师通过设计一定的情境让这一冲突明朗化的方式来支持幼儿的研究,同时进一步激发幼儿积极主动地探索和思考的热情,使得幼儿研究活动的继续发展成为可能。这种师生合作研究的方式贯穿、渗透于瑞吉欧的教育教学活动之中,成为其教学的一个重要特点。

(四) 档案支持

瑞吉欧教师所说的档案(documentation)有力地支持了项目活动的过程。档案指的是对教育过程及师生共同工作结果的系统记录,包括幼儿自己的视觉表征活动作品以及对幼儿工作过程中具体实例的记录,如记录幼儿在工作进程中的具体实例,正在工作的幼儿的照片、教师写的旁注、誊写下来的幼儿之间的争论、短评和对于活动意向的解释以及家长的评议等。这种档案并非简单的文字记载,而是以图画、实物、照片、录音、录像、幻灯和文字说明等多种形式表现出来的,它贯穿于项目活动的始终,并在活动结束后延续。档案并不意味着一个最后的报告,文件夹中的作品收集,或是帮助记忆、评价或创造的一个文件;而是幼儿与教师交互学习的过程,是他们共同工作的成果。

案例速递

一个寻常时刻的纪录案例:彼得玩玩具车

彼得已经发现在他按住玩具车并将它向后拖动之后,一松手,玩具车就会自动向前行驶。有一块塑料板,将其一端搁在三块平木板上,制成一个塑料斜坡,彼得试图使上了发条的玩具车冲上这个斜坡的顶端,但这辆玩具车并没有冲到顶端。最初他重试了一次并没有做任何改变,然后,他再试了一次,当第四次尝试时,他将玩具车向后拖得更远,似乎是为了使发条上得更紧。结果玩具车恰巧在斜坡顶端停住了,但没有到达平台上。他重新将发条上得更紧,但产生了同样的结果。这时,他暂停尝试,而去观察斜坡的一端是如何搁在三块木板上的。他移走了其中一块木板,因而也就降低了斜坡的坡度,而后他胸有成竹地使玩具车冲出去,看到玩具车上了斜坡的顶端并且冲到平台上。

(五) 深入研究

项目活动不是匆忙走过场,而是深入且富有实效地学习。项目活动中长期深入的专题研究是对这一论断最准确、最有说服力的诠释。首先,项目活动是对某一个主题进行的深入研究,这种深入研究突出地体现为活动中幼儿对同一现象、概念多角度的全面认识,以及对其在多种水平上不断提升的重复认识。

这里还是以"人群"为例说明。在活动中,教师带着幼儿从各个不同的角度去感受、观察人群。同时努力给幼儿以"更多的刺激":讨论"人群"的涵义,到户外体验、感受人群,在班里扮演人群,用绘画、剪贴、黏土捏制等艺术手法表现人群……这些活动使得幼儿对"人群"这一概念的认识和理解在不同层面上不断得到升华。可见,项目活动不是直线进行的,而是一个循环和反复的过程。同时,这种对特定主题深入扩展的学习,又会逐渐激发起幼儿深入广泛的探讨问题的倾向和能力,而这种极具迁移性的倾向和能力将使他们受益终生。深入扩展的学习必然是长期的,项目活动所持续的时间不是由教师或"课程表"(事实上瑞吉欧没有我们所说的课程表)等外在因素来控制的,在很大程度上是由幼儿学习的进展情况来决定的。教师相信"等待"的价值,不急于求成,给幼儿自己探索、建构、内化知识经验以充足的时间。

(六) 小组工作

项目活动一般采取小组工作的形式展开,一般是四五个人,也有时是两三个人。这种小组工作的方式有利于保证同伴间的合作研究。项目活动中的同伴合作体现在许多方面:如能力强的儿童可以向同伴提供经验或技能上的指导与支持等。但瑞吉欧更为看重的是儿童在共同活动中彼此的调整适应:一方面,借助教师的帮助,一个或几个儿童的问题或观察可以引发其他儿童去探索其从未接触过、甚至从未怀疑过的领域;另一方面,儿童在合作探索、交流的过程中获得自我认同或发现矛盾、冲突,进而重新评价或改变自己的认识,这就是瑞吉欧所说的儿童间真正的"合作活动"。这种同伴合作,为每个儿童提供了机会,使他们意识到自己的观点与其他人的观点是不同的,从而意识到自己的独特想法,产生自我认同感;同时在与同伴的交流、切磋中,也使儿童发现了其他人的不同观点,意识到世界的多样性。在这个过程中他们获得的不仅仅是友谊和情感,还有认识上的满足。

瑞吉欧也认为小组内同伴间在发展水平上的差异也不应过大,应有一个适当的距离,既能因不同而产生观点的交换和切磋,又不要因差异过大而产生过度的不平衡。从瑞吉欧的经验来看,小组内同伴间的发展水平既要有所不同,同时这一不同又不要过大。

三、项目活动的组织与实施

从形式上讲,项目活动是完整的、自然连贯的,一个项目好比一个完整的故事,一个由师生共同创造和完成的,具备发生、发展、高潮和结局,并充满悬念和问题情境的故事。这样的过程,使得幼儿和教师成为教育环境中致力于共同问题解决的相互作用的主体,使得所有的与教育活动相关的要素,包括幼儿和教师自己,也包括材料、时间、空间及各类人员,都成为教育的资源,从而也使得教育的价值能够得到充分的实现。但为了介绍的方便,我们把项目活动大致划分为三个阶段:

(一) 活动的发起与准备阶段

活动的发起,也就是主题的产生。瑞吉欧项目活动主题的产生没有固定的模式,可以源自成人的建议、幼儿的讨论,也可以是成人和幼儿共同协商的结果。项目活动的主题无论以哪一种方式提出,从根本上说,主要是依据幼儿的兴趣和需要来确定。幼儿的兴趣和需要不仅仅指幼儿在活动中的自发表现,而且还包括由教师推断和引发出来的兴趣和需要。这就需要教师有敏锐的观察力,善于从幼儿的活动和反应中看到蕴涵在其中的学习价值。

在这一阶段,教师的任务一方面是对主题做些经验上的准备,如制作"主题网"——

教师事先依据经验和对幼儿的了解,设想幼儿在活动中可能出现的想法,并以"主题网"的方式加以呈现;另一方面,是其核心任务即充分地了解、调动幼儿与主题相关的原有经验。而对于幼儿而言,这阶段的任务是充分地回忆、展现其关于主题的原有经验。瑞吉欧的幼儿们更多的是运用视觉表征活动(绘画、泥塑等)、象征性游戏等方式来表达自己对主题的理解。瑞吉欧的教师明白:语言表达不是幼儿所擅长的,幼儿们擅长的是绘画和象征性游戏,借助它们,幼儿能充分表达对主题的认识或对这一主题做出自己的假设。而教师还可以借助于此,全面了解幼儿的经验基础,并由此设计出下一步的活动计划。

(二) 活动的进行与发展阶段

在充分地表达经验、作出假设和完成初步的计划之后,实际的活动就可以正式开始了。这一阶段的主要任务在于获得新的直接经验,并围绕着这一任务而进行活动前的准备,活动在其中一步步地进入主题变化或情节发展的高潮,幼儿在其中验证自己的假设,探讨问题和事实的真相。

在这一阶段,幼儿的主要活动是室内外的实际操作、研究和探索,以全面了解事件本身或发现其背后的规律,然后,根据观察所得的东西或活动结果进行各种形式的再表达(如"人群"活动中幼儿的图片剪贴游戏黏土、制作活动等)。在这些活动中,幼儿们为获得第一手的新经验而进行的实地考察或调查研究是很重要的一步,它可以说是瑞吉欧项目活动中非常典型的一个环节(如"人群"活动中到集市上亲身体验、感受人群)。当然,幼儿们还可以通过查阅资料,拜访专家等途径,收集信息,获得经验。对教师而言,这阶段的任务在于提供丰富而适宜的资源,如提供材料、暗示和建议等,同时,要让幼儿感受到自己是他们随时可以提供帮助的资源,幼儿在需要时可以随时求助于教师。

(三) 活动的反思与总结阶段

项目活动的最后还需要一个全程的、系统的反思和总结的过程,这往往也是项目活动的高潮。活动的反思和总结的方式是多种多样的,教师可以让个别幼儿讲述自己整个活动的历程或由幼儿在教师及同伴的帮助下整理自己在这项活动过程中的材料、绘画、照片、建构的作品,将其中所获得的发现介绍给家长、教师、本班或别班的幼儿;也可以由全班幼儿集体办一个面向全园的作品展示会、戏剧表演等。具体如何操作要视活动的具体完成情况和幼儿的学习情况而定。

反思和总结的过程实质上是给幼儿以各种方式表现、展现他已具有的新的知识和能力的机会。这种展现将每个幼儿在整个活动中所学习到的内容可视化,为幼儿的交流、相互学习提供了可能,因而,在这一阶段强调的是学习上的沟通和互动。

从总体上讲,上述的这些阶段只是反映了项目活动的一般走势,它们并不是固定不变的,教师要依据主题的性质、幼儿的反应灵活地加以运用。

四、项目活动的指导

项目活动以幼儿的主体性活动经验为中心来设计课程。它的优点是:以幼儿的需要和兴趣为基础,容易激发幼儿参加活动的内在动机;注重动手操作、勇于思考,有利于培养幼儿主动学习的习惯;有利于照顾个别差异,使师生关系和谐、融洽、平等。其不足是:课程内部缺乏连贯性、顺序性,教师难以科学地把握教育要求;对教师的要求非常高,如若因为物质条件、环境和师资素质所限制,则难以产生较好的教育效果;片面地强调"做中学"将学习放在做事情中,也许获得的只能是支离破碎的知识和简单的技能,难以形成完整的知识系统。因此,在项目活动的指导过程中,要注意扬长避短。

生成项目活动分析

实录一:蜗牛为什么爱吃树叶?

初秋的一个雨天,教师带领幼儿在花园中散步,当幼儿们看到花坛中有许多蜗牛吃着嫩嫩的树叶时,他们提出"为什么树叶是蜗牛的粮食"、"树叶中有些什么营养才会让蜗牛吃得这么肥……"、"这种树叶是什么植物,它是不是蜗牛的粮食"等问题。于是几个幼儿围在一起对植物表现出极大的兴趣。

教师发现幼儿生成的这些问题十分有价值,植物是幼儿生活中十分熟悉、接触频繁,又十分丰富、易于收集和观察的材料。于是教师就有意识地在自然角里放了一些植物,还带领幼儿去花园观看植物,接着幼儿们也陆续从家中带来了许多植物。一时间,教室里俨然像个植物园,教师以欣赏的态度和幼儿一起观看植物,关注幼儿在活动中的提问,并让幼儿积极讨论,发表意见,把个别幼儿的兴趣扩展为大家的兴趣,让幼儿对进一步探索"植物"产生了可能。

实录二:汽车有尾巴吗?

翼翼:"快看开过去的车都有尾巴。"

文文:"在哪儿?"

翼翼:"每一辆车都有,在汽车的后面,像管子一样的东西。"

文文:"我也看见了,它'尾巴'里还吐白色的气。"

翼翼:小动物都有尾巴,不会吐气,为什么汽车的尾巴会吐气?我们去问老师。

"汽车有尾巴"是幼儿们在观察中的发现,由于他们对汽车的结构不明确,于是借助以往的知识经验进行迁移,但是他们还是发现了这样的提法不确切,于是求助于教师。作为教师没有想到中班的幼儿会提出如此"奇怪"的问题,面对幼儿的提问教师没有直接把答案告诉幼儿,而是鼓励幼儿自己去寻找资料,让他们自己通过自己的探究,找到答案。由此,关于"汽车的尾巴"的主题活动便产生了。[①]

任务3　区域活动的设计

【完成目标】

1. 理解什么是区域活动;
2. 掌握区域活动设计的原则;

---

① 刘立民主编.幼儿园课程论[M].大连:大连理工大学出版社,2006.

3. 能够组织与实施幼儿园区域活动。

【任务驱动】

关于区域活动的几种观点

＊区域活动就是幼儿园为丰富幼儿一日生活而创设的课堂以外活动和游戏的区域,如娃娃家、医院、超市和理发店等。

＊区域活动是幼儿一种重要的自主活动形式。它是以快乐和满足为目的,以操作、摆弄为途径的自主学习活动。它是幼儿主动寻求解决问题的一种独特方式,其活动动机由内部动机支配而非来自外部的命令,如科学桌、自然角和种植园等。

＊区域活动是一种小范围的活动,也被称为活动区活动或开放教育。幼儿在活动中可以根据自己的意愿选择角落,选择材料,决定操作的次数,在独立的活动中主动地感知和思考,建立自己表象的概念,并通过语言、动作和图画等形式来表达自己的想法,蕴含着松散性、愉悦性以及顺应儿童求知天性的种种特点,是培植幼儿创造力的土壤,如建筑区、音乐区相美工区等。

＊区域活动也叫活动区活动,区角活动。是指幼儿在活动区内进行的以自由游戏为特征的活动,是幼儿在园一日生活中的主要活动。它通过游戏满足幼儿交往的需要,丰富幼儿的生活经验,让幼儿勇于尝试和探索,培养幼儿积极的活动态度,促进幼儿创造性和个性的发展,如表演区和银行等。

那么,如何看待上述几种观点? 你认为什么是区域活动呢?

一、什么是区域活动
(一) 区域活动的概念
区域活动(area activities),也叫"活动区活动",是 20 世纪 70 年代从美国引进中教育界的新名词。当时美国正流行"开放教育",对国内的影响比较大。区域活动在英文中有多种名称,如游戏区(playing area)和学习区(leaming area)等。在我国,该概念更多地称为"区角活动"。

(二) 关于区域活动的不同理解
1. 教师维度的理解
(1) 区域活动是"集中教育活动"的延伸
"集中教育活动"是集体活动,教师不能满足所有幼儿的需求,无法兼顾个体的发展,不能满足因材施教的原则。利用区域活动的时间,可以做个别辅导。
(2) 区域活动是教学材料的重新演练
教学设备有时不能满足所有幼儿的需求,在集体教学中,多数以小组为单位,只能观看,不能自由自主地活动。区域活动解决了这一问题,感兴趣的幼儿,可以利用自由活动的时间,自己操作,并且可以互相交换区域间的活动。
(3) 区域活动是其他教学活动的一部分
如主题活动,需要区域活动配合,才能完成教学目标。

可见,对教师来说,区域活动可体现一定的教育意图和要求,教师可以通过确定的活动目标制定计划,创设适宜的活动条件,并在活动过程中指导、影响幼儿的行为,激发幼儿对周围环境的兴趣,积极实践、操作探索,促进幼儿全面和谐的发展。

2. 幼儿维度的理解

(1) 区域活动是自由游戏活动

幼儿按照自己的爱好、兴趣,自由选择活动的区域、活动的材料及活动的伙伴。幼儿可以脱离"束缚",在游戏和自由交往的过程中得到新经验。

(2) 区域活动是学习性活动

幼儿进入区域活动以后,需要解决一些问题,有一定的目标制约,探究事物的一些现象和本质,所以是有学习目的的。

可见,对幼儿来说,区域活动是一种自主的游戏活动,活动的类型是幼儿感兴趣的,具有多样化的形式以及丰富的内容,同时幼儿可以自己决定玩什么、怎么玩?

事实上,上述观点并无严格的对错之分,只是各自理解的角度不同,价值取向不同。区域活动是一个整体的概念,应该全面地、综合地理解。

通观上述不同理解,我们可以首先明确的即是区域活动具有自主游戏的性质,它既是一种自主性探索活动,也是一种师生互动的双边活动。它还可以容纳多种类型的学习活动,如以听说为主的阅读区、故事区;以做为主的美工区、建构区;以探索为主的科学区、益智区等等。

二、区域活动的设计

(一) 区域活动设计的原则

幼儿园区域活动创设的不是具体的活动,而是创设活动的教育目标。由于对区域活动目标认识的不足,长期以来,许多教师在教学实践中往往把区域活动当作是第二课堂,在区域活动中剥夺了幼儿探索的权力,演变为教学活动,干涉幼儿操作活动。还有的教师与之相反,对区域活动采取纯粹的自由,没有任何的约束。其实两者都是不对的。区域活动的材料是定期更换的,目标也是随着材料更换定期调整,或者是根据主题活动等的需要而调整,是一种动态的管理。所以,区域活动设计不是单纯地让幼儿"放羊式"游戏,而是要有一定的目标和原则。

关于区域活动设计的教育目标可以概括为:创设与利用良好的活动环境,引导幼儿依靠自己的兴趣、能力去感知、思考、探索、尝试获得知识的方法和途径,体验成功的快乐,培养幼儿自主、独立、自信、创新等良好的个性心理品质。

1. 适应性原则

幼儿园区域活动设计要重视幼儿的已有经验,关注相关经验的积累与培养。在设计区域活动之前,教师要了解幼儿对该区域活动内容掌握的程度,然后根据其情况投放相应的材料,使其经验具有连续性。

幼儿的发展存在着差异性,不同的幼儿,其发展状况是不同的。因此,教师必须从幼儿实际出发来决定活动内容和教育要求,要有层次有递进性,以适应幼儿的不同需要,使每个幼儿都能找到适合自己的位置,充满自信地活动。

2. 兴趣性原则

幼儿园区域活动设计要尊重幼儿的兴趣和发展需要,选择适宜的活动材料。区域活动的设计是给幼儿一个自由、宽松的学习环境,更好地促进幼儿身心发展。所以,区域活动创设应尽量满足幼儿认知、情感、社会性、语言和动作技能的发展需要。教师要了解幼儿这些方面的兴趣和需要,选择区域活动中哪些是相对稳定的基本材料。因为,材料是教育目标实现的基本物质载体,材料的性质决定了幼儿在区域活动中获得什么样的经验。当幼儿有需要时,教师有特殊教育目标时,区域活动的材料要有相应的调整。

3. 目标性原则

幼儿园区域活动设计要考虑目标和内容的协调和统一。虽然区域活动是幼儿自主活动,但不排斥教育者的影响。区域活动是一种有目的、有计划的活动,它将教育内容分为几个区域,将教育目标渗透其中。所以,教师在保证幼儿自由活动的同时,应发挥幼儿的积极性、主动性和创造性,使幼儿的知识和能力在原有水平上得到发展。

4. 自主性原则

幼儿园区域活动设计要保证幼儿具有自主性活动的方向性。区域活动为幼儿提供了比较充分的自主空间,幼儿可以在较大范围内自由选择游戏类型、材料和玩伴,从而促进自主性的发展。但教师应该明确,自主性不是任意的自发行为。自主性是具有方向性的,主体能够对自己的行为结果负责,能够支配自己的行为。所以,在设计区域活动时,要有相应的规则来保证幼儿的自主性。

5. 互动性原则

在区域活动中,教师和幼儿之间是相互影响、相互促进的,教师通过设置有关的情境,向幼儿提出教育要求,促进幼儿的发展;同时,幼儿在活动中反映出来的各种情况又可改变教师设置的情境和指导要求。在活动中教师采用师生同步的指导行为,使幼儿感到教师是他们的伙伴和朋友,共同享受活动的乐趣。因此,活动的气氛是轻松愉快的,活动的效果也会随之提高。

(二) 区域活动设计的注意事项

首先,教师要有创造意识和创造素质,这是培养幼儿创新精神、创造能力的关键。

在实施区域活动指导模式的过程中,教师应该善于求新求异,创造性地设计和安排区域活动;教师要有自己提出问题、发现问题、解决问题的能力,能根据幼儿的活动情况随机调控,对区域活动指导模式进行再创造。

其次,在运用区域活动指导模式的过程中,要从幼儿园的实际、幼儿的实际出发,量力而行。

因为任何一种模式既有相对稳定的一面,同时又不是唯一的、绝对的,也就是说指导模式的结构程序是可以变化的,我们要根据需要灵活运用。区域活动以其个别化的教育形式尊重幼儿的个体差异,能满足幼儿个体发展的需要,成为幼儿所喜欢的活动形式,也是当前幼儿园落实《幼儿园教育指导纲要(试行)》所指出的幼儿园教育应为幼儿"提供自由活动的机会,支持幼儿自主地选择、计划活动","为每个幼儿提供表现自己长处和获得成功的机会,增强其自尊心和自信心"的最有效的措施。而区域活动所具有的自选性、自主性,教育价值依托于操作材料、情境和相应的活动中的特点,决定了教师对区域活动的指导更多地只能是以间接的方式来进行。

三、区域活动的组织与实施

根据区域活动的性质特点,我们将区域活动的组织与实施过程分为以听说表现为主、以动手操作为主、以探索发现为主三种类型。

(一)以听说表现为主的区域活动(适用于阅读、音乐、美术区域等)

1. 创设情境,激发兴趣

目的是引起幼儿的内在动机,使幼儿积极地投入多种形式的活动,主动学习。教师的任务是为幼儿创设特定的环境,如安静、舒适的活动空间,丰富有趣的活动材料(如图书,画报,幻灯,录音故事,音乐等)来激发幼儿参加活动的兴趣和愿望。

2. 引导感知,观察援助

区域活动是一种自主性游戏,应让幼儿自由选择区域内容,自主活动,教师的任务是引导幼儿感知理解听、说、表达的有关内容,观察捕捉援助的时机,指导幼儿学会简单的知识和技能。

3. 展现交流,分享成果

通过作品展示,互动交流,分享成功的快乐,增强幼儿的自信心和成功感。可采用故事表演、美术作品的介绍等方法来实现。

小班美工区域活动:彩色线条[①]

活动目标
1. 学习团、撕的方法。
2. 培养幼儿的动手能力。

活动材料
白纸、勾线笔、双面胶、各色皱纹纸、空盒子。

活动过程
1. 出示成品请幼儿欣赏。
2. 教师先在白纸上用勾线笔画好各种形象,如:汽车、小花、太阳等。然后在黑线上粘上双面胶。
3. 将各色皱纹纸剪成小的纸片,放在箩筐里。
4. 教师将准备好的空盒子分发给幼儿,幼儿拿到盒子之后,把放在中间的彩纸片揉成一个个彩纸球,并放在盒子里。
5. 教师看幼儿揉得差不多了,再把准备好的纸发给幼儿,请幼儿先看看自己纸上的形象,然后撕掉双面胶。
6. 将揉好的彩纸球一个一个地粘在双面胶上,这样,五颜六色的"××"就做好了。

① 莲山课件. 小班美工区域活动[EB/OL]. [2016-01-18]. http://rj.5ykj.com/HTML/6325.html.

观察指导

1. 汽车、小花都是幼儿喜欢的东西,孩子们在揉纸时既加强了动手能力,又认识了各种不同的颜色。

2. 孩子们兴趣很浓,都能将纸片揉好,也能粘贴好,同时教师要引导孩子如何搭配颜色。

(二)以动手操作为主的区域活动指导模式(适用于建构、手工制作等区域)

1. 创设情境,激发兴趣

目的与听说为主的区域活动指导相似,但教师的任务是为幼儿提供能满足需要的材料,并设置有关的问题情境,供幼儿观察感知之用。比如折纸步骤应逐一呈现构建好的积木,如"飞机"、"汽车"等,让幼儿自己去观察感知、发现操作的步骤和方法,进而自己进行操作探索。

2. 观察引导,鼓励探索

引导幼儿观察发现相关物体的制作方法和步骤,当幼儿操作时发生困难,应及时给予启发或援助,帮助鼓励幼儿获得成功。

3. 展示作品,交流分享

可让幼儿介绍自己操作时碰到的困难、作品的制作方法等,培养幼儿的自信心、意志性和探索精神。

案例速递

中班区域活动"建构区、益智区"①

活动准备

关键经验:有初步的合作意识,在活动过程中增进对"爱心小区"的认识和热爱。

经验准备:参观小区规划模型、集体设计小区图纸、制定集体计划、生成个人计划。

活动资料:小区设计图、楼房建筑图片、集体计划表、建筑图书。

活动内容

一、建构区(爱心小区)

目标:

在设计、搭建"爱心小区"中,尝试合作安排物体的空间位置(弯曲、铺开、堆积、拼插)。

材料:

1. 楼房建构(标志:小猪)——各类鞋盒、泡沫板

2. 交通建构(标志:小熊)——纸皮、交通安全标志等

---

① 艾艳幼儿教育工作室.中班区域活动:建构区、益智区[EB/OL].[2016-08-31].http://www.jxteacher.com/3610220000006610014/column45175/06753e5d-1086-4b0b-a136-6b8a33089046.html.

3. 小区绿化(标志：蜗牛)——黄泥、橡皮泥、插塑玩具、鞋盒盖等

二、益智区(温馨家园)

目标：

在排序、拼图中构建"温馨家园"，学习根据某种特征来排序物体。

材料：

1. 图形排序(标志：鼹鼠)——根据规定特征进行排序
2. 多样排序(标志：蜻蜓)——数字排序、图案拼接
3. 图案拼图(标志：青蛙)——生活情境图片

活动流程

计划→操作→整理→回忆

指导要点：

1. 计划：丰富孩子对小区的认识，产生思考并生成当日的活动计划。
2. 操作：指导孩子实施计划，在小区的建设中体现人与自然的和谐共处。
3. 整理：整理物品。
4. 回忆：从以下几个方面进行回忆
(1) 最喜欢"爱心小区"和"温馨家园"的哪些地方。
(2) 再现操作过程中的闪光点，获得经验。
(3) 分享活动的快乐与温馨。

(三) 以探索发现为主的区域活动指导模式(适应于科学区、益智区等)

以探索发现为主的区域活动指导模式的构建，力图改变以教师讲—示范为主和幼儿听—模仿地被动接受局面，把幼儿推在前面，成为主动活动的主体。教师的任务是观察幼儿的游戏情况，分析指导的对象和决定指导的方法，哪些幼儿需要帮助，需要什么样的帮助，以游戏伙伴的身份做隐性的指导，充分调动幼儿的感官，引发幼儿的好奇心，培养幼儿的积极性、主动性和创造性。

1. 感知讨论，激发兴趣

这是一个很重要的部分，目的是让幼儿在感知或讨论的过程中，主动地获得知识。教师的任务是让幼儿明确感知目的和任务，提高他们参与的积极性，同时要提出一些引起幼儿思考的问题，组织幼儿开展讨论，激发幼儿内在的学习动机，引起幼儿探索、思考的兴趣。

2. 引导探索，尝试发现

要鼓励幼儿自由探索，对于幼儿的探索尝试不要多加干涉，要善于等待。因为受能力和知识经验水平的限制，幼儿的尝试、发现需要一个较长的过程。所以教师要有耐心，要注意幼儿的个别差异，对有困难的幼儿给予及时的帮助和鼓励。

3. 验证交流，迁移应用

这是探索活动的最后一环，也是提高幼儿迁移能力的一个重要途径。可以让幼儿将探索尝试的结果进行当众验证演示，也可以启发幼儿把探索发现获得的知识经验迁移应用到新的探索活动中去。通过这样的活动既能使幼儿自信心和成功感得到增强，又能使幼儿的探索尝试、迁移应用的能力得到进一步的提高。

四、区域活动的指导

活动区角虽然是幼儿自由活动、自主学习的地方，但是，教师不能撒手不管。教师要清楚区域活动的实质与功能，不同的活动区域有不同的功能，不同的规则要求，教师的指导任务也不同。区域活动不仅需要教师的指导，而且对教师的指导要求更高、难度更大。教师只有对区域活动积极关注、细心指导，才能使其功能充分发挥出来。

（一）教师要对区域活动进行介绍，并提出规则

对于刚进入活动区的幼儿来说，活动区是新鲜的、刺激的，幼儿很愿意进入。但是，幼儿往往不知道该怎么做。因此，教师在第一次介绍区域活动时，就要向幼儿讲解活动区的内容，如何使用，以及活动规则，促使幼儿自觉遵守游戏规则。教师通过各种各样的方式，对幼儿的活动施加影响，支持和帮助幼儿顺利过渡到活动阶段。

知识链接

如何建立区域规则？

建立规则是区域活动所承载的独有的教育价值，可以有机地将教育者的教育意图渗透其中；活动中组织、约束、调整幼儿活动的行为和相互关系，能最大限度地保证幼儿的活动权利。抓好区域活动规则的建设工作，是保证区域活动有效开展的重要前提。

那么在区域活动中，如何帮助幼儿建立起适宜有效的规则，并让幼儿在活动中自觉地遵守呢？区域活动既是幼儿的一种学习活动形式，同时也是教师所组织的一种教育活动形式。因而，区域活动规则的制定应该由教师和幼儿来共同完成，偏废某一方都是不妥的。

在实践中，我们总结出教师和幼儿共同制定活动规则的三种有效方法。

1. 在讨论中共同商讨

讨论往往是围绕在区域活动中所遇到的带有普遍性的"问题"而展开的，这种"问题"一般会影响到该活动的正常进行，且是幼儿无法自行解决的。讨论的目的就是要建立起相应的规则来解决当前所面临的"问题"。如，有些区域活动因人数较多，而发生了幼儿争抢玩具、学具的现象；有的幼儿在活动中无故中途退出而导致活动无法继续进行……诸如此类情况，教师便可以及时组织幼儿就发生的"问题"展开讨论。通过讨论，让幼儿明白，这一"问题"若不解决，将会影响到活动的正常开展；而解决"问题"的办法，便是共同商讨相应的活动规则。如李老师在语言区放了一台录音机（带麦克风，幼儿可跟着讲故事），由于是新玩具，幼儿一到区域活动时间就争着往语言区跑。可是一台录音机如何能满足几个幼儿参与的愿望呢？拿到的喜气洋洋，拿不到的则垂头丧气；胆大的与之争抢，胆小的细语相求。本应是安静的区域一下子热闹无比，区域活动也就无法正常开展了。怎么办呢？望着幼儿求救的目光，李老师把他们都召集在一起。"大家都很喜欢录音机吧？"幼儿们都用劲地点点头。"可是你们这样抢来抢去的，大家都玩不成呀！而且这样，录音机也很容易坏掉，坏了就没得玩了。"幼儿们都低下了头。"那怎么办呢？""不能抢！""大家一起玩。""那怎么一起玩呢？"看到幼儿们已初步达成共识，李老师又抛出了问题。"我们轮流玩吧。""嗯，一人讲一次。""没轮到的坐在椅子上当听众，不能上来。""一个人不能用很久，要不别人就不能用了。"幼儿们你一言我一语的，一下子,活动规则就出来了,大家又开开心心地玩了。采用这种方法制定的区域活动规则,由于是幼儿亲自参与制定的,又是他们活动的需要,因而,幼儿大都能接受并能在活动中自觉地遵守。

2. 在试误中逐步形成

有时幼儿在活动中遇到有关活动规则方面的问题,教师不应急着把解决问题的"答案"告诉幼儿,可以让幼儿在试误中逐渐去建立起相应的活动规则。如在一次玩沙活动中,幼儿们玩得很尽兴,可到最后却没有多少作品呈现,为什么呢?当秦老师请幼儿们动脑筋思考这个问题时,得到的答案是多种多样的:"收拾玩具时,我们自己踩坏了。""别人把我的踩坏了。""我挖了一个洞,可一会儿它自己塌了。""我在印飞机时,边印边退,不小心自己踩坏了。"……"那怎么才能让老师看到你们的作品呢,下次玩的时候你们再来告诉老师好吗?"以后每次玩之前,秦老师都会特别提醒幼儿一下。玩过多次后,幼儿把自己的发现告诉了老师:"玩时小心一些,就不会弄坏别人的了。""建的时候要建牢固些,就不会坏了。""收拾玩具时,从沙地旁边走就不会踩坏了。""在沙地中建一条路让小朋友走,就不会踩坏别人的了。""不要太多人挤在一起玩,就不会弄坏玩具了。"……在大家的建议下,小朋友掌握了保护作品的方法,同时爱护劳动成果的规则也就在不知不觉中建立起来了。

采用这种方法形成的活动规则,不仅能让幼儿深刻体验到规则的重要性,增强幼儿遵守规则的自觉性,同时,也有利于培养幼儿自主解决问题的能力。

3. 在活动前明确规定

有些活动规则具有一定的强制性,是要求幼儿在活动时务必要遵守的,对于这类规则,一般在活动前就应明确地提出来。例如,玩水区是幼儿最爱玩的一个区,如果没有一定的规则约束,对于3岁的幼儿来说,玩过后很可能出现这样的情景:一个个满头满脸的水,一片湿漉漉的地……也许幼儿玩得很尽兴,但身体受不了。这就要求我们在活动前就要向幼儿说明活动要求:玩水时不能将水泼到别人身上,尽量不弄湿地板……

活动规则是活动的一种行为规范和准则,幼儿的区域活动是在动态中进行的,因而幼儿在活动中还会有不同的情况出现,而不同的情况可能需要不同的准则加以规范。所以,区域活动规则往往是不可能一步到位的,要运步完善,逐步到位。①

(二) 教师要明确区域活动的学习性与游戏性相统一原则

教师通过创设区域活动来影响幼儿的游戏和学习活动。区域活动既是幼儿的游戏活动,也是幼儿的学习活动。但区域活动的"学习",不是传统意义上的"教学",而是幼儿在操作中,直接感知到的相应的经验和概念。区域活动更多强调的是幼儿自主选择活动区活动,幼儿自己决定或伙伴之间商量决定活动的内容和方式,同样的材料,不同的幼儿就有不同的玩法,并对材料赋予不同种意义。这就要求教师不要一味地将区域活动学习化,应该更加强调区域活动的游戏性。

(三) 教师要使区域活动既有开放性,同时又要有联系性

活动区应该是开放的,方便幼儿出入,方便区域之间的联系。教师在介绍活动区的

① 刘立民主编.幼儿园课程论[M].大连:大连理工大学出版社,2006.

内容和活动方式时,应选择最基本、最主要的,但不是固定的、模式化的。在开放活动区时,应该逐个进行开发,以提高活动区的功效,增强有序性。活动区开放之后,可以让各个区域之间建立联系,便于各个区域之间的合作。例如,可以以"家庭"为单位,"上班"去"挣钱",然后去"银行",取"钱",再到"超市"买东西,再送"孩子"去"幼儿园"等,这样就把各个区域活动变成了全班的游戏活动。在活动中,幼儿的兴趣性、主动性和积极性都很高,同伴之间的交往也大大加强了,幼儿的多方面能力都能得到发展。

(四) 教师应避免单一教具的机械练习,要注意区域活动内容的整合

区域活动的教具虽然是按照区域内容投放的,但在幼儿活动中要进行综合的综习,不能只是强调教具的操作方法,还要结合教具本身进行多方面的挖掘。例如,"建筑区",幼儿不仅仅是进行"搭房子"和"搭桥梁"等建构活动,也可以进行艺术活动——如何搭得完美;进行语言活动——介绍建筑物的性质及作用;进行数学活动——用了多少积木;进行社会活动——同伴之间交流、分工和合作等。教师要对各区域有研究,发掘教育潜能的思想意识,注意活动材料的多领域性。

(五) 教师在区域活动中的主要任务是观察、记录幼儿的活动状况

评估各个区域的使用频率,以此来考虑材料的投放和调整。观察分析后,教师要明确对哪一个区域有进行指导的必要,并明确指导的方法。指导的方法一般有:

1. 教师介入法

就是教师以自身为媒介,亲自参与到活动中去,在活动中担任的角色要有控制地位,以此了解幼儿的想法、需要和问题,帮助幼儿解决问题或扩展情节。教师介入要注意,教师不能取代幼儿参与活动的主动性,对幼儿的想法采取积极、鼓励的态度,对于不当的地方,教师要斟酌用词、用句的分量。

2. 材料介入法

就是教师在活动中提供相应的材料,来解决幼儿在活动中出现的问题,及时帮助幼儿在活动中学习。

3. 伙伴介入法

就是教师利用同伴中能力比较强的幼儿,参与到活动中,对于活动中出现的问题和需要进行排解。这一方法比较容易被幼儿接受,并且能够促进同伴之间的交流。

案例速递

某幼儿园区域活动设计方案

一、娃娃家

1. 活动材料

小床、布娃娃、沙发、小枕头、小被、脸盆、电话、电视机、椅子、桌子、奶瓶、屏风、餐桌用具等。

2. 操作方法

幼儿以妈妈的身份参与游戏,让幼儿学习妈妈的做法来护理娃娃,学会做家里的一切事情。教师可以来扮演角色,让幼儿多练习几遍,不厌其烦。

3. 注意问题

一个班可设二至三个娃娃家,还可以使幼儿在家与家之间交往、邻里之间互相串门。

二、小医院

1. 活动材料

白大褂、护士帽、听诊器、体温表、压舌板、医药箱、药瓶、注射器、纱布、胶布、处方、病历卡及各种药盒。

2. 操作方法

可由2—3名幼儿做医生和护士,多找几位幼儿按顺序看病,幼儿可扮演妈妈抱着布娃娃看病,看病时仔细向医生询问病情、病因、治疗方法及注意问题,医生则要细心为病人看病,教师可以加入到角色中去。

3. 注意问题

准备材料时,要将用过的针管、药盒清理干净,并进行严格消毒,不要让幼儿用嘴接触药盒或其他材料,注意卫生安全。

三、操作区

1. 扣扣子

(1)活动材料:带扣的小衣服、布娃娃等。

(2)操作方法:启发幼儿给宝宝穿衣服,让幼儿以妈妈的身份参与到活动中,学会扣扣子。

2. 好玩的绳子

(1)活动材料:各色毛线或彩绳。

(2)操作方法:鼓励幼儿随意地缠绕、搓合、翻缠彩绳,教师可与幼儿一起参与游戏,与幼儿共同探索不同玩法。如:翻绳、搓绳、量小井等。

3. 喂娃娃

(1)活动材料:勺子、塑料瓶(剪出嘴,贴上眼睛做成娃娃状)、珠子、石子等。

(2)操作方法:告诉幼儿娃娃饿了,请幼儿喂喂他们,看谁先将它喂饱。喂的时候,要用勺子一勺一勺将食物送到娃娃嘴中。

4. 注意问题

教师应根据手部运动由易到难选择内容与材料,给幼儿充分的机会、足够的时间,让幼儿大胆地操作练习。

【关键术语】

课程设计的基本范式;单元主题活动;项目活动;区域活动

【真题链接】

1. 设计一个幼儿园单元主题活动方案,设计主题网络结构图,从中选择一个教学活动设计教案,如有机会,可在幼儿园中组织实施此活动方案,检验活动方案的合理性。

2. 就近选择一个幼儿园,对幼儿园区域活动课程教育活动的开展或游戏课程教育活动的开展情况进行调查,并针对存在的问题提出建设性意见。

下篇

幼儿园课程的组织

【学习目标】

1. 了解幼儿园五大领域课程设计应该遵循的目标、内容与基本要求；
2. 明晰幼儿园五大领域彼此间课程设计的一般性问题；
3. 掌握幼儿园五大领域课程设计的程序原则。

【内容脉络】

幼儿园课程领域教育活动的组织

- 幼儿园健康领域教育活动的组织
  - 学前儿童身心发展的特点
  - 幼儿园健康领域教育活动的目标、内容与基本要求
  - 幼儿园健康领域教育活动的组织过程与指导要求
- 幼儿园语言领域教育活动的组织
  - 幼儿语言发展的特点
  - 幼儿园语言领域教育活动的目标、内容与基本要求
  - 幼儿园语言领域教育活动的组织过程与方案评析
- 幼儿园社会领域教育活动的组织
  - 幼儿社会性发展的特点
  - 幼儿园社会领域教育活动的内涵与意义
  - 幼儿园社会领域教育活动的目标、内容与基本要求
  - 幼儿园社会领域教育活动的组织过程与案例分析
- 幼儿园科学领域教育活动的组织
  - 学前儿童的科学活动
  - 幼儿园科学领域教育活动的目标与内容
  - 幼儿园科学领域教育活动的组织过程与指导要求
- 幼儿园艺术领域教育活动的组织
  - 幼儿艺术性发展的特点
  - 幼儿园艺术领域教育活动的目标、内容与基本要求
  - 幼儿园艺术领域教育活动的组织过程与指导要求

【先行案例】

有人说：课程一词在幼儿园被泛化了，游戏是课程，集体教学的内容是课程，连吃饭、穿衣、上厕所都纳入到课程范域里了，你怎样看待这一问题？幼儿生活中哪些内容可以被看作是课程？哪些内容不是课程呢？

你有过幼儿园实习的经历吗？请谈一谈你对于幼儿园学习内容的认识和理解？你认为将幼儿园课程划分为五大领域的活动，是否已经完全涵盖幼儿生活的全部内容？

结合幼儿园教育活动的基础性、全面性和启蒙性的特性,教育部颁布《幼儿园教育指导纲要(试行)》将幼儿园课程分为健康、语言、社会、科学、艺术五大领域。可以说,幼儿园课程领域活动是实现幼儿园课程目标的载体,更是完成幼儿园教育活动设计的基础要素。本章主要围绕五大领域的内容介绍幼儿园课程设计与组织的基本结构与一般程序。

任务1　幼儿园健康领域教育活动的组织

【完成目标】

1. 了解学前儿童健康教育的目标、内容与基本要求;
2. 掌握幼儿园健康教育活动的组织过程与指导原则;
3. 能够进行幼儿园健康教育活动设计及评析。

【任务驱动】

"幼儿园健康领域教育活动的问题与对策"
——记一位幼儿园园长的报告

尊敬的各位老师:大家好!

今天非常高兴在这里和大家一起分享幼儿园健康教育领域的问题和解决的策略。

大家都知道在幼儿园教育纲要当中,健康领域是五大领域之首,由此也可以看出,健康领域对孩子一生发展的重要作用,那么今天的讲座,我们一起来探讨一下。

第一,幼儿园必须把保护幼儿的生命和促进幼儿的健康放在工作的首位,树立正确的健康观念,在重视幼儿身体健康的同时,要高度重视幼儿的心理健康。孩子在幼儿园期间,其心理氛围,甚至比物质环境更为重要。比如孩子在幼儿园里,老师对他是不是有爱,是不是接纳,是不是充满着鼓励,对孩子良好的心理特征的形成,健全人格的发展,有着举足轻重的作用。

第二,既要高度重视和满足幼儿受保护、受照顾的需要,又要尊重和满足他们不断增长的独立要求,避免过度保护和包办代替,鼓励并指导幼儿自立自理的尝试。那么这一点也是在目前一些幼儿园当中存在着一些矫枉过正的现象。例如在幼儿的户外体育锻炼当中,因为容易出现一些危险,个别幼儿园老师,就把孩子关在房间里,避免他们出去活动,以免发生危险。然而,在这样一种关注和保护情况下,孩子的能力得不到锻炼,他的身体适应能力大大降低,反而在他出去的时候,容易出现安全事故,所以说我们既要高度重视和满足幼儿受保护和照顾的需要,还要给他提供大量的环境,让他们能够锻炼和提升自己,形成自我保护的意识和能力,只有这样孩子在社会上,才能够自己有足够的能力和意识来保护自己。

第三,健康领域的活动,要充分尊重幼儿生长发育的规律,严禁以任何名义进行有损幼儿健康的比赛、表演或训练等。

第四,培养幼儿对体育活动的兴趣,是幼儿园体育的重要目标。要根据幼儿的特点,组织生动有趣,形式多样的体育活动,吸引幼儿主动参与。

幼儿园健康教育活动对于幼儿身心发展来说尤为重要,作为幼儿教师一定要掌握健康教育活动设计的基本要求,能够根据幼儿的特点来设计活动。

依据上述案例,谈一谈你对幼儿园健康领域活动的认识,并尝试说说自己的理由。

一、学前儿童身心发展的特点

幼儿生长发育在不同年龄阶段有不同的特点。生长是指细胞的繁殖、增大和细胞间质的增加,表现为各组织、器官和全身各部的大小、长短、重量的增加;发育则比较复杂是指各组织、器官、系统在功能、技巧、心理、智力各方面的改变,是质方面的改变。儿童在发育过程中,由于生活、环境、教育、营养、锻炼、遗传、疾病等因素影响,可以出现形态机能、心理等方面的个体差异,但是一般规律还是普遍存在的。

(一)学前儿童身体发育的特点

1. 由量变到质变的过程

学前儿童的生长发育是一个由量变到质变的复杂过程。包括三个交叉的因素:身高体重的不断增加;各器官组织分化和机能的逐步完善;身体发生一定的形态变化。这三个因素有规律地相互交叉进行。

例如,运动系统的发育:三个月可以翻身,六个月可以坐立,八个月可以爬行,一周岁的小孩可以站立和行走,从大肌肉动作逐渐向小肌肉动作迅速发展;消化系统的发育:随着年龄增长,消化机能逐渐成熟,新生儿时期只能接受少量流质食物,到成人期能够消化多种固体食物;又如随着大脑重量的增加,细胞之间的联系加强,人的记忆、感知和思维能力也在不断发展,儿童的智力便不断得到发展。根据儿童生长发育的规律,在教育过程中采取相应的卫生保健措施,才能有效地促进其发展。

2. 生长发育的连续性和阶段性

学前儿童出生后,从小到大的发育是有一定顺序的,既有连续性又有阶段性。每一个阶段都有其特点,同时各个阶段又彼此有规律地交替、衔接,前一阶段为后一阶段的发展打下基础,例如,儿童语言的发展,学前儿童一开始学说话时先咿呀发声,一些拟声词等,逐渐说单独的词,然后是整句话。教育者需要依循儿童各阶段发育的规律和顺序,提供各阶段发育所需要的环境条件,给予适当的刺激和训练,引导幼儿从低级阶段向更高级的阶段发展,过高或过低的要求都将阻碍幼儿的生长发育。

3. 各年龄阶段生长发育的速度不同

人体的生长发育不是直线上升的,而是呈波浪形,有时快,有时交替进行。以身高、体重为例,从儿童到成人全过程中有两次突增阶段。一次是在胎儿期,一次是在青春期。

4. 儿童身体各系统发育的非均衡性和统一性

人体各系统在神经系统的调节下,相互联系,相互制约。人自出生后,首先,是神经系统发育最快,6 岁时脑重已达成人脑重的 90%,各种生理机能、言语发展和肌肉活动的发展已初步满足生活各方面的需要。6 岁—20 岁,虽然脑的重量仅增加 10%,但是,脑细胞的结构和机能却在不断复杂化的过程中;其次,是呼吸、消化、排泄、心血管系统的发育,它们的发育与身高、体重等均有一致性,呈波浪式,在青春发育期出现高峰。此外,儿童的淋巴系统的发育在前10年特别迅速,12岁左右已达成人的200%。因为这一阶段儿童身体抵抗力弱,靠淋巴系统的发育加强身体的保护,但其功能尚不完善,不能与成人相比。在第二个10年之间,随着其他系统的成熟,淋巴系统逐渐退化、萎缩、变小,至20岁又达成人大小。儿童的生殖系统在出生后的10年内,没有什么发展.而在第二次突增阶段(一般在12岁后)迅速发育。

幼儿的身体发育一般都遵循以上规律,我们在评价幼儿身体发育水平的时候,要综合各方面因素,遗传、环境、教育等因素都会影响幼儿的身体发育。幼教工作者要想促进幼儿生长发育达到最高水平,就必须认识儿童生长发育规律以及其影响因素,这样才能有的放矢地采取有效措施促进幼儿全面发展。

(二) 学前儿童心理健康的特征

总体来讲,学前儿童心理卫生的目标是为了促进学前儿童的心理健康,预防其心理方面的问题和疾病。其一,培养学前儿童健康的情绪、健全的人格和较好的适应环境和改善环境的能力,为成年期的心理健康奠定良好基础。其二,对于学前儿童的各种心理卫生和障碍要早期发现、早期治疗。其三,要充分利用一切有利因素,削弱或消除不利因素,为学前儿童创设良好的身心发展环境,尽可能地将学前儿童的各种行为问题、心理障碍和心理疾病消灭在萌芽状态。

1. 智力发展正常

正常的智力水平是学前儿童进行日常生活和学习的基本条件。智力发展正常与否是衡量儿童心理健康的重要标志。个体之间的智力发展虽然存在着一定的差异,但有比较宽泛的正常范围,如果一个儿童的智力明显低于同龄人的水平,可被视为智力发展不正常。学前期是智力发展极为迅速的时期,但若发生因各种原因造成的脑损伤或早期的环境剥夺,则会阻碍学前儿童的智力发展,从而导致心理的不健康状态。

2. 情绪健康,反应适度

积极的情绪状态反映了中枢神经系统功能的协调性,亦表明人的身心处于良好的平衡状态。学前儿童的情绪具有很大的冲动性及易变性,但随着年龄的增长,情绪的自我调节有所增强,稳定性逐渐提高,并开始学习合理地宣泄消极的情绪,这也可以看作正常。如果一个幼儿的情绪极易变化,喜怒无常,经常处于消极情绪状态,与所处环境很不协调,那么,该幼儿的情绪就不是健康的状态。

3. 乐于与人交往,人际关系融洽

儿童之间正常的交往既是维持心理健康的重要条件,也是获得心理健康的必要途径。心理不健康的儿童,其人际关系往往也是失调的,或自己远离同伴,或成为群体中的"嫌弃儿"。而心理健康的儿童则往往乐意与人交往,能与同伴合作游戏,分享快乐,是群体中受欢迎的一员。

4. 行为和谐统一

随着年龄的增长,学前儿童的思维逐渐变得有条理,有意注意的时间逐渐延长,情绪、情感的表达方式日趋合理。心理健康的儿童,其心理活动和行为方式是和谐统一的,表现为既不异常敏感,也不异常迟钝。心理不健康的儿童往往有异乎寻常的注意力

不集中或不能自制的过度活动。

5. 性格特征良好

性格是个性最核心、最本质的表现,它反映在对客观现实的稳定态度和习惯化的行为方式之中。心理健康的儿童,一般具有热情、果敢、自信、主动、合作等性格特征,而心理不健康的儿童常常具有冷漠、胆怯、自卑、被动、孤僻等性格特征。

6. 没有严重的心理卫生问题

上述特征是心理健康的学前儿童所具备的多项特征,某些儿童可能与其中一些特征略有不符,但如果仍有相当的社会适应能力,则亦应视为心理健康。

英国教育哲学家洛克在《教育漫话》中认为"健康之精神寓于健康之身体",我国幼儿教育先驱陈鹤琴先生也曾指出"第一要注意的是幼儿的健康",《幼儿园教育指导纲要(试行)》(以下简称《纲要》)中也明确指出"幼儿园必须把幼儿的生命和促进幼儿的健康放在工作的首位",而在《3—6岁儿童学习与发展指南》中将健康领域放在首位,可见健康教育在幼儿园教育领域中的地位。

健康不仅仅指人的身体和心理,还包括社会适应方面的良好状态。健康教育是指,在幼儿园中,根据幼儿身心发展的特点,以提高幼儿健康认识,改善幼儿健康状态,培养幼儿健康行为,保持和促进幼儿健康为目的的系统的教育活动。

二、幼儿园健康领域教育活动的目标、内容与基本要求

一般来说,一项活动中目标的达成和制定,需要根据总目标的要求进行细化、层层分解,通过具体目标的达成来保证最终目标的实现。学前儿童健康教育目标的制定和实施也不例外,据此,我们可以将学前儿童健康教育目标分成学前儿童健康教育的总目标、年龄阶段目标及具体教学活动目标三个层面。

(一)幼儿园健康领域教育活动的目标

1. 幼儿园健康教育的总目标

幼儿园健康教育的总目标对学前儿童的身心保健起到规范作用,也是确定相应的年龄阶段目标及具体活动目标的依据,根据2016年颁布的《幼儿园工作规程》中对于健康领域保育和教育主要目标的阐述:促进幼儿身体正常发育和机能的协调发展,增强体质,培养良好的生活习惯、卫生习惯和参加体育活动的兴趣。而《纲要》中对于幼儿园健康领域课程目标的规定是:

＊身体健康,在集体生活中情绪安定、愉快。

＊生活、卫生习惯良好,有基本的生活自理能力。

＊知道必要的安全保健常识,学习保护自己。

＊喜欢参加体育活动,动作协调、灵活。

我们能够看出上述总目标表明了以下三个方面的价值取向:

(1)身心和谐发展

对于学前儿童而言,健康不仅仅指身体各器官和系统发育正常、功能良好、没有缺陷,而且还应该具有情绪愉快、开朗乐观等良好的心理状态以及对社会环境较好的适应能力。因此,学前儿童健康包括身体健康和心理健康两方面:

学前儿童身体健康：以身体发育健全、具备基本的身体保护和生活自理能力为主要特征；

学前儿童的心理健康以情绪稳定、适应幼儿园集体生活为主要特征。

必须明确，两者密不可分，只有身心和谐发展才能既真正保证身体的健康，又真正保证心理的健康。

(2) 身体保护与教育活动并重

《幼儿园教育指导纲要(试行)》在健康领域教育的指导要点中提出："教师应该把保护幼儿的生命和促进幼儿的健康放在教育工作的首要位置。"体现了学前儿童健康教育必须坚持保教合一的思想。幼儿园健康教育总目标既重视让教师承担起保护自理能力差的儿童的责任，又强调让儿童掌握必要的安全和健康知识，提高保护自身的能力。通过体育活动来提高身体素质。其中，获得与安全问题相关的知识和技能，培养参加体育活动的兴趣，增强动作的协调性和灵活性是幼儿园健康教育的重点。

当然，幼儿作为独立个体，不应该成为被动的"被保护者"。"教师要尊重幼儿不断增长的独立需要，在保育幼儿的同时，帮助他们学习生活自理技能，锻炼自我保护能力。"幼教工作者都应遵照《幼儿园教育指导纲要(试行)》的基本精神，做到保育与教育并重。

(3) 健康行为的形成与健康态度的转变并重

《幼儿园教育指导纲要(试行)》健康领域目标既注重培养学前儿童的积极态度，又关注养成学前儿童的健康行为习惯。对于学前儿童而言，学习基本的安全卫生保健知识、具备积极的健康态度并不难。例如，通过几次教学活动，小朋友懂得了洗手的重要性，知道"不洗手会有细菌"，并且积极地响应"我以后吃东西前先洗手"，但在日常生活的过程中，如果不加以反复地训练渗透，多数儿童难以养成"饭前便后洗手"等行为习惯。因此，提高学前儿童的健康意识、转变学前儿童的健康态度、培养学前儿童的健康行为虽然都是幼儿园健康教育的目标，但学前儿童健康行为的养成则更被视为幼儿园健康教育的核心目标。通过针对性的教育活动、小游戏、生活渗透等方式帮助儿童实现健康态度的转变和健康行为习惯的科学养成，这应该成为教育工作者进行健康领域教育活动的重点。

2. 幼儿园健康教育的年龄阶段目标

幼儿园健康教育的年龄阶段目标是指以 3—6 岁学前儿童的身心发展特征为依据而制定的符合各年龄阶段特点的教育目标。它对 3—6 岁的学前儿童提出了不同层次的要求，是对总目标的细化，又是制定具体活动目标的直接依据。这类目标需要充分考虑各年龄阶段儿童的身心发展水平与"最近发展区"，确定适宜的具体目标，以增强学前儿童健康教育的适宜性和发展性。

下面，我们根据《幼儿园教育指导纲要(试行)》中提出的健康领域的总目标，从生活卫生习惯、身体认识与安全保护、饮食营养、心理健康、体育锻炼五个方面介绍不同年龄阶段的学前儿童健康教育目标，供大家参考。

3—4 岁(小班)	4—5 岁(中班)	5—6 岁(大班)	
(1) 了解盥洗的顺序,在提醒下初步掌握洗手、刷牙的基本方法; (2) 学习穿脱衣服; (3) 养成坐、站、睡、行的正确姿势; (4) 在提醒下,按时睡觉、起床,坚持午睡; (5) 能及时排便。	(1) 饭前便后洗手、每天早晚刷牙,且方法基本正确; (2) 初步学会穿脱和整理衣服; (3) 学习整理活动用具,能保持玩具清洁; (4) 有初步的生活自理能力。	(1) 每天早晚刷牙且方法正确; (2) 养成每天按时睡觉和起床的良好作息习惯; (3) 能按类别整理好自己的物品; (4) 进一步提高独立生活能力; (5) 初步养成良好的学习习惯。	**表 4-1** 学前儿童良好的生活卫生习惯目标

3—4 岁(小班)	4—5 岁(中班)	5—6 岁(大班)	
(1) 了解身体的外形结构,认识并学习保护五官; (2) 能积极配合各种疾病预防与治疗; (3) 知道过马路、乘坐交通工具、玩大型运动器械时要注意安全; (4) 了解生活中的安全常识。	(1) 进一步认识身体的主要器官; (2) 逐步形成接受疾病预防与治疗的积极态度和行为; (3) 在成人帮助下学习处理常见外伤的简单方法; (4) 认识有关安全标志,在成人提醒下遵守交通规则; (5) 不接触危险物品; (6) 遇到危险时能告诉成人,有初步的自我保护意识。	(1) 进一步认识身体的主要器官及重要功能,并懂得简单的保护方法; (2) 了解有关预防龋齿及换牙的知识; (3) 注意用眼卫生; (4) 初步了解应对意外事故的常识,具有简单的求生技能。	**表 4-2** 学前儿童身体认识与安全保护目标

3—4 岁(小班)	4—5 岁(中班)	5—6 岁(大班)	
(1) 愿意饮用白开水,不贪喝饮料; (2) 认识最常见的食物,爱吃各种食物,不挑食、不偏食; (3) 能正确使用勺子,掌握基本进餐技能; (4) 进餐时保持愉快情绪,愿意独立进餐。	(1) 常喝白开水,不贪喝饮料; (2) 结合品尝经验,进一步认识各类常见食物; (3) 不偏食、不挑食,不暴饮暴食,喜欢吃瓜果、蔬菜等新鲜食品; (4) 懂得科学合理进食,逐步养成良好的饮食习惯。	(1) 主动喝白开水,不贪喝饮料; (2) 初步理解不同的食物有不同的营养,身体需要各种营养; (3) 会使用筷子; (4) 进一步养成独立进餐的习惯。	**表 4-3** 学前儿童饮食营养目标

表 4-4 学前儿童心理健康目标[①]	3—4 岁(小班)	4—5 岁(中班)	5—6 岁(大班)
	(1) 知道自己的性别; (2) 知道快乐有益于健康; (3) 愿意上幼儿园,情绪较安定、愉快。	(1) 愿与父母分床而眠; (2) 学习用适当的方式表达情绪; (3) 喜欢与别人分享。	(1) 知道男女厕所,初步具有性别角色意识; (2) 学会理解和帮助别人,有竞争和合作意识。

表 4-5 学前儿童体育锻炼目标	3—4 岁(小班)	4—5 岁(中班)	5—6 岁(大班)
	(1) 能上体正直、自然地走和跑,听信号向指定方向走、跑,能在指定范围内四散走、跑; (2) 能够双脚同时向上跳、向前跳,能从 15—20 厘米高处自然跳下,能助跑曲腿跳过 30—40 厘米高度; (3) 会滚球、传球、抛接球和原地拍皮球; (4) 能在平行线(或窄道)中间走; (5) 能在 65—70 厘米高的障碍物下钻动,能双膝着地自然协调地向前爬,能倒退爬,能钻爬过低矮障碍物; (6) 能边念儿歌或听音乐做模仿操或简单徒手操; (7) 喜欢并愿意参加体育活动,初步掌握有关知识和规则。	(1) 能听信号按节奏上下肢协调地走和跑,能听信号变速走、跑,能听信号变化方向走,能跨过低障碍物走、跑,能走跑交替(慢跑)200 米左右,能前脚掌着地、倒退走; (2) 能原地纵跳触物,能双脚在直线两侧行进跳,能单脚直线连跳,能助跑跳过不少于 40 厘米的平行线; (3) 能自抛自接球,能两人近距离互抛互接大球,能肩上挥臂投掷轻物,能滚球夹物,能左右手拍球; (4) 能在 15—20 厘米的斜坡上来回走; (5) 能随音乐节奏准确地做徒手操和轻机械操; (6) 喜欢并积极参加体育活动,初步养成参加体育活动的习惯,互助合作、爱护公物,能较自觉地遵守活动规则。	(1) 能轻松绕过障碍物曲线走跑,能走、跑交替 300 米左右,能听信号左右分队走,能快跑 30 米或接力跑,能步行 2 千米,连续跑 1 分钟左右; (2) 能原地纵跳触物,能单脚折线连跳,能助跑跳过不少于 50 厘米的平行线,能变换方向跳、转身跳,能跳绳、皮筋、蹦床、小箱; (3) 能两人相距 2—4 米抛接大球,能肩上挥臂投远、投准,能滚球夹物,能原地变换形式拍球,能边走(跑)边拍球; (4) 能在有间隔物体上走,能上下肢协调、动作自然地保持平衡; (5) 能熟练地听信号做相应动作,能随音乐节奏有精神地做徒手操和轻机械操,动作有力、到位; (6) 热爱体育活动,有积极参加体育活动的习惯,有集体观念、爱护公物,能自觉地遵守活动规则。

3. 幼儿园健康教育的具体活动目标

幼儿园健康教育的具体活动目标是学前儿童健康教育总目标和年龄阶段目标的细化和具体化,是指通过系统的健康教育活动使学前儿童的身心发展应该实现的健康水平或教育结果。它对学前儿童身心健康的发展具有预知和规范的作用,也是衡量健康

① 苟增强主编.学前儿童健康教育[M].湖北:华中师范大学出版社,2014.

教育活动成效的评价尺度。对于具体教学活动目标,幼教工作者应在深入理解学前儿童健康教育总目标的基础上,将目标体现的教育理念落实到教育行为中。那么,幼儿园健康教育活动的具体目标制定应遵循怎样的原则?

(1) 保证幼儿身心愉悦,建立良好的师幼、同伴关系。

教师应该营造温暖、轻松的心理环境,让幼儿形成安全感和信赖感。以欣赏的态度对待幼儿,注意发现幼儿的优点,接纳幼儿间的个体差异,不与同伴做横向比较;对于幼儿做错事应该冷静处理,不要呵斥和打骂;如果幼儿发脾气时不要硬性压制,应等冷静后告诉幼儿什么行为是可接受的;发现幼儿不高兴时,主动询问情况,帮助他们化解消极情绪等。

(2) 确保健康的卫生、生活、饮食状况,培养幼儿良好的行为习惯。

帮助幼儿养成早晚刷牙、饭后漱口的好习惯;勤换衣服、勤洗澡、勤剪指甲;提醒幼儿保持正确的站、坐、走的姿势,注意幼儿的体态,帮助其形成正确的姿势;为幼儿提供营养丰富、健康的饮食;每年对幼儿进行健康检查。

(3) 适时进行安全教育,提高自我保护意识和能力。

提供安全的学习、生活环境及必要的保护措施;了解生活中不安全的事物,不做危险的事;提醒幼儿遵守交通规则;认识生活中常见的安全标志和急救电话;教给幼儿简单的自救和求救的方法。

(4) 合理安排体育活动,增强幼儿体质,培养幼儿坚毅的品质。

教师可以利用走平衡木、走直线、跳房子等锻炼幼儿的身体平衡能力;通过丰富多样且适合幼儿年龄特点的各种身体活动,例如:单脚跳、短距离连续跑、攀爬等项目来锻炼幼儿坚持不懈、不怕累的坚毅品质;以体育游戏的方式,例如往返跑、"打地鼠"、"老狼老狼几点了"等活动形式让幼儿在趣味活动中锻炼身体、增强体质。

(二) 幼儿园健康领域教育活动的内容

1. 幼儿身体保健教育活动

身体健康是幼儿身心全面和谐发展的基础,直接影响着幼儿的智力品质、道德品质及其心理素质和能力的发展。幼儿身体保健教育活动是以保护和促进幼儿身体的正常生长发育、增进健康、培养幼儿初步的健康意识和自我保健能力为目的的所有的教育活动。幼儿园进行身体保健教育活动,是为了更好地保护幼儿的生命和健康,使幼儿能主动关注自己的健康,保护自己的生命,珍爱自己的生命。具体包括:

(1) 生活卫生习惯教育。主要是帮助幼儿获得日常生活中所必需的生活常识和卫生知识,培养幼儿良好的生活习惯、卫生习惯和基本的生活自理能力,帮助幼儿初步掌握适应社会生活的技能。

① 生活自理能力。包括幼儿自己学会洗脸、洗手、刷牙、穿脱衣服鞋袜、吃饭、收拾整理玩具和物品等;

② 生活卫生习惯。包括定时定量饮食、按时睡觉、勤洗澡、勤剪指甲、规律大小便等生活卫生习惯;

③ 学习卫生习惯。包括培养良好的阅读、绘画习惯,保持正确的坐姿,注意用眼卫生;

④ 生活方式教育。包括讲究膳食与营养搭配、合理分配休息与娱乐时间、不乱花钱、养成适时运动的良好生活方式。

（2）安全教育。主要是通过进行生活活动安全、交通安全、药物安全、自救自护等安全的教育，帮助幼儿掌握日常生活中最基本的安全知识和技能，提高自我保护意识和能力，学习应付紧急事件的技能，并自觉遵守有关安全制度和行为规范。

2. 幼儿体育教育活动

幼儿体育是幼儿园全面发展教育的一个有机组成部分，也是幼儿健康教育的重要内容之一。科学的、适合于幼儿的体育活动，对于幼儿增强身体素质、提高健康水平，将来更好地适应社会生活等，都具有重要作用和深远意义。因此，幼儿园健康教育要充分重视幼儿体育，培养幼儿对体育活动的兴趣，积极主动参见各种形式的体育活动和户外游戏，全面发展幼儿体能，增强幼儿体质。

幼儿园体育活动组织形式多种多样。在幼儿园中，最常见的体育活动组织形式是幼儿体育教学活动、幼儿早操活动和幼儿户外体育活动。此外还有一些其他形式的体育活动，如幼儿体育活动区活动、幼儿室内体育活动、幼儿运动会、幼儿远足或短途旅游等。具体教育作用包括：

（1）发展幼儿的走、跑、跳、钻、爬、攀、投掷等基本动作，锻炼幼儿的平衡、协调、灵敏、柔韧、力量、速度等方面的身体素质；

（2）进行基本体操和队列队形练习。包括模仿操、徒手体操、轻器械操、口令、信号与动作、队列、变化队形等。

3. 幼儿心理健康教育活动

心理健康教育对成长中的幼儿来说尤为重要。因为他们对外界环境及其变化的影响比较敏感，容易受到各种不良因素的伤害。培养幼儿良好的心理品质，逐步增强幼儿自身心理强度，增强对内外压力的认识和评价、容忍和解决问题的能力，以更好地适应社会生活。包括：

（1）培养积极的情绪情感，合理宣泄自己的消极情绪；

（2）理解他人情绪情感；

（3）逐步发展情绪的自我控制能力。

对幼儿进行心理健康教育，创设有利于他们成长的环境和条件，控制和消除种种不利因素，不仅有可能将幼儿心理障碍、行为问题消灭在萌芽状态，更为重要的是有利于增进他们的心理健康，培养健全人格，使他们获得认知、情感、社会适应等方面的和谐发展，从而成长为一个有益于社会的人。

（三）幼儿园健康领域教育活动的基本要求

1. 适宜性

《幼儿园教育指导纲要（试行）》要求教育活动内容的选择应该既适合幼儿的现有水平，又有一定的挑战性。在课程设计时应选择适合幼儿能力，难度水平在幼儿最近发展区内的活动内容和形式。健康领域教育在进行课程设计时对各年龄段幼儿要求不能一概而论，并且同一年龄段的不同幼儿也存在个体差异性。对于"跳"这一动作，《指南》中对小班幼儿的要求是可以身体平稳地双脚连续向前跳，中班幼儿能助跨跳过一定距离，而大班幼儿是可以连续跳绳。教师应该考虑到各年龄段幼儿骨骼、肌肉发展的特点,提供适宜的内容,让幼儿在最近发展区内获得发展。

2. 全面性

全面性是指学前儿童身体和心理的全面、和谐发展。身体的发展主要指生理健康发育,心理健康则主要指认知、情感、个性和社会性等方面的发展。健康领域的教育不仅要帮助幼儿养成良好的生活卫生及饮食习惯,掌握安全方面的常识,还需要让幼儿在游戏、活动中与同伴、教师团结合作,建立良好的情感,培养对体育活动的兴趣。在《蚂蚁搬家》这一大班健康领域教学活动中,教师不仅通过让幼儿模仿小蚂蚁的动作来锻炼幼儿爬行能力;还以开展个人负重爬行比赛的方式进一步强化幼儿爬行能力、协调能力;最后以集体分组的方式,让小蚂蚁们牵住彼此的衣角,齐心协力将物品送到终点。整个活动过程中,每一名幼儿都全情参与、热情高涨,不仅锻炼了肢体的协调爬行能力,还理解了团队合作的重要性,增进了同伴关系,形成了对体育游戏活动的热爱之情。

3. 科学性

科学性是指教师应该具备科学的保育知识,为幼儿提供适宜的教学内容。例如必须保证幼儿每天户外活动的时间不少于 1 小时;为幼儿示范正确地握笔、拿筷子的姿势;提供剪刀、画笔、橡皮泥等材料,通过剪、帖、画、折等形式锻炼幼儿手部的灵活协调性等等。虽然适当的户外活动能够让幼儿充分接触阳关、空气,但也不能让幼儿长时间暴晒在阳光下,幼儿的活动量也应该控制在合理范围内,防止幼儿因过度兴奋或者体力透支造成身体的损害,影响其他正常教学活动的开展。

4. 主动性

主动性是指教师应该培养幼儿的自理能力,能够积极主动地乐于参加各种活动。主动性是幼儿良好的品质,能够激发幼儿主动参与活动的热情,是幼儿身心得以发展的内在动机。教师对幼儿主动性的培养主要体现在:第一,应为幼儿创设自由宽松的环境,组织饶有趣味的教学活动,激发幼儿参与的兴趣。可以以体育游戏的方式激发幼儿兴趣或者以儿歌的方式让幼儿掌握某些生活常识,如《洗澡歌》;第二,将自主权还给幼儿。教师应正确认识儿童个体,他们不是"小大人",幼儿是具有独立意识的个体,将自主权还给儿童,锻炼幼儿独立意识,不要代为幼儿包办。例如活动结束后让幼儿自己整理体育器材等。

5. 趣味性

趣味性是指教学活动应该考虑儿童的兴趣,创设具体的情境,以开展游戏的方式吸引幼儿的参与。学前儿童的思维以具体形象性为主,因此教师应准备丰富的教具、器材,以直观的方式开展教学活动。如果是单纯训练幼儿跑、跳、平衡的能力,未免太枯燥,教师则可以将生活中幼儿喜闻乐见的动画片中的情境或者传统的民间游戏,例如推铁环、跳房子等方式运用到教学中,让幼儿在玩乐中潜移默化地获得发展。

三、幼儿园健康领域教育活动的组织过程与指导要求

幼儿园小班保健教育"洗洗小手真干净"活动方案

活动目标

1. 知道洗手的重要性;
2. 掌握洗手的正确方法;
3. 教育幼儿养成清洁卫生的好习惯。

活动准备

洗手的课件、两个小熊手偶、幼儿人手一条小毛巾、温水、盆子、香皂。

活动过程

(一)游戏:"手指歌"导入活动

"小手小手前拍拍,小手小手后拍拍,小手小手上拍拍,小手小手下拍拍,小手小手把小眼睛蒙起来。"

(二)集中观看手偶表演,帮助幼儿了解洗手的重要性

1. 游戏导入:"医生嘟嘟来做客"(激发幼儿观看手偶表演的兴趣。)

教师引导语:"今天,我们小医院的医生嘟嘟要来我们班里做客了,我们一起来欢迎它吧!"(出示扮演小医生的手偶,向小医生问好。)

2. 观看手偶表演:(教师边做手偶表演边讲述故事,让幼儿了解洗手的重要性。)

提问:豆豆为什么会肚子疼啊?

它应该怎样做呀?

(通过故事让幼儿了解手上有许多的细菌,要养成勤洗手的好习惯。)

3. 引导幼儿联系自己的实际进行交流(调动幼儿已有的知识经验,进一步体验洗手的重要性。)

问题:你们的肚子疼过吗? 为什么?

我们应该怎么做啊?

4. 小医生嘟嘟小结:洗洗小手讲卫生(鼓励幼儿养成勤洗手的好习惯。)

(三)设计问题,引导幼儿观看课件,学习洗手的正确方法

1. 调动幼儿已有的知识经验进行讲述"我是怎样洗手的"。

2. 出示洗手课件,设计提问引导幼儿观察画面,了解洗手的正确方法。

画面上的小女孩在干什么? 她是怎样做的? 咱们也一起来学一学吧!

(引导幼儿理解画面内容,并启发幼儿用语言表述。)

3. 师幼共同讲述正确的洗手顺序及方法:

卷袖子——冲手——搓肥皂——搓手心手背——冲肥皂——擦手

(教师根据画面边做动作边讲解。)

4. 引导幼儿边说唱儿歌做洗手模仿动作,学习洗手的正确方法:

(师幼一起边说唱儿歌边做动作,进一步学习正确洗手的顺序及方法。)

我有一双小小手,快来快来洗洗手,白衣袖,花衣袖,洗手前快卷袖,不让水滴沾衣袖,打开水龙头,冲冲小小手,关上水龙头,搓出肥皂泡,搓搓手心,搓搓手背,打开水管冲一冲,肥皂泡冲干净,再用手巾擦擦手,小小手真干净。

5. 师幼谈话："我们什么时候该洗手?"(饭前、便后、玩完玩具、手脏时等。)

(四)幼儿实际练习:洗洗小手讲卫生,进一步掌握洗手的方法

教师引导语:"现在已经是吃饭的时间了,我们一起去洗洗小手吧,看看谁的小手洗得最干净。"在实际练习中,教师引导幼儿边说儿歌边洗手,指导幼儿正确的洗手。

附故事:小熊豆豆生病了

小熊豆豆可顽皮了,整天爬上爬下弄得小手可脏了! 有一天,他玩完回到家里口渴极了,看到盘子里的水果一把抓起来就吃,也没有去洗手。妈妈回来了为豆豆准备好了午饭,喊豆豆来吃饭,豆豆听见了连忙从厕所里跑出来,手也没有洗就坐下吃饭了。到了晚上,豆豆突然说自己肚子疼,妈妈吓坏了,抱着豆豆去了医院,医生给豆豆很仔细地检查了一下,然后对豆豆说:"你得了急性肠炎了,是不是玩完玩具没有洗手呀?"豆豆不好意思地低下了头。医生给豆豆开了药,并对豆豆说:"以后在玩完玩具之后、上完厕所之后、手脏的时候要记得洗手,因为这时小手上会有很多我们看不见的细菌,这些细菌吃到肚子里,会使我们得病。所以我们应该勤洗手,做个讲卫生的好孩子,那样就不容易得病了! 记住了吗?"豆豆乖乖地点点头说:"记住了! 谢谢医生!"

评析:在平时的生活中,小朋友对水非常的感兴趣。他们爱玩水但不一定爱洗手或不会认真洗手。小班幼儿刚入园时,教师让幼儿去洗手,有些孩子常会有各种理由不去洗:"我洗过了,我在家里洗的。玩具多漂亮干净呀,不脏。"或者去盥洗室把小手淋湿一下就应付过去了。

该活动从教案设计的角度来说,步骤是完整的。活动目标明确具体,活动准备与活动内容相吻合,活动过程环节紧凑,层次清晰,活动延伸与活动内容紧密相连,整个活动的重点放在"学习正确的洗手方法,知道、懂得一些简单的健康常识"。如果在活动中能让幼儿懂得洗手的重要性,这样更能把教师的要求转化为幼儿自己的愿望,从而有效地转变自己的行为,逐步形成爱洗手的好习惯。

参考上述案例,我们来进一步学习和了解幼儿身体保健教育活动的组织过程与指导要求。

(一)幼儿身体保健教育活动的组织过程与指导要求

一个完整的幼儿园健康教育活动过程一般包括活动导入、活动开展和活动结束三个部分。活动导入部分是教师引导幼儿参与活动的步骤,目的是向幼儿交代本次活动的任务,提出具体要求,并用孩子感兴趣的方法初步引起孩子的注意;活动开展部分是完成活动目标的主要部分,包括用适当的时机向幼儿展示学习内容和教师引导幼儿参与活动、进行探索和练习的过程;活动结束部分是使幼儿体验在活动中获得成功的快乐,让幼儿在轻松愉快的情感中自然结束活动。

1. 幼儿身体保健教育活动的组织过程

幼儿园教育活动的设计是组织与实施幼儿园教育活动的前提条件。它是依据一定

的教育目标,根据幼儿身心发展特点选择合适的教育内容,对幼儿施加教育影响的方案。教育活动的设计一般包括活动名称、活动目标、活动准备、活动过程、活动延伸等方面。具体到幼儿园身体保健教育活动的设计应主要考虑以下几个方面:

(1) 活动名称的确定

要写清楚教育活动的具体类型,适合的年龄班,具体内容是什么,如:中班健康活动"保护我的小手"。活动名称要简洁,并易于幼儿接受。

(2) 活动目标的制定

目标是实际活动的前提,也是实际进行活动时要取得的结果,明确目标才能保证活动的方向并使幼儿获得充分的发展。因此,设计活动首先要确定活动的目标。确定一次具体的身体保健教育活动的目标有以下三个具体要求:第一,活动目标应紧扣幼儿园健康教育总目标和年龄阶段目标;第二,活动目标要从认知目标、动作技能目标和情感目标三个维度综合考虑;第三,目标表述要具体、明确,操作性强、切实可行、角度统一。

案例速递	中班身体保健教育活动"大家一起来洗手"的活动目标设计如下: ① 知道洗手的正确方法 ② 养成良好的洗手习惯 ③ 体验洗手的乐趣

(3) 活动材料的准备

活动准备包括两方面的内容:教具、游戏材料和环境创设等方面的物质准备;幼儿知识经验方面的准备。

(4) 活动过程的设计

① 选择活动内容。选择健康教育活动内容应注重幼儿本身知识经验的局限,注重科学性、趣味性和通俗性,使幼儿对活动内容感兴趣,并有助于培养幼儿关注健康和自身安全的态度与意识,形成并掌握良好的生活卫生习惯和自我保护的方法。这就要求教师将身体保健教育活动的内容有目的、有计划、有系统地分解落实到具体的教育活动中,保证教育目标的顺利实现。

② 选择活动组织形式。幼儿身体保健教育活动要根据本领域的发展目标、不同的教育内容、本园的实际情况和本班幼儿的发展水平等具体情况,选择适当的活动组织形式。同时,身体保健教育是对幼儿健康意识和良好生活习惯的养成教育,这些内容本身的特点决定了仅靠专门的教学活动是不够的,必须要在日常生活中长期渗透和进行,在一日生活活动中加强练习。日常生活的每个环节几乎都可以用来对幼儿进行健康教育。

③ 选择活动方法。根据幼儿的年龄特点,对他们进行身体保健教育时,要选择合适的教育方法。常用的方法如下:

＊讲解示范法。教师通过讲解,帮助幼儿形成正确的健康意识,加上动作的示范,

幼儿可以模仿教师的行为示范。例如,在培养幼儿衣着习惯上,先挑选出能正确穿脱衣服的大班幼儿,让大班的哥哥姐姐给小班的幼儿做示范,也可由教师亲自示范,边示范边讲解,给幼儿一个正确完整的着衣概念。这样经过多次训练、分组练习,小班幼儿基本上都能学会穿脱衣服。

*表扬激励法。利用幼儿喜欢表扬、喜爱奖赏的心理,在培养幼儿身体保健行为习惯的过程中,应给予适当的表扬激励,而且表扬得越多,期望行为的发生率就越高,使幼儿良好的行为得到强化。

*随机教育法。随机教育,是养成幼儿身体保健良好行为习惯的一种十分重要的方法。幼儿的日常生活中蕴含着丰富的教育契机,我们要善于观察、捕捉并适当运用,使幼儿的身体保健教育落实到行为上,并逐步内化为品质,教师应抓住这些有益的时机对幼儿进行教育,这样的教育往往是生动有效的。

*作品感染法。文学作品(主要是故事、诗歌、儿歌、木偶表演等)深受儿童喜爱,这些文学作品对幼儿身体保健行为习惯的养成可以起到潜移默化的作用。诸如儿歌《垃圾的家》、故事《邋遢大王》、《大公鸡和漏嘴吧》等,对幼儿来说都有很好的教育影响。

*游戏活动法。有些学习内容如穿脱整理衣服鞋袜、收拾整理玩具和用具等,结合幼儿的兴趣,组织个人或分小组进行相关的游戏比赛,也可以与走、跑、跳、钻、爬等活动结合起来进行竞赛。这样可以增强教育活动的趣味性,有利于幼儿身体保健教育的开展。

(5)活动延伸

身体保健教育活动教师要充分考虑活动内容在生活活动中、环境中、家庭中的渗透,注重幼儿掌握知识技能的一贯性和一致性,以帮助幼儿加深印象、加强理解,不断强化。保证教育活动目标的实现。

2. 幼儿身体保健教育活动的指导要求

幼儿园身体保健教育是一个综合实施、整体影响的过程。在进行活动指导的过程中,我们应当注意以下几方面的问题。

(1)尊重幼儿,充分发挥幼儿的主体作用

尊重幼儿人格,尊重幼儿的兴趣和需要,充分发挥幼儿的主体作用,鼓励、表扬幼儿,提高幼儿的主动性和积极性,纠正训斥、随意处罚、挖苦讽刺幼儿的错误方法,坚决反对体罚和变相体罚。如当幼儿穿错了鞋、扣错了扣子,教师应该给幼儿正确的示范,当幼儿有进步的时候,应及时给予鼓励,不要随意训斥幼儿。

(2)发挥教师的主导作用

教师要深入调查本班幼儿的发展水平,了解幼儿,根据幼儿身心发展特点合理制定幼儿身体保健教育的目标,选择合适的内容,开展科学、有趣的活动,创设富有情境内容的环境;激发幼儿活动的兴趣,引导幼儿认识、掌握相应的技能。最后进行活动总结、评议等等。

(3)集体指导与个别指导相结合

同伴的影响,对幼儿接受教育是一种强有力的力量。同伴之间的讨论、商量、模仿、争辩往往是儿童获得信息、调节行为的主要依据。因此,在幼儿园中,应充分利用集体的、小组的或个别的形式,通过他人影响个体,对幼儿的行为或表扬或批评,让幼儿通过相互沟通来学习和调整自己的行为。对于发展水平相对落后的幼儿,要进行个别指导。

(二) 幼儿体育教育活动的组织过程与指导要求

幼儿园中班体育活动方案"好玩的球"

[活动目标]

1. 练习夹球跳,增强幼儿腿部力量;
2. 乐意参加体育活动,体验玩球的乐趣。

[活动准备]

皮球人手一个,录音音乐。

[活动过程]

1. 准备活动

带领幼儿练习自编球操:上肢运动,下肢运动,体侧运动,体转运动,跳跃运动。

2. 提供各种不同的球,让幼儿运用感官,发现球的外形特征

师:今天有许多漂亮的球宝宝来和我们交朋友,你们愿意吗?(幼儿自选一个喜欢的球。)请你仔细看一看,摸一摸,你的球宝宝长得怎么样,等会儿介绍给大家。

师:你们的球宝宝真漂亮,都是圆圆的,都有颜色或花纹,有的硬,有的软,有的大,有的小。

3. 幼儿探索玩球方法

幼儿自由玩球,鼓励幼儿想出多种玩球的方法。

师:我们的球宝宝除了漂亮,还有很多本领呢!可以和我们小朋友做很多游戏,你知道我们用球可以玩哪些游戏吗?请大家想一想,玩一玩。

4. 幼儿逐个介绍自己的玩球方法,其他幼儿模仿练习。

师:刚才你是怎么玩的? 你愿意介绍给大家,让大家一起玩吗?

(1) 用手拍着玩的。(教师组织幼儿集体练习拍球。)

(2) 把皮球放在地上滚来滚去玩的。

(3) 把皮球扔高再接住。

鼓励幼儿练习各种不同的抛接方法,引导幼儿两人一组练习相互抛接球。

5. 夹球跳

师:小朋友们真棒想出了这么多玩球的方法,老师今天也带来了一个新的玩球的办法,你们想看一看,学一学吗?

教师示范:把球夹在两腿之间,然后跳起来,这叫夹球跳。

幼儿练习 2—3 次

6. 集体游戏:《送球宝宝回家》,巩固夹球跳。

师:今天我们又学习了一项新的本领,现在我们来比比看谁学得最好。

比赛规则:分成四队,每队第一个小朋友出发到终点后,跑回来打下第二

个小朋友的手,哪队先完成任务,哪队就胜利。

7. 结束

师:这些球宝宝真好玩,它不仅可以锻炼身体,还是我们游戏时的好朋友,以后我们可以找出更好玩、更有趣的玩球方法,好吗?

8. 放松运动

师:好累啊,跟老师一起放松放松吧!

[评析]

在孩子们的玩具中,球几乎受到不同年龄阶段的孩子们的喜爱,所以玩球也成了各年龄班幼儿最受欢迎的活动之一。

本次活动根据中班幼儿年龄阶段的特点,选材适当,活动目标定位合适全面,明确具体。遵循了动静交替、循序渐进的原则,既有集体活动也有自由探索,发挥幼儿的想象力,尊重了幼儿的主体性。

参考案例,我们来进一步学习和了解幼儿体育教育活动的组织过程与指导要求。

1. 幼儿体育教学活动的组织过程与指导要求

幼儿园体育教学活动的设计重点介绍如何设计活动目标、活动准备和活动过程这三个方面。

(1) 幼儿体育教学活动的组织过程

① 确定适宜的体育教学活动目标

体育活动目标作为体育活动的出发点和归宿,直接影响教师对体育活动内容的选择和编排,并影响体育活动的过程、方法及环境、材料的布置和利用,也影响着体育活动的评价。制定具体的体育活动目标时,必须按照幼儿的发展水平和实际的条件,充分考虑体育活动的内容和形式的不同,有针对性地制定。

② 做好体育教学活动前的准备工作

熟悉、了解幼儿的知识、经验水平和身心发展特点;器材、玩具的准备要符合活动内容的特点和幼儿心理发展的特点;活动场地的布置要安全、卫生;熟悉活动计划等。

③ 体育教学活动过程的设计

人体在开始活动时,能力逐步上升,然后达到并在一定时间内保持最高水平,最后逐渐下降。即从逐步上升到相对平稳,然后逐渐下降。根据这一规律,在组织幼儿开展体育活动时,活动量安排的总趋势是由小到较大,然后再由较大到小。身体的准备活动和放松活动都是不可忽视、不可缺少的环节。根据人体机能活动变化规律,我们设计幼儿体育活动过程采用三部分结构:开始环节、基本环节和结束环节。

*开始环节:主要任务是迅速将幼儿组织起来,集中幼儿注意力,做一些必要的身体准备活动,并从心理上调动幼儿参与活动的积极性和愿望。在内容上主要包括排队和队列队形练习;向幼儿说明活动的要求和主要内容,做一些基本体操或模仿操;开展一些运动负荷不大、有利于发展幼儿体能的游戏;也可进行一些简单的舞蹈、律动等。该部分的时间不宜过长,约占活动总时间的10%—20%,通常以幼儿身体舒展及情绪逐渐激昂为宜。

　　* 基本环节：主要任务在于完成此次教学活动教育任务。如新授有一定难度的内容以及高度兴奋、活动量较大的游戏活动、基本体操等。一次活动一般安排 1—2 项活动内容，在内容安排上应注意新旧搭配、急缓结合，全面锻炼幼儿的身体。该部分的时间相对较长，一般一次集体体育数学活动的大部分时间都分配在此阶段中，约占活动总时间的 70%—80%。

　　* 结束环节：主要任务在于缓解幼儿身心高度兴奋或紧张的状态，有组织地结束一次体育教学活动。它可以包括做一些身体放松的活动或动作，对本次活动的小结评价，收拾和整理器材等。该部分一般也比较简短，所用时间不长，约占活动总时间的 10%。

　　(2) 幼儿体育教学活动的指导要求

　　幼儿体育教学活动的指导应注意：

　　① 注重对幼儿进行全面、和谐的教育，既发展幼儿的运动能力，同时又发展智力、个性和社会适应性等方面；

　　② 合理安排内容，不能超过幼儿的生理负荷和心理负荷；

　　③ 注意活动的游戏化，使幼儿感到愉悦；

　　④ 面向全体、注意个别，对不同发展水平的幼儿可以有不同要求，让每一位幼儿都能在自己原有基础上得到发展，获得成功。

　　2. 幼儿早操活动的设计与指导

　　早操活动是一日活动的开始，也是幼儿早晨入园后在教师的组织、引导下进行的专门的身体锻炼活动。早操活动有利于增强幼儿体质、振奋精神，培养良好的纪律习惯，锻炼意志。

　　(1) 幼儿园早操活动的时间一般在 15 分钟左右，活动量的安排不宜过大。一般由小到中等，再由中等到小。

　　(2) 在冬季气温较低时，幼儿早操活动可以安排在上午较安静的教育活动之后进行。

　　(3) 早操活动的队列、队形练习要简单，主要是为幼儿做体操动作服务，不要一味强调队形的变换练习。

　　(4) 一般整个早操活动都会伴随音乐，要精选符合早操活动要求的音乐，特别要注意音响的清晰度和音量的适中性。

　　(5) 基本体操除了选用现成的、由专门人员设计的以外，教师还可以创编具有一定特色的基本体操，甚至可以指导中、大班幼儿自己设计简单的基本体操。

　　(6) 在幼儿进行基本体操的练习中，教师不要过分强调幼儿动作(方向、角度、位置等)的统一性。

　　3. 幼儿园户外体育活动的设计和指导

　　(1) 幼儿园户外体育活动的设计

　　在时间安排方面，户外体育活动一般有两个时间段。一是晨间或上午的某个时间段，二是下午的某个时间段。

　　在场地选择方面，幼儿户外体育活动往往采用区域式的活动方式，户外场地划分为几个区域,如投掷区、跳跃区、球类活动区、钻爬区、各类大中型运动器械区等,并在这些区域中投放相应的器械、材料。幼儿可以自由选择区域、材料、玩法和玩伴,并在各个区域间自由流动。

在形式选择方面,户外体育活动可以采取混班或混龄的形式。

(2) 幼儿园户外体育活动的指导

幼儿园户外体育活动的指导应注意:

① 指导幼儿在活动中学会与人交往;

② 关注活动时的安全注意排除安全隐患;

③ 为幼儿提供必要的指导和帮助,指导幼儿正确的活动方法、使用器械的方法、交往的方法以及帮助幼儿控制和调节活动量;

④ 保证幼儿足够的户外活动时间,全日制幼儿园幼儿每天不得少于 2 个小时,寄宿制幼儿园每天不得少于 3 个小时;

⑤ 注意建立活动常规,保证活动安全。

(三) 幼儿心理健康教育活动的组织过程与指导要求

幼儿园大班心理健康教育"看得见的情绪"活动方案

[活动目标]

1. 知道每个人都有情绪,并能辨认几种基本情绪;

2. 能对自己的情绪做出确切的表达;

3. 了解不同情绪对人身体健康的影响,初步知道调节自己的情绪。

[活动准备]

1. 课件—表情(兴奋、高兴、悲伤、愤怒、害怕、烦恼)。

2. 做有六个情绪脸谱的大骰子。

3. 每个幼儿一个纸盒。

[活动过程]

(一) 幼儿听两段音乐(高兴和悲伤的。)

1. 今天老师给小朋友带来了一个好听的曲子,请小朋友仔细听,听好后告诉老师你的感觉怎么样?(听曲子"赶花会"。)

2. 提问:听后你的感觉怎样?(高兴、快乐。)

再请小朋友听一首曲子,告诉老师听的感觉怎样。

(听曲子"北风吹,扎红头绳"。)

3. 提问:听后你的感觉怎样?(伤心、难过。)

4. 教师小结:伤心、高兴都是人的情绪,今天教师给小朋友带来了几张表情脸谱。

小朋友看一看,说一说你看到的是什么情绪,并学一学。

5. 提问:说出你什么时候兴奋?什么时候高兴?

（二）游戏（玩骰子）

1. 请小朋友上来扔骰子，骰子扔到一处情绪时，这位小朋友要试着做出这种表情，并说说在怎样的情况下会有这种情绪。

2. 玩骰子的小朋友根据指到的情绪，做相应的表情，让其他小朋友猜猜，他扔到的是什么表情。

三、讨论如何调节不良情绪

1. 你喜欢哪一种情绪，哪些情绪你不喜欢？

2. 如果你生气、害怕、难过的时候，你会怎么做呢？怎样才能让自己有个好心情？

3. 教师小结：每个人遇事都会产生不同的情绪，那是很自然的现象。但是愤怒、悲伤、痛苦等不良情绪对人的身体健康是不好的，而愉快、平静等良好的情绪是有利人的身体健康的。当我们生气难过的时候，要想想快乐的事情，或找别人谈谈自己的心情、感受，让自己保持一个好心情。

4. 教师介绍方法（气球、情绪垃圾箱等）

（四）制作情绪垃圾箱

1. 教师：现在我们要拿出盒子，你们都知道盒子有什么用吧？那现在就请你们装饰一下自己的情绪垃圾箱。这样，以后可以帮助我们保持快乐的心情。

2. 结束语：我们小朋友快要离开幼儿园变成一个小学生了，在以后的学习和生活中可能会遇到许多困难，发生许多不开心的事，小朋友要想办法让自己保持一个好心情。老师希望我们小朋友能够天天高高兴兴、快快乐乐。

［评析］

对幼儿来说，心理健康有一个很重要的指标就是情绪健康。年龄虽小，但每天都会有最基本的甚至丰富的情绪体验。该活动以两段音乐导入，一段是悲伤的，一段是高兴的，让小朋友说说自己的感受，激发幼儿的兴趣。然后再运用投骰子的方法让幼儿模仿不同的表情，并谈谈什么时候会有这些表情。在整个过程中，教师引导幼儿进行讨论，给幼儿营造一个宽松愉快的学习氛围，幼儿在这样的环境中进行主动探索，发表自己的看法。通过讨论，发现每个人都有好的情绪以及消极情绪。教师引领并鼓励幼儿制作情绪垃圾箱，教会幼儿在有消极情绪的时候懂得调节自己的情绪。

参考上述案例，我们来进一步学习和了解幼儿体育教育活动的组织过程与指导要求。

1. 幼儿心理健康教育活动的组织过程

幼儿园心理健康教育活动设计也应考虑活动设计意图分析、设计活动目标、做好活动准备、设计活动过程、注重活动延伸等方面。这里重点介绍如何设计活动目标、做好活动准备和设计活动过程这三个方面。

（1）设计活动目标

幼儿心理健康教育的目标是培养幼儿良好的情绪、行为方式、性格、习惯和社会适应能力，幼儿在智能、情感、性格、行为方式方面能够与周围的现实环境平衡协调，以形成健康的心理素质。在教学活动中,有针对性、有选择地对幼儿加以培养和训练。如大班心理健康教育活动《看得见的情绪》主要是使幼儿知道不同情绪对人身体健康的影响,能够学会把对自己的不良情绪进行表达和排解。

(2)做好活动准备

物质准备:教师上课用到的教具以及相关材料等。

环境准备:注重心理氛围的创设,营造一种幼儿能够融入其中,并引导幼儿愿意表达和交流的心理氛围。

经验准备方面:教师要熟悉和掌握幼儿心理发展的特点和规律,掌握幼儿心理健康教育的有关知识和技能;充分了解幼儿的背景资料,如幼儿的姓名、年龄、智力状况、人格特点、家庭状况、家族病史等。

(3)设计活动过程

① 选择活动内容

幼儿园心理健康健育活动内容主要包括:爱的教育,社会交往的教育,良好生活习惯的教育,情绪情感的教育,适宜的性教育。选择心理健康教育活动内容应注重幼儿的身心发展特点和幼儿本身的经历及体验,使幼儿对活动内容感兴趣,并有助于活动目标的达成。

② 选择活动组织形式

幼儿园心理健康教育活动的组织形式多种多样,常见的形式主要有:

其一,专门的心理健康教育活动。这是指根据幼儿心理健康教育的目的和内容,或是针对当前存在的实际问题,向学前儿童进行有关的心理健康教育。这种教育活动可以根据不同年龄的特点和需要,在日常的课程中进行。

其二,生活活动。生活活动是幼儿心理健康教育的重要途径。幼儿园在常规养成中,要把心理健康教育纳入其中,结合一日生活渗透心理健康教育。如早上入园时,幼儿主动向老师问好,向爸爸妈妈告别;在进餐时,提醒幼儿注意卫生,不挑食、不争抢,互相谦让,学会分享等;午睡时保持安静,不大声喧哗影响他人休息;提供适当的场所如设置特定的区角,使幼儿可以适时合理地发泄不良情绪;在环境创没中,要给幼儿营造一个轻松、活泼、愉快的生活环境,使幼儿在其中保持良好的心情。

其三,家园合作活动。家庭是幼儿成长的重要场所,父母的性格、爱好、受教育水平、教育观念、教养方式、关系状况等都对儿童心理发展有直接影响。幼儿心理健康教育是一个长期的、连续的过程,要注重家园合作,家园一致才能取得最佳的效果。家园合作的实践探索有很多,如家长学校开设有关幼儿和家长心理健康教育的讲座;开展亲子活动;开设家庭心理咨询;对有心理问题的儿童进行家庭来访咨询、送教等。

③ 选择活动方法

幼儿的年龄特点、心理健康教育活动的目标和内容,决定了教育方法在实施幼儿心理健康教育过程中的重要性。常用的幼儿心理健康教育的方法有:

其一,榜样示范法。在心理健康教育中,树立榜样,让幼儿通过模仿从无意到有意、从自发到自觉地学习榜样的行为习惯,这是心理健康教育一种行之有效的方法。榜样可以是同龄幼儿的良好行为,或是幼儿喜欢的媒体人物形象的良好言行。然而,具有决定性影响的还是父母和教师的行为。在运用这一方法时,家长和教师要以身作则,为幼儿树立模仿学习的典范。同时,家长和教师在为幼儿选择榜样时要注意榜样的典型性、权威性和情感性,使榜样的范例能对儿童的行为起到启动、控制、矫正的作用。

其二,情景演示法。情景演示的内容源于幼儿的生活实际,它能帮助幼儿认识到一定的情景中可能遇到的问题和冲突,并对之做出合乎社会行为规范的反应。例如,创设情境"班上来了新同学",让幼儿表演与新伙伴见面的情景,如何打招呼,如何自我介绍,如何与大家交流等等,从而训练幼儿的人际交往能力、语言表达能力等。在运用这一方法时,要注意引导幼儿积极思考,锻炼他们判断是非的能力和学习选择办法的能力。

其三,讲解说理法。讲解说理法是指向幼儿传递、讲授有关心理健康的一些简单知识,以提高幼儿维护自身心理健康的认识水平,帮助幼儿树立正确对待心理健康态度的一种教育方法。例如,可以借助儿歌、谜语、表演、参观等形式进行,切忌运用抽象说教的方法。

2. 幼儿心理健康教育活动的指导要求

(1) 渗透在一日生活中

幼儿一日生活的各个环节都渗透着心理健康教育。幼儿心理发展受多种因素的影响,并且具有连续性,这就要我们必须保持要求的一致性。需要幼儿教师及其他工作人员的支持,也需要家长的配合。如教师在教育活动中鼓励幼儿勇于表达自己的想法,在户外活动中要鼓励幼儿积极参与活动,根据自己的兴趣爱好扮演好游戏角色;保育员也要鼓励幼儿多和同伴交流;家长在日常生活中也要引导孩子积极融合幼儿园的生活。综合三方面努力来提高幼儿的人际交往能力与社会适应性。

(2) 及时发现问题,适时疏导

儿童在成长过程中逐渐学会了将情绪由外露转为内隐,如伤心时不哭出声音来,受了委屈不表现出来等,但又由于情绪调节能力不足而强自压抑,或有时由于缺乏必要的语言表达能力,不懂得如何表达自己的情感体验,影响情绪和精神状态。这就需要教师善于观察,熟悉每个幼儿的个性特点和表达方式,及时发现幼儿的反常情绪,适时帮助其疏导情绪。

(3) 整合幼儿园、家庭和社会的教育影响

儿童由于认知发展的不成熟,缺乏明辨是非的能力,容易受到周围成人的影响,对周围成人的言行举止尤为注意。教师、家长和周围成人不恰当的言行举止,很容易影响幼儿。因此,需要有效整合幼儿园、家庭和社会的教育影响,使各方面的力量保持一致、形成合力,这样才能促进幼儿的心理健康发展。如果各方面影响相互冲突,会大大削弱正面教育的力量,甚至使幼儿养成某些不良心理品质,增加教育难度。①

---

① 王栋材,彭越主编.幼儿园教育活动设计与指导[M].长沙:湖南大学出版社,2012.

对幼儿园健康教育活动中存在问题的几点思考[①]

随着《幼儿园教育指导纲要(试行)》的颁布与实施,"健康第一"的思想重新受到了越来越多教师的关注,于是,过去在幼儿园工作中存在的"重教轻养"、"重智轻体"的思想逐步被教师们认识到了不足,也逐步被正确的健康观念所替代。但具体到教育实践中却不容乐观,我们常常会看到一些与《纲要》中健康教育思想不相符的现象,在幼儿园教育活动中,我们还经常会感觉到有关健康教育的内容过于分散、零碎,相互之间没有形成一个内在的联系系统和统一的观念,这些都不利于幼儿园健康教育目标的最终实现。

反思多年的教育实践,笔者认为目前幼儿园健康教育活动中主要存在以下几个方面的问题:

一、目标意识淡薄,活动过程缺乏对目标的真正重视

活动目标既是教育活动设计的出发点,也是教学设计的归宿;既是选择教学内容的依据,也是教学活动评价的标准。可是,在健康教育实践中,我们较多看到的是教师们把更多的精力放在活动的设计上,而常常忽视对活动目标的研究;大多数活动目标的来源不是从参考书上抄的,就是教师随意写的几条,很难发挥其应有的导向作用;在教学过程中,教师也往往只注重知识、技能方面目标的完成,至于那些着眼于幼儿发展的情感态度方面的目标,如主动、乐观、合作、勇敢、自信、参与活动的兴趣、习惯等等,由于在活动过程中没有什么与之相对应的内容,就显得虚、空、可有可无,造成目标的流失现象。

二、把幼儿健康教育活动与上健康课等同起来

幼儿健康教育活动主要是指教师专门为幼儿设计并组织的有关维护和促进幼儿身心健康的教育活动以及教师对幼儿日常生活的健康指导。应该承认,幼儿健康教育的形式离不开"健康课",一些幼儿不太容易理解的健康常识,不太容易掌握或需要系统训练的健康行为技能等,只有通过教师有计划、有目的、精心的教学设计,才能更好地引导、启发幼儿探索、理解和掌握,例如我们组织开展的"高高兴兴上幼儿园"、"爱护我们的眼睛"、"不跟陌生人走"、"打针我不怕"等教育活动;再如,组织幼儿愉快地参加冬季锻炼、户外体育活动等等,让幼儿在教师有目的、有计划的引导下,身心健康水平不断得到提升。

虽然,健康课是幼儿健康教育活动的一项重要内容,但却不能把两者等同起来。幼儿健康教育的出发点与归宿是培养幼儿的健康行为,让孩子从小养成健康的生活方式,提高生活质量。所以,幼儿健康教育的内容涉及幼儿生活的方方面面,健康教育应当在入园、晨间活动、早操、进餐、睡眠、盥洗、自由活动、游戏活动、离园活动等日常生活的每一个环节渗透、实施。比如幼儿年龄小,能力弱,教师不仅要对幼儿的生活给予适当的关心和指导,还要引导幼儿注意安全,因为幼儿年幼无明确自我意识,自我保护能力、预见能力都比较差,所以在日常生活中要重视幼儿的防范意识、自我保护能力的提高;另外,在日常生活中指导幼儿如何把手洗干净,督促幼儿保护环境的卫生与整齐,培养幼儿不挑食、愉快安静午睡等良好的行为习惯,纠正幼儿不良的生活卫生习惯以

① 石兴梅.对幼儿园健康教育活动中存在问题的几点思考[J].幼儿教学研究,2011(1).

保证身体的正常发育;重视引导幼儿进行体育锻炼,注意利用废旧物品自制体育运动器械,如用瓶盖做串铃,用挂历纸做纸棒等体育器械,从小培养幼儿对体育活动的兴趣和积极锻炼的好习惯等等,都是幼儿园健康领域教育活动的重要内容,所以,教师要真正认识到,在日常生活中进行健康教育的必要性,并将之系统后,这样才能真正维护和促进幼儿的健康。

三、仍然比较忽视幼儿的心理健康

"健康"蕴涵着身体健康和心理健康两大方面的内容,实践与研究还表明两者之间是相互制约、密切相关的,身体健康为心理健康提供了基本基础,心理健康又是身体健康的必要条件,一个人只有身心两方面都处于良好状态,相互协调发展,才能算是真正健康。可一说到健康,人们往往比较注意体魄的健康,而忽视心理健康,对幼小的孩子更是如此。如前所述,教师发现孩子有不利于健康的进餐习惯予以纠正,但不善于通过巧妙的办法和孩子讲道理,却选择在就餐时间加以斥责,孩子边吃边落泪,于身心发展都不会有益处。又如,成人以威吓的方式提醒幼儿不要接近危险场所,使幼儿产生恐惧心理等等,这些做法都会影响幼儿健康教育的成效。

幼儿园心理健康教育是为改善幼儿心理卫生知识、态度和行为的,提供有益的学习经验的过程。要逐步增强幼儿自身的心理强度,改善心理品质,自觉主动地产生和形成各种有益于自身、社会和民族的行为方式和习惯,提高适应和改善社会生活的能力。如能保持愉快的情绪、形成活泼乐观的性格;对自我的认知,建立自信心、自尊心;尊重他人,能与他人和睦相处;有一定的社会环境适应能力、抗挫折能力,不怕困难,勇于抗争的精神;对他人和自己的情感识别能力,对自己的情感调控能力等等。这些方面的教育都是现行的幼儿园健康教育中的重要内容,必须予以重视,《纲要》提出的"身心并重"的幼儿健康观要切实落实到我们的教育行动中。

四、"健康第一"的思想还需要融入到其他领域的教育中

《纲要》强调幼儿园要把促进幼儿的健康放在工作的首位,还强调幼儿教育要具有整体性,同时,幼儿的身心发展特点和学习特点也决定了幼儿教育需要高度的整合。这就要求我们在进行任何领域的活动时都必须融入"健康第一"的思想。如在美工活动中提醒幼儿不要将手指、彩笔、彩泥等物放入口中;在科学活动中,培养幼儿良好的饮食、睡眠习惯;在语言、社会等学习活动中培养幼儿自信、宽容、情绪愉快、个性和谐、融洽的人际关系等内在的健康因素;同时,在教育实践中我们也会发现,其他各领域的教育内容和教育形式也进一步影响着幼儿健康知识的学习、健康态度的转变及健康行为的形成,如琅琅上口的儿歌、形象有趣的谜语、栩栩如生的画面、引人入胜的探究活动等等,都能唤起幼儿对自己身体的了解欲望,对健康食品的兴趣,对健康行为的向往。因此,我们要善于在其他领域的教育中帮助幼儿实现健康教育的某些目标,牢记"健康第一"。

当然,在幼儿健康教育活动中存在的问题还有很多,比如,还没有激发起孩子在健康教育活动中的主动积极性,还没有摆正成人保护与幼儿自立之间的关系等等,都期待着我们进一步研究与应对。

任务2　幼儿园语言领域教育活动的组织

【完成目标】

1. 了解幼儿园语言教育的目标、内容与基本要求；
2. 掌握幼儿园语言教育活动的组织过程与指导原则；
3. 能够进行语言教育活动设计及评析。

【任务驱动】

语言是我们与外界沟通的最直接方式，提问是孩子提高语言能力的一个很重要的方式。在孩子们看来，外界的一切事物对于他们都是十分有吸引力的，都是很好奇的。幼儿园的孩子们非常好问，经常会抓住机会来向老师提问，那我们应该怎么与孩子们好好沟通、交流呢？尤其是有时有的孩子不喜欢在人多的时候，或者说在全班小朋友面前来大声地说出自己想法的情况呢？

通过学习本次任务，我们一起来探索一下该如何更高效地与小朋友们沟通，以及怎样让小朋友积极大胆地表达自己想法呢？

··

语言是人们进行思维、学习和交往的工具。学前期是语言发展的关键期，语言能力的发展可以提升儿童的认知能力，促进儿童个性化、社会化发展，因此培养和发展幼儿的语言能力，是幼儿园教育中十分重要的任务。

一、幼儿语言发展的特点

随着幼儿生活交往的范围日益扩大，实践活动也逐渐复杂，其语言能力也迅速发展起来。学龄前是完整的口头语言发展的关键时期，也是连贯性语言逐步发展的时期。儿童掌握语言是一个从量变到质变的连续过程：从出生到1岁，是语言发生的准备阶段，又称为前语言阶段；1—2、3岁，是儿童学说话阶段；2、3岁以后是语言发生的阶段，又称初步掌握语言期；到幼儿末期，儿童已经基本上掌握了本民族的口头语言。本节将主要从语音、词汇、语法三个方面论述3—6岁儿童语言发展的表现和特点[①]。

（一）幼儿语音发展特点

1. 发音水平随年龄增长逐步提高

（1）3—4岁儿童的发音特点：发音器官不完善，细小肌肉群活动不灵活，听觉分化能力差，对近似音不易辨别。例如，"z"和"zh"、"ch"和"sh"等近似音常混淆。

（2）4—5岁儿童的发音特点：发音器官基本发育完善，在正确引导下，基本都能正确发音。但有少数幼儿对个别难发的音感到困难，如把"从"说成"虫"，把"树"说成"富"等。

---

① 白学军，王敬欣等主编.发展心理学[M].天津：南开大学出版社，2013.

（3）5—6岁儿童的发音特点：发音器官健全，建立了语言的自我调节机制，能够辨别声音的细微差别，所以在发音方面已经没有问题。不仅能够正确发出词音，还能根据语句的内容，清楚地分出四声。但也有个别儿童发音不清楚的现象，语音教育不可忽视。

此时儿童生理发育还不够成熟，不能恰当地支配发音器官，唇和舌的运动不够有力，下颚不够灵活，另外儿童对韵母的发音比较容易掌握，正确率高于声母，这一特点体现在学前期各年龄段。学前儿童较难掌握的声母是：z、c、s、zh、ch、sh、r、n、l。同时，学前儿童容易将后鼻音 eng、ang 发成前鼻音 en、on 等。

2. 语音发展受周围环境影响

城乡差异、地区差异都会造成儿童语言学习环境的差异，影响儿童发音正确率。在不同地方，语言习惯影响不同，儿童发音准确度也不同。南方儿童常"en"和"eng"、"n"和"l"不分。2001 年出版的《普通话语音测验》的前言中指出，各个地区儿童习得语音的差异，主要在于方言的影响和干扰。

3. 语音意识发生

语音意识是指语音的自我调节机制，当儿童开始能够自觉辨别发音是否正确，主动地模仿正确发音，纠正错误的发音，说明儿童的语音意识开始形成。一般在 4 岁左右，儿童语音意识明显发展起来。如，不愿在别人面前发自己发不准的音；别人模仿自己错误发音时感到生气；不会发音时找人教；指出别人发音的错误并纠正等等。语音意识使儿童语言活动成为自觉、主动的活动。[①]

（二）幼儿词汇发展特点

词是语言的基本构成单位，充足数量的词汇是明确表达思想的保障。词汇数量直接影响儿童言语表达能力的强弱。

1. 词汇量随年龄增长而增加。3—6 岁是人一生中词汇量增加最为迅猛的时期。6岁时增长到 3 岁的 4 倍。词汇量的增加标志儿童认知水平的提高，也使儿童更容易表达自己的观点，更有效地与别人交流。三岁左右幼儿掌握的词汇量大概有 950 个左右；4 岁幼儿能掌握 1 730 个左右；5 岁幼儿能掌握 2 583 个左右；6 岁幼儿能掌握 3 562 个左右。

2. 词类范围不断扩大。学前儿童掌握的词汇中，实词数量很大，虚词数量很小。国内外研究表明，儿童掌握词的类型由少至多，体现了一定顺序，即先实后虚，而实词的掌握又是沿着"名词—动词—形容词—数量词"的顺序发展的。随着年龄的增长，生活范围的扩大，儿童掌握同一类词的内容也在不断扩大。从日常生活直接相关的词到与日常生活距离稍远的词；从具体的词汇到抽象性、概括性比较高的词汇。

3. 对词义的理解逐渐准确和深化。儿童对词义的理解受其心理发展水平，特别是思维水平的制约。同一个词，不同年龄段的儿童对其含义的理解是不同的：如"妈妈"一词，1 岁左右儿童的理解更多停留在那张特定的面孔和抚摸的动作水平上；3 岁以后的儿童对"妈妈"的理解，从概念外延上开始拓展，不仅能指出自己的"妈妈"，还可以指

---

① 冯婉桢主编.学前儿童语言教育[M].河南：郑州大学出版社,2013.

出小朋友的"妈妈"。学前儿童已经掌握了许多积极词汇(既能理解又能正确使用的词汇),但也有不少消极词汇(理解不了或理解了却不能正确使用的词汇)。因此,儿童常出现"用词不当"的现象。随着年龄的增长,儿童对词的理解逐渐准确和加深:不仅能够掌握词的一种意义,而且能掌握词的多种意义;不仅能掌握词的表面意义,而且能掌握词的转义。儿童掌握词义越是丰富和深刻,运用该词的积极性也就越高,从而可以促进消极词汇向积极词汇的转化。

(三) 幼儿语法发展特点

语法和词汇一样,是社会约定俗成的语言规则。在儿童学习语言的过程中,需要掌握语法结构。当儿童开始学习说话,就开始学习语词和语法。虽然3—6岁幼儿语法系统的发展有不同程度的差异,但总体上表现出以下发展趋势和特点。

1. 句型从不完整句向完整句发展

儿童最初的句子是不完整的。2岁以前的儿童单词句和双词句就属于不完整句。2岁以后,儿童逐渐使用完整句子;6岁以后,98%以上的儿童使用完整句。完整句又分为简单句和复合句、陈述句和非陈述句、无修饰句和修饰句。2岁以前,儿童简单句逐渐增加,整个学前期,简单句使用比例较大;3岁左右,复合句比例相当小;在五六岁时,复合句比例仍在50%以下,且结构松散,缺乏连词,只是简单意义上的结合。在整个学前期儿童掌握的是简单的陈述句,常用的非陈述句有疑问句、祈使句、感叹句等。儿童最初说的句子没有修饰语,2—3岁儿童的语言有时会出现修饰语形式,但实际上他们把修饰词和被修饰词作为一个词组来使用。"小白兔"就是"兔子",无论是白的还是黑的。

2. 句子结构处于不断变化发展之中

(1) 句子结构从混沌一体到逐渐分化,主要体现在表达内容的分化、词性的分化和结构层次的分化三个方面。儿童早期,语句表达情感的、意动的和指物的三方面功能紧密结合而不分化。2岁半的儿童边做动作边说话,来补充语言没有完全表达的意思,以后逐渐分化。早期词语的词性常常出现名词和动词混用的状况,以后才逐渐分化出名词和动词的词性。儿童最初使用主谓不分的单词句、双词句,以后发展到出现结构层次分明的句子。由于儿童认知事物混沌不分化,不能细致分析事物的特征和细节,所以不能掌握相应描述事物特征和细节的话语。但随着年龄增长,句子表达内容、词性和结构层次开始逐渐分化。

(2) 句子结构从松散到逐步严谨。儿童最初的句子不仅简单而且常常不完整,漏缺句子成分或句子成分排列不当。但随着年龄增长,句子日趋完整和严谨。

(3) 句子结构从压缩、呆板到逐步扩展和灵活。儿童最初语句结构不能分出核心部分和附加部分,形式上千篇一律,是由几个词组成的压缩句。稍后能加上简单的修饰语,再后来加上复杂修饰语,最后达到各种成分的多种组合。

(4) 句子含词量不断增加。随着年龄增长,儿童说话所用的句子有延伸的趋势。3—4岁学前儿童以4—6个词的句子占多数,4—5岁儿童以7—10个词的句子占多数,5—6岁儿童多数句子含有7—10个词,同时也出现了不少11—16个词的句子。3个词以下和16个词以上的句子在幼儿期很少出现。

二、幼儿园语言领域教育活动的目标、内容与基本要求

(一) 幼儿园语言领域教育的目标

幼儿园语言领域教育的目标,是幼儿园实施语言课程的方向和准则。有了明确的目标,才能在语言教育活动中选择适宜的学习内容,合理进行组织,并做出恰当评价。语言教育目标体系有着不同的层次,从纵向看包括学期目标、年龄阶段目标、活动目标。从横向看要对儿童进行倾听、表达、欣赏文学作品和早期阅读四个方面。《纲要》对语言领域课程总目标要求主要体现在:

1. 乐意与人交谈,讲话礼貌;
2. 注意倾听对方讲话,能理解日常用语;
3. 能清楚地说出自己想说的事;
4. 喜欢听故事、看图书;
5. 能听懂和会说普通话。

(二) 幼儿园语言领域教育的内容

学前儿童语言教育的内容是指学前教育机构传授给学前儿童的语言形式、语法内容、语言运用的总和,是教给儿童一套特定的语言符号系统,并指导他们学习运用这套符号系统进行交际。从这个角度,学前儿童语言教育的内容可分为两个层次:一是对本民族语言符号系统的掌握,即普通话的语音、词汇、语法及表达方式等;二是对语言的运用。教给学前儿童懂得语言交际的规则,对语言的运用能力进行实践训练等。对于幼儿园语言领域教育活动的内容主要包括两个方面:专门的语言教育活动的内容和渗透的语言教育活动的内容。

1. 专门的语言教育活动内容

专门的语言教育内容是幼儿园语言领域教育活动中最常见、最基本的内容。主要包括学说普通话、谈话、讲述、听说游戏、早期阅读和文学作品学习等。

(1) 学说普通话。普通话的推广已成为我国的一项语言政策。学前期是儿童语音发展的关键期,尤其是在 4 岁前,抓住这段有利时机让儿童讲普通话,如果错失这一时期,等儿童民族语音或方言已经基本成型时,再去纠正会很难。年龄越小,学习普通话的效果越好。因此教师应该讲普通话,并且鼓励幼儿讲普通话。能够让幼儿听懂普通话;掌握正确的发音,自觉用普通话交流,掌握一定数量的词汇、句式、汉语拼音等。

(2) 谈话。谈话是人们之间以问答或者对话的形式进行语言交往,包括个别交谈和集体交谈两种。儿童对语言的运用是从人与人之间的交往开始的。谈话在培养交际意识、情感、能力方面有特别重要的意义。幼儿教师可以通过设计谈话活动的方式,让幼儿围绕一定话题进行交谈,培养儿童清晰、完整地表达自己的想法,能够耐心倾听别人的意见,懂得听说互动的交谈规则。

(3) 讲述。讲述是发展儿童的独白语言的一种形式,主要是培养幼儿用完整的句子、连贯的语言,围绕一个中心主题描述来描述事物、表达思想。讲述一种口头语言的表达形式,它在语言的内容、形式和思维的逻辑性方面要高于对话的要求。教师应该通过多种方式的训练,发展幼儿的讲述能力。

① 实物和图片讲述。即用几句话来描述实物的外形、性质、习性、用途或使用方法等;讲述单幅或多幅图片中人物的外貌、表情、姿态、动作等;

② 拼图讲述和情景讲述。即讲述拼出的图片、拼板或图形,讲述情景表演中人物、事件、动作、对话、心理活动等;

③ 经验讲述。即讲述自己亲身经历过或间接了解的人、事、物。

(4)早期阅读。早期阅读是指儿童对简单的文字、标记、图画等书面符号的阅读活动,是儿童由口头语言向书面语言过渡的有效方式。包括正确的看书姿势和翻阅图书的技能;能讲述图书的内容;认读常见的文字、标记;学习初步的阅读和书写的准备技能;爱护图书等。

其中,文学作品阅读活动是早期阅读的一个重要方面。如果说前述常识性书面符号的阅读是认知性与信息性功能的话,那么,文学阅读则是对幼儿想象力的满足与激发。儿童文学作品包括各类故事、儿童诗歌、散文、绕口令、散文、谜语等。作品中优美的艺术语言、生动有趣的情节、充满鲜明个性的人物、富有哲理的主题,深受儿童喜爱。对于文学作品的学习活动主要是通过以下三种方式:

其一,聆听与感受文学作品。需要幼儿集中注意力倾听成人朗读文学作品,感受文学作品中的语言、故事情节、动作、人物对话等,感受作品的思想感情脉络和特殊的表现手法。

其二,朗读与表演文学作品。可以要求儿童根据角色需要,辅以相应的道具、场景等材料,运用动作、表情、人物对话来表演文学作品的内容。

其三,仿编与创编文学作品。可以要求儿童仿编儿歌、儿童诗、散文、谜语等内容,并根据所创设的条件及提供的材料创编文学作品。

2. 渗透的语言教育内容

渗透的语言教育主要是利用幼儿的生活经验,提供充分学习语言的机会,充分利用生活中易被忽视的教育良机。语言无时无刻不在伴随着幼儿的各项活动,所以应该发挥语言的渗透作用,帮助幼儿更好地学习语言,促进幼儿在各项活动中的语言交流。

(1)日常生活。语言交流无处不在,它渗透在日常生活的诸多方面。

① 在集体活动和个别交往的场合中,应该培养幼儿倾听教师对有关遵守行为规则的要求,并以此约束自己和他人的行为;

② 能够在掌握行为规则的基础上,学习用语言评价自己和同伴的行为;

③ 理解并执行教师的指令;

④ 在他人面前大胆讲述自己的见闻。

(2)人际交往。人与人之间最常见的交往方式是以语言沟通的形式,因此需要幼儿掌握一定的交往规则,指导自己的交往行为。

① 正确使用礼貌用语;

② 用语言向他人提出请求和表达愿望;

③ 用适当的词、句或语气、语调与同伴展开讨论或辩论,协商与调解同伴之间的纠纷等。

（3）游戏活动。游戏是幼儿的天性，是幼儿最喜闻乐见的一种形式。幼儿在游戏活动开展过程中，应当了解语言规则，根据角色的特色、游戏情节的开展情况交流。

① 游戏时，与同伴进行随意交流，结合游戏情节自言自语或进行恰当的人物对话；

② 同伴之间会用语言协商、讨论与合作，共同开展游戏；

③ 用连贯性语言评价游戏的规则执行情况与开展情况，对游戏进行适当的小结。

（4）学习活动。幼儿在学习活动中的每一次交流、每一次发问、每一次回答，都需要幼儿懂得交流对话的规则、技巧。

① 在认识活动中，能够积极主动地提出问题和解答问题；

② 能完整连贯地讲述所观察到的事物或现象；

③ 在集体中，能长时间倾听教师对学习内容的讲解，理解学习内容；

④ 能用几种不同的符号来表述对认知内容和认知过程的感受和认知。

（三）幼儿园语言领域教育活动的指导要求

1. 幼儿园语言领域教育活动的整体要求

（1）创设宽松自由的环境，提高幼儿参与的热情

教师应该创设一种宽松的语言环境氛围，让幼儿"想说"、"敢说"。教师应该避免过多关注孩子发言中的语法问题而打断孩子发言，要让孩子的语言能力在大胆运用中得到发展。教师还应创设应答性的互动语言环境，给幼儿与同伴、成人交往的机会，体验交往的乐趣。同时在区域活动中应重视幼儿的交流活动，鼓励幼儿大胆、清楚地表达自己的想法和感受，尝试说明或描述简单的事物或过程。

（2）提供优秀的文学作品，培养幼儿良好的早期阅读习惯

教师可以将文学作品遍布教室，给幼儿提供随手可看可取的图书、绘本，以及其他接触儿童文学作品的机会，创造性地装饰书架，吸引孩子的阅读兴趣。在文学作品的选择上，首先，应该符合本班孩子的特点。例如本班幼儿对"家电"方面的内容归类不清晰，教师则可针对性地选择绘本，避免每个班的图书都一模一样；其次，应跟随本班的教学进度。如果教师正在开展"我爱我家"的主题活动时，老师可以跟随主题的变化提供《我爸爸》、《我妈妈》、《逃家小兔》等多样化的绘本。同时教师在提供图书时，应该兼顾幼儿的全面发展，不能因为家长或个人偏爱科学知识的学习而仅提供单方面类型的书，应该涉及多个领域。

（3）注意语言文明，帮助幼儿形成良好的语言行为习惯

教师在与幼儿交流时应该注意语言文明，在公共场合不大声喧哗，不说脏话；用平等的视角与幼儿交流，幼儿表达完意见时，成人应该蹲下来，眼睛平视幼儿，耐心听幼儿把话说完；结合具体的情景提醒幼儿在与长辈说话时要有礼貌，得到帮助时要表示感谢，还要懂得轮流发言的规则，不随意打断别人的讲话。

（4）将语言教育渗透到其他领域教学活动中

幼儿园教学活动多以"综合主题网"的方式开展，每一主题活动基本涉及五大领域的每一方面。例如以"月亮"为主题：健康领域可以让小朋友们了解月饼的制作及其营养；科学领域可以让幼儿了解月亮的阴晴圆缺；语言领域可以了解嫦娥奔月的故事、关于月亮的儿歌等；艺术领域可以开展"嫦娥奔月"角色扮演活动；社会领域则可培养幼儿

的团圆、相思之情。每一领域都可以以促进幼儿语言能力的发展为目标,无论采用什么样的活动形式,语言活动设计都要从语言发展的角度来设计活动,其内容和形式应从语言角度进行思考。

（5）关注语言障碍儿童

幼儿语言发展有着极大的个别差异,幼儿园开展语言教育不能都以集体教育形式,应提供个别交流的机会,尤其是关注特殊儿童。避免因集体教学而使幼儿失去发言交流的机会;避免因幼儿存在语言障碍,表达能力差而受到忽视,教师应该与家长密切配合,寻求有针对性的、有效的教育措施。

拟定语言领域教育活动方案

教师除了要确定教学活动目标及选择内容,还需认真撰写一份合理的语言教育活动方案。从形式上看,活动方案只是将活动目标、活动内容、活动准备、活动流程,形成书面语言载体的形式,实质上,它包含着一定的教育指导思想和理论观点,使教育活动的实践,沿着预定的轨道、朝着预期的目标前进。教师拟定活动方案时,不能使活动方案成为教师具体实施语言教育活动的桎梏,而应该成为教师进行再创造的温床和土壤,使幼儿成为真正受益者。教育活动方案一般包括以下几项内容。

活动名称:要写清楚语言教育活动的具体类型,适合的年龄班,具体内容是什么,如:中班文学活动"快乐的小气球"。活动名称要简洁,并易于幼儿接受。

活动目标:是通过本次教育活动应该达到的具体目标。活动目标一般要涵盖认知、情感、能力三个方面。例如,文学活动中《快乐的小气球》的教学活动目标可定为:理解故事主要内容,学讲故事中的对话和短句:"别着急,我来帮助你","谁有困难我来帮";初步尝试表演故事,体验参与表演的快乐;懂得当别人有困难时要想办法帮助,感受帮助别人的快乐。

2. 幼儿园语言领域教育活动设计应注意的问题

（1）教师在制定活动目标时应该遵循以下原则:

其一,目标应着眼于学前儿童的发展。这里包含两层意思:一是目标的制定应适应学前儿童已有的发展水平,符合学前儿童语言发展的规律;二是目标的制定应将促进学前儿童的语言发展作为落脚点。教师在设计语言教育活动时,将会考虑多种内容和多种形式的参与,但不论怎样,从目标意识上应将促进学前儿童的语言发展作为最终的落脚点。具体说,就是要落实到学前儿童对语言内容、语言形式和语言技能的掌握上。而慎将语言教育活动变异成为其他类型的活动。

其二,活动目标的内容和要求,在方向上应与总目标、年龄阶段目标相一致。也就是说,活动目标要为阶段目标和终期目标服务,总目标和年龄阶段目标要通过一个个具体的活动目标落实在每个学前儿童身上。每一项活动目标的实现,都是向着阶段目标时，就要根据学前儿童的年龄特征和发展水平，注意由浅到深、循序渐进地提出目标，使学前儿童从具体到抽象，从直接到间接地获得语言经验。

其三，目标的内容应包含情感态度、能力和认知3个方面。也就是说，第一方面应涉及到情感态度的培养，包括兴趣、态度和价值观等方面的变化。例如要使学前儿童持有耐心而有礼貌地倾听别人说话的态度，产生在集体面前讲述自己经历的事和图片内容的兴趣，懂得并遵守语言交往中的一般规则；第二方面应涉及到能力的训练，包括组词成句的能力和在具体语境中运用语言的能力。例如：能根据不同的听者、不同的情境，恰当地运用有关的词汇、语法和语调；能用连贯的语句说清楚自己所要表达的意思，也能听懂别人所表达的意思；第三方面，应涉及到知识概念的学习，包括所获得知识的数量和种类，以及操作这些知识的技能和能力。例如要学前儿童掌握多少词汇，掌握多少句式，以及懂得在什么样的语境下运用这些词汇和句法。

其四，语言教育活动目标的表述。教学活动目标应是幼儿通过教育活动后，在语言方面的能力、情感及行为方面的变化。话语的陈述主语应尽量是幼儿，而不应陈述为"教师做什么"，因为教育活动目标通常是儿童的学习行为变化的结果。目标应尽量用具体、明确、可观察的行为术语，尽量避免含糊、不切实际的话语陈述。比如，早期阅读活动"农场里的叫声"，将目标定为初步了解象声词，就不具体，不便于检测。应避免语言上空洞无物，超越幼儿的实际水平，或概括性太强，用在哪一个活动方案上似乎都可行，缺乏具体的活动目标。制定具体、可测量的教育活动目标的目的，第一，是使整个教育活动过程目标明确，有利于教育活动的开展；第二，是更好地对教育活动的结果进行评价。再者，教育活动目标要有代表性，每一条教育活动目标均是单独的内容，目标内容之间不要有交叉重复。①

（2）幼儿园语言领域群活动内容的选择应遵循以下原则：

语言教育活动的内容是实现教育目标的手段，是将目标转化为学前儿童发展的中间环节，也是活动设计和活动组织的主要依据。因此，活动内容的选择是一个完美的语言教育活动设计的核心。要想使选择的活动内容能够真正体现活动目标，能够促进学前儿童语言的发展，教师应该遵循以下几项原则：

其一，根据目标选择活动内容。教师在选择活动内容时直接的参照点是活动目标，但需要将总目标和年龄阶段目标作为间接的参照点，否则将有可能偏离总的方向。根据目标选择活动内容，并不是说目标和内容必须一一对应。实际上，一项目标往往要通过多种内容来达到，一种内容也可以同时体现几项目标的要求。例如，要求学前儿童"能集中注意地听老师和同伴讲话"这样一项关于倾听的目标，就要通过多种活动内容来达到。

其二，根据学前儿童心理发展的特点选择内容。学前儿童心理发展的突出特点是情绪性，凡是他们感兴趣、觉得稀奇的事物，都能留下深刻印象，并且在活动中也会注意力集中。这就要求我们在选择活动内容时，应注意趣味性、新颖性，以提高学前儿童的学习兴趣和学习效果。模仿也是学前儿童心理发展的一个特点，成人的语言、动作、情

---

① 张明红编著.学前儿童语言教育[M].上海：华东师范大学出版社，2006.

绪、态度、习惯等,无一不成为学前儿童模仿的对象。因此,教师在设计和组织教育活动时,要通过直接或间接的语言示范,给学前儿童提供大量的、规范的语言让其模仿,并在不知不觉的模仿中习得有关的语言,获得语境与语用之间关系的感悟力。具有丰富的想象力更是学前儿童心理发展的显著特点。为此,教师在选择活动内容时,要尽可能为他们提供充分想象、自由创造的余地。例如:在文学作品学习活动中,要提供一定的机会,让他们仿编诗歌或者编构故事结尾等。

其三,围绕幼儿的已有经验选择活动内容。由于幼儿生活及知识经验较少,思维和理解能力受到限制,因此,要选择符合幼儿生活经验实际水平的教材,这样才能充分发挥其作用。为了让幼儿在生活中学习语言和运用语言,教师可以根据幼儿的认知水平和生活经验,从以下三个角度,将幼儿日常生活、周围环境和社会信息中大量的素材加以合理组织:

一方面,教师可以大量选择幼儿关于自我的认识及日常生活经验,进行合理组织,从多个角度"广而浅"地选择内容,引导、激发幼儿用语言表达情感和意愿。如小班选择"我的家"、"扮演爸爸、妈妈"、"食物宝宝"、"有趣的声音"、"我不怕黑"等,中班选择"能干的手"、"挥动的身体"、"有趣的书"、"玩具展览"、"搬新家"等,大班选择"营养配餐"、"生活中的数字"、"钱币"、"超市购物"等。

另一方面,教师可以选择幼儿能够理解的社会信息。根据幼儿的认知水平,选择幼儿易理解的周围信息加以组织,引导幼儿积极关注与讨论,为幼儿语言活动提供素材。如"世界杯足球赛事"、"天气预报"、"抗洪救灾"、"交通规则"、"马路上的标志"、"动物园游览图"、"职业服装"等。

此外,教师还可以选择幼儿可接受的科技信息。如"电话"、"特殊电话号码"、"桥"、"高速铁路"、"智能机器人"等语言教育内容。它们有较大的信息量,不仅使幼儿的语言表述、运用量大大增加,而且对幼儿思维的加工、概括起了积极的作用,使幼儿的语言和思维在相辅相成的过程中得到整合和有效发展。[①]

(3) 活动准备中需注意的问题:

是教师对语言教育活动内容和活动方式进行初步思考后所做的工作,包括相关的物质准备或经验准备。物质准备主要指:教具、学具、教学设备及场地的准备;知识准备主要指:在活动前丰富幼儿相关的知识、经验或某种技能等。例如,关于"春天"的讲述活动,讲述前带幼儿到田野、草地、小河边感觉春天,这样在讲述"春天"时,幼儿就有话可说,表达也丰富了;又如"拼图讲述"活动,幼儿初次往往不会拼图,最好在活动前教会幼儿拼各种图形,这样活动时就顺利了,也不会因此浪费时间。

(4) 活动过程的基本环节与基本方法:

语言活动方案的写法不拘一格,但从总体内容上来分析,一般包括:开始部分、基本部分、结束部分。在编写活动方案时,也可以按照教学的环节和步骤,具体地加以设计和编写。

① 基本环节

[①] 张明红编著.学前儿童语言教育[M].上海:华东师范大学出版社,2006.

*开始部分

主要是组织教学活动,集中幼儿注意力的重要环节。教师需要设计一个新颖的内容,把幼儿的注意力吸引到教学活动中来。开始部分的设计要具有情、新、奇、趣的特点。即要富有感染力,能激起幼儿思考和探究的欲望,富有情趣,使他们感到新奇。在语言教学活动中,一般常采用儿歌、谜语、故事、悬念、演示、歌曲、情境表游戏等方式导入。

值得注意的是,语言教育活动的导入环节不是活动的主体,更不是活动的重点,它所占的时间一般较短。此外,一个活动的导入方式并不是唯一的,而是多种多样的。只要教师时刻站在幼儿的角度,立足于幼儿的身心发展特点,就一定能设计出有吸引力的导入方法,从而使教学收到预期效果,更好地开展语言教育教学的活动。

*基本部分

这是活动的主体部分。具体如何设计活动,要由内容来定。不同类型的语言教育活动,它的基本部分有自身特定的结构和模式。如果是语言教学游戏,要交代游戏规则,示范参与游戏,再带领幼儿参与游戏,还要进行游戏评价。如果是讲述活动,则要引导幼儿感知理解讲述对象,运用已有经验讲述,然后引进新的讲述经验,最后巩固和迁移新的讲述经验。这部分是活动方案的主要内容,要写得略详一些。要求步骤清楚、环环相扣、时间分配合理。

*结束部分

这是活动的最后环节。一个完美的结束形式,可以对一个活动起到画龙点睛的作用。因此,教师要重视精心设计结束部分。设计结束部分有很多形式,常用的有以下三种。

其一,总结性结束:教师把活动的主要内容加以总结,加深幼儿对活动的印象,帮助幼儿有重点地记住活动内容。

其二,悬念性结束:是指教师的“结尾性”教学用语具有悬念性,能够激发幼儿的想象和探索的欲望,为延伸活动做铺垫,也可为幼儿提供更广阔的空间。如“龟兔赛跑”,在结束部分教师设问:“如果龟兔举行第二次赛跑,谁会赢呢?为什么?”

其三,活动性结束:活动结束时,可采用和教学内容相关的游戏、表演等活动方式结束。如“龟兔赛跑”,故事结束时,教师弹奏乐曲,幼儿学乌龟爬行或小兔子跑跳,在自由表演活动中结束。

活动的结束也要讲究教学艺术,一般要简洁明快,生动有趣,使幼儿有意犹未尽的感觉。具体选用哪一种方式,均需在教案中简练、明确地写出来。

② 基本方法

幼儿语言教育的实质是成人为发展儿童的语言创设条件和提供机会,让儿童参与到丰富多彩的活动中,在与人、物、材料、环境的交互作用下,学习与发展语言。因此,在进行幼儿语言教育过程中,主要方法有以下几种:

① 直观法

由于学前儿童心理发展处于直观形象性阶段,这一特殊性决定学前儿童学习语言需要借助视觉的直观形象。教师应为幼儿提供生动形象的讲述对象,如图片、实物、情境表演等。只有当词和具体事物相联系,儿童才能掌握这个词汇。只有当具体事物出现在眼前时,儿童才能"有话可说"。年龄越小,这种特征越明显。没有视觉印象的支撑,低年龄的儿童很难描绘出该事物的具体特征,很难理解语词代表的含义。因此,幼儿园开展语言教育活动要充分体现直观性。比如,在实物讲述"我最喜欢的玩具",只有幼儿在认真观察玩具的外形特征后,才能进行讲述。

② 示范

教师的语言是幼儿模仿的对象,在日常生活中起着渗透性的作用。教师应时刻注意吐字清晰、发音准确,必要时还可以辅以体态语言。教师良好的语言示范会给幼儿语言的发展产生重要作用,教师应做到以下几个方面:一是,规范、准确。教师应坚持使用普通话,发音清晰、词汇搭配准确、表达流畅,给幼儿一个完整、标准的语言示范,提高自身语言修养;二是,浅显、直接。教师尽量不用或少用成人的话,多用实词少用虚词,多具体少抽象;三是,句式简短,明了。教师在说话时,尽量使用短句、单句,把附加成分多的长句简单化,便于幼儿理解和接受;四是,适当运用体态语言。体态语言的使用会使幼儿感觉更亲切、自然,例如教师冲幼儿微笑、点头、摆手等,都能提高丰富幼儿语言经验,提高语言表达能力。

③ 游戏法

游戏法是指教师运用有规则的游戏,训练幼儿的正确发音和丰富幼儿词汇、学习句式的方法。众多的幼儿语言游戏,正是运用游戏法的具体体现。运用游戏法应注意:一是,根据幼儿语言教育的目标和内容,选择和编制游戏,目标要明确,规划要具体,便于幼儿理解,达到训练语言能力的目的;二是,在运用游戏法的同时,可配合使用教具或学具;三是,对于个别发音不清的幼儿,可运用游戏进行重点帮助,使他们在有兴趣的活动中,轻松地进行强化训练。

④ 表演法

表演法是在教师的指导下,幼儿表演文学作品,以提高口头语言表现力的一种方法。

在运用表演法时应注意:

其一,教师必须在幼儿理解诗歌内容,并能熟练朗读的基础上,指导幼儿正确地运用声调、韵律、节奏、速度等进行诗歌朗诵表演。

其二,教师必须在幼儿理解故事内容、熟悉人物对话及体会角色心理的基础上,指导幼儿正确地运用语言、表情、动作等扮演角色,进行故事表演(有的故事的叙述部分也可由教师讲述)。

其三,鼓励幼儿在故事表演中创新内容和增加对话。

其四,要为全体幼儿提供表演的机会,公平对待每个幼儿。

(5) 活动延伸

语言教育活动可以围绕几个方面进行拓展和延伸:日常生活、家庭、其他领域(科学、健康、社会、艺术领域)、区角活动、环境创设。

(6) 活动评价

评价是学前儿童语言教育活动整体结构的一个组成部分。活动评价起着反馈,诊断和增效的作用。教师在拟定语言教育活动方案时,就应设计好评价的标准和范围,增加语言教育的科学性和有效性,以便具体的教育活动结束后及时进行评价。[①]

总之,教学活动方案是教师教学活动的理论依据,是教学设计的书面表现形式,无论详略都应当认真规范,条理清楚,表述恰当,美观实用。使用活动方案时应注意:使用前,进一步熟悉方案内容,活动时能熟练使用;根据活动实际需要,可以灵活调整活动方案;活动后要及时写出教学记录,对活动中的得失进行反思。

幼儿园语言领域教育活动的设计,就是要将一定的目标、内容及活动方式转化成一个个具体方案的过程。而在组织教育活动之前,教师的重要工作就是设计教育活动的方案,包括制定活动应达到的目标,选择能实现目标的具体内容,考察与内容相适应的活动方式等。那么,幼儿园语言领域的具体教育活动有哪些,又分别如何组织呢?

三、幼儿园语言领域教育活动的组织过程与方案评析

(一)谈话活动的组织过程与方案评析

1. 什么是谈话活动

学前儿童谈话活动是有目的、有计划地组织幼儿通过相互交谈来学习语言的教育活动。它旨在通过创造一个良好的语言环境,帮助幼儿学习倾听别人谈话,围绕一定话题进行交谈,习得与别人交流的方式、规则,培养交往能力。

其与日常交谈的区别主要在于:日常交谈是没有预期目标和计划的自发的谈话,而谈话活动,是有目的、有计划地为幼儿创造交谈的机会。这两种不同场合的语言形式,对促进幼儿运用口头语言、与他人交往能力的发展,有着相互促进的影响,也都是提高幼儿语言能力的好机会。

2. 谈话活动有哪些特点

(1)具体、有趣的中心话题。谈话活动是围绕一定的中心话题开展,而使交谈具有一定讨论性质,也使得谈话向纵深发展。因此在选择中心话题时应该考虑幼儿感兴趣及能调动大多数幼儿参与的话题,因为仅有个别幼儿的关注与喜爱是达不到谈话的双向或多向性,尽量让全体幼儿做到想说、敢说、愿意说。

(2)创设宽松自由的语言环境。自由宽松的语言环境包括物质和心理两方面。教师可以利用墙饰、活动角布置、座位的安排等,为谈话活动创设一个物质上丰富新奇的交谈氛围;在谈话活动中,教师可引导幼儿,围绕自己感兴趣的中心话题,自由地表达个人见解,为幼儿谈话创设一个心理上宽松自由的交谈氛围。

而谈话活动宽松自由的气氛主要体现在两个方面:一方面,不要求幼儿统一认识,允许幼儿根据个人感受发表见解,针对谈论主题说自己想说的话,说自己的独特经验;另一方面,不特别强调规范化语言。谈话活动鼓励幼儿愿意交谈,积极说话,善于表达个人想法,但不一定要求他们使用准确无误的句式,完整连贯的语段。

(3)注重多向交流。谈话活动注重与儿童之间的交往语言或对白语言,侧重于师幼间、同伴间的信息交流与补充。从语言信息量来看,当幼儿围绕中心话题进行交谈

---

① 张天军主编. 学前儿童语言教育[M]. 上海:复旦大学出版社,2012.

时,他们的思路是发散的,而不同个体间的经验也多种多样,因此在谈话中,每个幼儿获取的信息量都比较大。从交往的对象来看,幼儿有时在全班面前谈论个人见解,有时在小组里与几个幼儿交谈,也有时与邻座幼儿或教师进行个别交谈。[①]

3. 谈话活动如何组织

从教育活动研究的角度看,幼儿园谈话活动的设计与组织有其特别的规律。谈话活动的目的、对象、活动方式的独特性,在活动设计的基本结构以及组织要求上可得到充分反映。谈话活动设计的基本结构由以下 3 个步骤组成,依据这一结构序列去设计组织活动,可以取得良好的语言教育效果。有关研究的实践已经证实了这些做法。

(1) 第一步骤:创设谈话情境,引出谈话话题

设计和组织谈话活动的第一步,是创设谈话情境,引出谈话话题。教师在谈话活动的开端,通过一定的情境,激发幼儿的兴趣,启发幼儿对话题有关经验的联想,打开言语表达编码的思路,作好谈话的准备。这是谈话活动不可缺少的一个环节。谈话情境的创设,主要通过两种方式:第一种方式,是以实物创设的情境。即教师利用活动角布置、墙饰、桌面玩具、实物摆设,甚至于一张图片,向幼儿提供与谈话主题有关的可视形象,启迪幼儿淡话的兴趣与思路。例如:谈话"我喜欢的糖果",在开始时教师引导幼儿观察用糖果及有关物品布置的糖果角,就起到了这种作用。第二种方式,是用语言创设的情境。教师通过自己说一段话、提一些问题来唤起幼儿的记忆,调动他们的经验,以便进入谈话。同样,在设计组织"我喜欢的糖果"这一活动时,教师也可以采用语言创设情境的办法,向幼儿提出问题:"小朋友,你们一定都吃过糖果吧,你们吃过什么样的糖果呢? 你们大家一定记得食品商店的糖果柜台,那里有多少糖果啊! 每个人都会在那里找到自己喜欢吃的糖果……"用语言来创设谈话情境,同样可以达到引出谈话话题的作用。

在讨论谈话活动特点的时候,已经说明了谈话话题在谈话活动中的中心地位,以及一个有趣话题的基本条件。选择话题是谈话活动设计最先遇到的问题,但话题早已在设计谈话活动过程时确定,此时,需要考虑的重点已转为如何创设情境,引出话题。

在第一步骤的活动设计和组织方面,教师应当注意下列几个问题:

首先,注意创设谈话情境的方式。无论以实物的方式,或语言的方式创造谈话情境,都必须以有利于幼儿谈话为前提。教师应充分认识到,创设谈话情境的目的在于开启幼儿谈话情境,创设什么样的谈话情境取决于幼儿谈话的需要。一般来说,对幼儿已经具备比较丰富经验的话题或幼儿新近关注较多的话题,可以不采用实物方式创设情境,因为这些话题幼儿不需要借助于眼前可视的形象来思考和谈话。对幼儿谈话难度大的话题,则要考虑创设实在具体的谈话情境。

其次,注意创设的情境与谈话话题之间的关系。谈话情境的创设是为引出话题服务的,应避免出现两种情况:一是避免许多与谈话内容无关的摆设,要紧扣谈话的中心话题;二是避免过于热闹以致喧宾夺主的现象。谈话的情境创设应尽可能地简单明白,以便直接连接话题内容。花样过于复杂的情境有可能分散幼儿的注意力。教师在创设

---

① 张明红编著.学前儿童语言教育[M].上海:华东师范大学出版社,2006.

谈话情境时,必须记住情境是谈话话题的"助手",应以达到引导谈话话题的目的为基本标准来衡量情境创设的量和度。既要充分利用谈话情境启发引导幼儿,又要尽快导入话题引发幼儿谈话。

(2) 第二步骤:幼儿围绕话题自由交谈

在幼儿就谈话话题开始谈话之后,教师接下来要向幼儿提供围绕话题自由交谈的机会。这一步骤的目的在于调动幼儿个人有关谈话中心话题的知识储备,运用已有的谈话经验交流个人见解。比如在"我喜欢的糖果"这一谈话活动中,教师让幼儿分成小组吃糖果并谈论糖果,使每个幼儿有充分谈话的机会。

设计和组织这一步骤的活动,有几个基本的原则可供参考:

其一,应当放手让幼儿围绕话题自由交谈。在幼儿分组或一对一的自由交谈时,允许幼儿说任何与话题有关的想法。教师不做示范,不给幼儿提示,不纠正幼儿说话用词造句的错误,让幼儿充分运用已有的谈话经验说出自己想说的话。

其二,鼓励每位幼儿积极参与谈话,真正形成双向或多向的交流。当幼儿分成小组时,教师可让幼儿自己选择交流对象。这些三三两两自由结合的小组,或是一对一的小组,更有利于发挥每位幼儿的积极性,使他们有更多的机会交谈,也可保证谈话的气氛更加融洽。

其三,在自由交谈的活动过程中,适当增加幼儿"动作"的机会。谈话是口头语言操作,也是动脑的操作。但根据幼儿活动的特点,在谈话活动中适当增加一些其他方式的操作活动因素,将更有利于调动幼儿的兴趣,增进他们说话的积极性。例如:在"我喜欢的糖果"活动中,教师在"幼儿自由交谈"这一步骤设计了让幼儿边吃糖果边谈论糖果的内容。这样的安排使幼儿的谈话更加有趣味。因此,在各种谈话活动中,均可根据话题内容,适当增加幼儿"动作"的机会。

当幼儿进入围绕话题的自由交谈时,教师不能袖手旁观,不能将幼儿自由交谈视为一种"放羊"的时机。让幼儿随便谈话而自己去做与谈话无关的事情。在这个活动阶段,教师的职责和任务主要表现在 3 个方面:一是教师必须在场。当幼儿看到教师在场时,即使教师并未说话,幼儿也能够感觉到自己话语的价值。增进说话的积极性。可以说,教师在场意味着活动的正常进展,能够对幼儿产生潜在的意义;二是教师参与谈话。教师可以采取轮番巡视的方式参与各组的谈话,到每一组都听一听幼儿的谈话,用微笑、点头、拍手等体态语言给幼儿以鼓励,也可用皱眉、凝视、抚肩等体态暗示那些未能很好进入谈话的幼儿。教师还可以简单发表个人见解,或是对幼儿说话给予一定应答,或用自己的语言对各组幼儿谈话做出反馈,这样能产生一定的积极影响;三是教师要观察幼儿谈话情况,了解他们运用原有谈话经验进行交谈的状态,明了幼儿谈话的水平差异,为下一阶段活动的指导作进一步准备。

(3) 第三步骤:教师引导幼儿逐步拓展谈话范围

经过让幼儿围绕话题自由交谈的活动阶段之后。教师要集中引导幼儿逐步拓展谈话范围。在此阶段教师通过逐层深入的谈话,向幼儿展示并帮助他们学习运用新的谈话经验,使幼儿的谈话水平进一步提高。仍以"我喜欢的糖果"为例,在活动的第三阶段,教师通过提问的方式,引导幼儿在集体范围内谈话。教师提出了 3 个问题:请幼儿说一说自己带来的糖果；请幼儿谈一谈自己喜欢的糖果；请幼儿谈一谈自己觉得最有趣的糖果。在每个问题提出之后，教师都组织幼儿围绕这个问题谈论。于是，我们发现，教师的提问和引导是沿着"我喜欢的糖果"这个话题，逐层开拓发展幼儿的谈话内容，给幼儿提供了学习运用新的谈话经验的机会。在这里需要特别指出，所谓新的谈话经验，是谈话活动目标在谈话活动中的具体化，是幼儿要学习的谈话思路和谈话方式的总和。教师在设计组织谈话活动时，要防止那种机械呆板理解"谈话经验"的问题。注意不要把一种句式或几个词汇的学习与新的谈话经验学习等同起来。每一次设计谈话活动时，都应当重视根据语言教育的要求和谈话活动的特点，寻找本次活动目标与新的语言经验点，力图从大的方面帮助幼儿整理谈话思路，掌握一定的谈话规则，获得一些适用于谈话的交往方式。

总之，教师在组织第三步骤谈话活动时，应当特别注意思考自己"说什么"和"怎么说"，因为，此时教师说的内容和方式，直接关系到幼儿有关新的谈话经验的学习。在这一阶段谈话过程中，倘若教师准备不够充分，出现信口开河随便说话或干巴呆板、无话可说的局面，都将直接影响这次谈话活动的教育效果。[1]

案例速递

小班谈话活动"我爱吃的水果"[2]

[活动目标]

1. 围绕"水果"这一话题，能用简短的句子谈论自己爱吃的水果名称、形状及味道，要求幼儿说普通话；

2. 与同伴个别交谈，并愿意参与集体谈话活动，在集体面前谈话时声音响亮；

3. 学习安静地倾听别人谈话，不随便插嘴，养成良好的倾听习惯。

[活动准备]

1. 每人带一个自己爱吃的水果，用塑料袋装好，上课前放在儿童椅子下面；

2. 另买几个水果，切成块状，上面插上牙签，用盘子装好。

[活动过程]

（一）创设谈话情境，引出谈话话题

将切好的水果请幼儿品尝，每人一小块，引起幼儿的兴趣。教师问幼儿：水果好吃吗？你们喜欢吃水果吗？幼儿回答后，请幼儿把自己带来的水果拿在手上。

（二）引导幼儿围绕"水果"的话题自由交谈

教师用提问的方式引出话题：你喜欢吃什么水果？你带来的水果是什么颜色、什么形状的？有什么味道？

① 周兢主编.学前儿童语言教育[M].重庆：西南师范大学出版社,2001.
② 冯婉桢主编.学前儿童语言教育[M].河南：郑州大学出版社,2013.

幼儿手拿水果与旁边的小朋友自由交谈。教师巡回参与谈话，提醒幼儿安静地听对方谈话，等别人说完自己再讲。用插话的方式将幼儿谈话内容集中在谈自己带来的水果上，教师注意倾听，发现并鼓励讲得好的幼儿，为下一步集体谈话做准备。

（三）引导幼儿拓展谈话范围

1. 集体谈论"水果"。请在自由交谈中讲得好的幼儿在集体面前介绍自己带来的水果，教师用语言提示幼儿围绕"水果"说话，并要求讲话声音响亮，让大家都能听见。教师还要注意请语言水平较弱的幼儿参与谈话，为他们提供在集体面前讲话的机会，帮助他们提高语言表达能力。

2. 教师用提问方式提出新的话题：你还吃过哪些水果？吃水果有什么好处？让幼儿围绕新话题思考自己的谈话内容。此时，教师用平行谈话的方式参与谈话，给幼儿提供一定的谈话经验，注意提醒幼儿用普通话谈论。

教师进行小结，使幼儿理解吃水果对身体好的道理，最后以《苹果》歌曲结束。

［分析］

活动目标体现了对小班幼儿学习谈话的基本要求。小班幼儿已经能够初步用语言来表达自己的想法，但是他们还不会跟别人谈话。因此，谈话活动重点放在引导幼儿注意倾听，用普通话说话，用简单的语言大胆表达，并且要求幼儿围绕话题说说自己的想法。

根据小班幼儿的特点，在"引出话题"这一过程中，教师采用"品尝水果"的方法导入。并在品尝的同时，提出问题：水果好吃吗？你喜欢吃水果吗？在实际体验过程中进行提问的策略，旨在引起幼儿对话题的有意注意，帮助其集中注意到所要谈话的话题上，并通过味觉的参与，唤起幼儿对水果的已有经验，为接下来的谈话做好准备；在品尝活动后，教师又请幼儿把自己带的水果拿在手上，并针对幼儿手上的水果提出问题。教师将自己的提问穿插在"尝和拿水果"之间，使提问紧紧围绕谈话主题。同时，教师运用实物和儿童自己的活动创设出了亲切、温馨的谈话气氛。

接下来，教师让幼儿围绕所提的问题自由交谈，因为小班幼儿具有明显的"以我为中心"的谈话特征。因此，教师在这一过程帮助幼儿学习结伴谈话，要求他们"小手拉小手，眼睛看眼睛"，以帮助幼儿逐步养成"有意识、集中注意倾听"的习惯。值得一提的是，在幼儿自由交谈时，教师进行了巡回指导，并且围绕目标要求了解了幼儿的学习情况。为促进幼儿语言的发展，教师还可根据本班的具体情况，让语言表达能力强和语言表达能力弱的幼儿结伴，让能力一般的幼儿与能力强的幼儿结伴，让能力弱的与能力弱的幼儿结伴。不同结伴策略的运用旨在让每个幼儿都有谈和听的机会，并促进同伴之间的相互学习。

最后，教师请幼儿集体谈话，并拓展了谈话内容。一方面，幼儿在两两谈话之后，已经基本能够描述自己手中的水果，并遵守谈话的基本规则，教师请幼儿代表在集体面前发言，使所有幼儿感受到了更大范围内的谈话形式；另一方面，教师在幼儿对自己手中的水果十分了解之后，拓展了谈话主题——你还喜欢吃什么水果？吃水果有什么好处？显然，这两个问题对幼儿的谈话提高了难度，要求儿童依靠回忆来组织谈话，并对水果的好处进行概括总结。与此同时，这两个问题丰富了儿童集体谈话的内容，使得集体谈话不是对两两谈话的简单重复。

(二) 讲述活动的组织过程与方案评析

1. 什么是讲述活动

讲述活动需要教师创设一个相对正式的语言环境,幼儿依据一定的凭借物,使用较为规范的语言来表达自身对某事、某物或某人的认识,从而进行语言交流。它是以培养幼儿独立构思和表述一定内容的语言能力为基本目的。

2. 讲述活动有哪些特征

(1) 讲述活动拥有一定的凭借物。所谓凭借物,是指讲述活动中教师为幼儿准备的或幼儿自己参与准备的图片、实物、情景等。教师通过向幼儿提供讲述活动的凭借物,给幼儿划定讲述的主要内容,使他们的讲述具有明显的指向性。例如,教师提供图片,让幼儿讲述"我和妈妈去逛动物园",幼儿就可以按照图片所展示的内容,叙述与妈妈去动物园的所见、所闻、所感。因此,在讲述活动中,凭借物往往为幼儿的讲述提供语言素材,对学前儿童的讲述起着重要的引导作用。

(2) 讲述活动有较为正式的语境。讲述活动为幼儿提供的是一种学习和运用较正式的语言的场合。这种正式性表现在两个方面:一是语言规范。幼儿需要使用较为完整的连贯句;二是环境规范。一般在专门的教学活动中开展,如看图讲述等。实质上,讲述活动就是要求幼儿根据讲述的凭借物,在经过精心计划和准备的语言环境中,鼓励幼儿运用过去的言语和知识经验,讲述规范性语言,以达到提高口头表达能力的目的。讲述活动必须针对具体的凭借物,根据语言环境要求,组织口语表达的内容和方式,运用较正规的语言风格说话。为幼儿提供一种学习运用较正式的语言进行说话的场合,是讲述活动的一个重要特点。[1]

(3) 讲述活动的语言是独白语言。幼儿的讲述活动、需要其独自构思和表达对某一事物的完整认识。例如在讲述"快乐的星期天"时,幼儿需要在脑海中搜集星期天都做了些什么快乐的事情? 为什么快乐? 这需要幼儿提前做好准备,然后以口头语言的方式将构思的内容在集体面前清楚完整地讲出来。

3. 讲述活动如何组织

(1) 第一步骤:感知理解讲述对象

讲述活动的特点之一,是具有相对固定的讲述对象即凭借物,因而在设计组织讲述活动时,首先要帮助幼儿感知理解讲述对象。感知理解讲述对象,主要通过观察的途径进行。这里所说的观察,大部分是通过视觉汲取信息,但也不排斥从其他感觉通道去获得认识。许多看图讲述、实物讲述、情境表演讲述,先让幼儿仔细看图、看实物、看表演理解讲述对象;而触摸实物讲述"神奇的口袋"则要求幼儿闭上眼睛从口袋里摸出一样物体,然后通过触摸感觉物体的特征,猜出物体名称并讲述物体;听录音讲述"夏天的池塘",先让幼儿听一段录音,请幼儿分辨出录音中各种声响,如知了、青蛙的叫声。通过听录音将各种声音联系起来,想象出夏天池塘的环境以及发生的事情,这是从听觉途径去感知理解讲述对象的。

---

[1] 张天军主编.学前儿童语言教育[M].上海:复旦大学出版社,2013.

（2）第二步骤：运用已有经验讲述

在幼儿感知理解讲述对象的前提下，教师引导幼儿运用已有的经验进行讲述。这一步骤的活动组织，要求教师尽量放开让幼儿自由地讲述，给他们以充分的机会，实践运用已有的讲述经验。组织幼儿运用已有经验讲述的方式很多，基本上可以归纳为：幼儿集体讲述、幼儿分小组讲述、幼儿自由交流讲述。

教师在指导幼儿运用已有经验进行讲述时，需要注意两点：一是在幼儿自由讲述前，交待清楚讲述的要求，提醒幼儿要围绕感知、理解的对象进行讲述；二是在幼儿自由讲述的过程中，注意倾听幼儿的讲述内容，发现幼儿讲述中的"闪光点"，以及存在的问题。在活动中，教师不要过多指点幼儿讲述，最多以插话、简单提问等方式引发幼儿讲述，以免干扰幼儿运用已有经验进行讲述。

运用已有经验讲述是一种放手让幼儿讲的活动过程，这一开放的步骤对于下一步活动十分必要。经实践证明，如缺乏这一步骤活动，讲述活动的效果会受到影响。

（3）第三步骤：引进新的讲述经验

经上一阶段"开放性"的讲述之后，教师应将活动导入"收"的程序，为幼儿引进新的讲述经验。新的讲述经验，是每次讲述活动的学习重点。在制定活动目标时，教师应考虑上次活动的重点、解决的问题、达到目标的情况，以便在此基础上向幼儿提供新的讲述经验。新的讲述经验主要是指讲述的思路和讲述的方式。引进新的讲述经验的方式是多种多样的，归纳起来有：教师示范新的讲述经验、教师通过提示引进新的讲述经验、教师与幼儿一起讨论新的讲述思路。

（4）第四步骤：巩固和迁移新的讲述经验

讲述活动中，仅仅引进新的讲述经验是不够的，还需要提供幼儿实际操练新经验的机会，以利于他们更好地获得这些经验。因此，讲述活动的最后一个步骤是巩固迁移新的讲述经验。在活动中，巩固和迁移新的讲述经验，有一些具体做法：其一，由 A 及 B。当幼儿学习了一种新的讲述经验后，教师立即提供同类不同内容的机会，让幼儿用新的讲 A 的思路去讲述 B，例如：幼儿学习讲述一件玩具的顺序后，教师可让幼儿用同样的思路讲述另一件玩具，从而帮助幼儿掌握所学习的讲述经验；其二，由 A 及 A。在教师示范新的讲述经验并帮助幼儿理清思路后，让幼儿尝试用新的讲述方式来讲同一件事、同一情景。例如：学习讲述"秋天的菊花"思路后，让幼儿开个小花展，向小班的弟弟妹妹介绍秋天的菊花。值得注意的是，在这种情况下，教师应要求幼儿创造性地运用新的讲述经验，尽可能地避免绝对模仿和复述别人的话；其三，由 A 及 A1。用这种方法组织第四步骤的活动，教师可以在原讲述内容的基础上引入新的经验，最终达到巩固原有经验的目的。[①]

---

① 周兢主编.学前儿童语言教育[M].重庆：西南师范大学出版社,2001.

中班实物讲述活动："我摸到的是……"[①]

[活动目标]

1. 引导幼儿通过触觉感知物体的形状特征；

2. 帮助幼儿用准确的词语来描述物体，并说出物体的主要特征；

3. 引导幼儿安静地倾听别人描述事物，并据此判断出物体的名称。

[活动准备]

手感、质地、形状不同的物体：磁铁、石头、弹子、皮球、易拉罐、玻璃瓶、塑料搓衣板、铃鼓、长毛绒小熊、塑料小鸭子。每人口袋里放一物品。

[活动过程]

一、感知理解讲述对象

教师将自己带来的所有物品放在桌上，让幼儿一一指认，然后将物品按质地、形状、大小的不同，有次序地先后放入筐内，蒙上布，让幼儿上来触摸。如，可以先将磁铁和长毛绒小熊放在筐内让幼儿触摸，然后将玻璃弹子和玻璃瓶放入小筐内让幼儿触摸，接着将弹子和皮球放在筐里让幼儿来触摸等。在幼儿感知物品时，老师可以设计这样的提问：这是××，这是××，为什么？如果是××，摸在手上是什么感觉？

二、幼儿运用已有经验讲述

(一)请一位幼儿上来触摸物品，并请他描述这件物品的形状、特征，集体猜测这位幼儿所摸物品的名称。在这一活动中老师要引导幼儿仔细倾听讲述者的描述。

(二)结伴触摸讲述。在活动前，每位幼儿口袋里放一件你的同伴不知道的物品，然后相互触摸，猜测"你口袋里有什么"，并讲出来。在幼儿结伴进行活动时，老师到幼儿身边，引导幼儿不光注意触摸本身的有趣性，而且要用语言描述出所触摸物品的形状、特征。

三、引进新的讲述经验

请两至三位幼儿共同前来触摸并描述同一物品，同时，老师引导、启发幼儿讨论：谁讲得最清楚，让大家一猜就知道他说的物品是什么？帮助幼儿归纳这样的讲述思路：这个物品是什么样的，摸在手中有什么感觉。

四、迁移新的讲述经验

(一)教师描述一个物体触摸时的特征，请幼儿上来摸此物体。找到以后，再由幼儿说说它的特征。让大家仔细听听，这位幼儿摸到的东西是不是老师所描述的物体。如果不是，就要求其他幼儿说出为什么不对，并帮他改正。

(二)请幼儿仿照上述方式，一人描述，一人上来摸物品？或两两结伴，他描述自己口袋里的物品，另一幼儿猜猜他口袋里的物品是什么，然后调换角色。

[分析]

本次活动充分考虑了幼儿的年龄特点，采用他们喜欢的游戏方式，使幼儿在做中玩，在玩中学，激起幼儿语言交流与表达的兴趣，从而达到对幼儿进行

① 冯婉桢主编.学前儿童语言教育[M].河南：郑州大学出版社，2013.

语言训练的目的;同时通过多种方式的讲述活动,鼓励幼儿能在集体中大胆表达,并初步学习对他人的讲述进行评价;结束部分还通过活动拓展的方式让幼儿的讲述能力得到巩固。本次活动准备的环境材料特别丰富,不同材质的物品对比出现,使得幼儿可以充分运用自己的感觉器官进行感知,并进行系统归纳,再由同一物品的感知概括出讲述的基本要求,进而迁移到描述其他的物品,环节自然、流畅,寓教于乐,调动了幼儿活动的积极性。

(三) 听说游戏的组织过程与方案评析

1. 什么是听说游戏

听说游戏是一种特殊的语言教育活动,它是用游戏的方式组织语言教育活动,含有较多的游戏规则,能够吸引幼儿积极参与到语言学习的活动中,积极愉快地完成语言学习任务。

2. 听说游戏有哪些特征

(1) 游戏中包含语言教育的目标。每一个听说游戏活动中都包含对幼儿学习语言的要求,教师通过设计听说游戏活动将幼儿学习的任务落实到语言学习的过程中。例如:小班幼儿对 zh、ch、sh 和 z、c、s 的发音经常混淆,教师用听说游戏的方式来帮助幼儿学习正确发音,这种活动便将发准"zh、ch、sh"3 种卷舌音作为具体的目标任务。

(2) 将语言学习的重点内容转化为一定的游戏规则。教师依据教育目标,选择合适的语言学习的内容,将语言活动中学习的重点转化为一定的游戏规则,让幼儿在活动规则中掌握听说能力。例如,在《我问你答》活动中,教师为了让幼儿学会使用"如果……喜欢……"的完整句型,教师将幼儿分为两组,采用从两端依次轮流起立提问和回答的形式,开展我问你答的竞赛活动。一方幼儿必须用"如果你是××,你喜欢什么"的句式提问,对方必须用"如果我是××,我喜欢××"的句式回答。例如,"如果你是小猴子,你喜欢什么?"——"如果我是小猴子,我喜欢爬树。"但是教师需要讲明游戏的规则是,必须使用"如果……喜欢……"的句式。

(3) 在活动过程中逐步扩大游戏的成分。听说游戏活动具有游戏和活动的双重性质,听说游戏活动带有明确的学习任务。活动开始时,教师需要帮助幼儿理解活动的内容,交待游戏的规则,并且示范游戏的玩法。然后,教师带领幼儿开展游戏,在幼儿熟悉游戏规则,逐步掌握游戏玩法后,再放手让幼儿独立进行游戏。应当说,听说游戏活动开始以活动的方式进入,而最后又以游戏的方式结束,老师的主导作用在开始时体现得十分鲜明,而后随着幼儿熟悉程度的提高而逐渐减小,直至幼儿完全自主地进行游戏。[①]

3. 听说游戏如何组织

(1) 第一步骤:设置游戏情景

在听说游戏刚刚开始时,教师需要设置游戏的情景以引发幼儿参与游戏的兴趣。

---

① 周兢主编.学前儿童语言教育[M].重庆:西南师范大学出版社,2001.

一般游戏情景的创设通常采用：物品创设情境，即幼儿生活中常见的玩具或者日用品不知游戏的环境；动作创设情境，教师动作的表演能够让幼儿想象出游戏的角色或场景，从而产生游戏情景的氛围；语言创设情境，教师用语言直接描述或指出游戏中角色及所处的环境。

（2）第二步骤：交待游戏规则

在创设游戏情景之后，教师接着要向幼儿交待游戏规则。这一步骤的活动实际上是教师对幼儿布置任务、讲解要求的过程。教师可以通过用语言解释和用动作示范相结合的方式，告诉幼儿游戏的基本规则、步骤和要求。在讲解游戏规则时教师应注意用简洁明了的语言进行讲解，讲清听说游戏的规则要点和游戏开展顺序，并且最好使用较慢语速帮助幼儿理解游戏规则。

（3）第三步骤：教师引导游戏

在教师交代完游戏规则后，在幼儿已经初步理解游戏规则的基础上，教师可带领幼儿开展听说游戏。在教师引导游戏的过程中，教师在游戏中充当重要角色，可以主宰游戏的进程。在这一过程中教师帮助幼儿学习掌握游戏中的对话及描述部分，为幼儿独立开展活动积累经验。

（4）第四步骤：幼儿自主游戏

在幼儿自主游戏的阶段，教师可以放手让幼儿自己开展活动。此时，教师已从游戏领导者的身份退出，处于旁观者的地位。在观察幼儿游戏时，注意对个别不熟悉规则的幼儿进行及时的指导点拨，帮助这些幼儿尽快地加入到游戏的队伍中去，真正成为游戏活动的一员。同时，教师也需要注意发现幼儿在游戏过程中可能出现的矛盾与纠纷，及时予以解决，以免因角色分派不当或其他问题影响游戏顺利进行。此外，教师在场本身便对幼儿产生一定的激励作用，可以使他们意识到自己所参与活动的价值，而当教师适时地给以幼儿点头、微笑以及拍手的鼓励时，这些体态语言能在更大程度上激发幼儿活动的积极性，保持参加游戏的兴趣。

案例速递

中班听说游戏"击鼓传花送礼物"[①]

［活动目标］

1. 学习正确使用量词：块、条、本、辆、双等；

2. 理解并遵守游戏规则，按照要求进行语言交往；

3. 积极参与游戏，在集体面前大胆发言。

［活动准备］

蓝猫卡通玩具一个，小礼物若干；糖、毛巾、书、汽车、鞋子等；装礼物的盒子一个。

① 冯婉桢主编.学前儿童语言教育[M].河南：郑州大学出版社,2013.

[活动过程]

一、教师导入

教师出示蓝猫的卡通玩具,告诉幼儿:"今天是蓝猫的生日。这里有许多礼物,请你们想一想,该怎样为蓝猫庆祝呢?"

教师引导幼儿说出"蓝猫,我送你×××,祝你生日快乐!"与幼儿讨论量词的用法,让幼儿明确,必须使用量词表示自己要送的礼物。

二、交代游戏玩法和规则

教师告诉幼儿,今天要和小朋友来玩个游戏,游戏的名称叫"击鼓传花送礼物"。

教师和幼儿共同讨论,制定游戏规则,讨论从以下几方面进行:传花的时候应该怎么传?鼓声停了应该怎么办?拿到礼物你该怎样说?说错了怎么办?讨论后制定如下规则:

1. 大家围成一个圆圈,听鼓声一个一个传花,不能有间隔。鼓声停止时,传花立即停止,花在谁的手上,谁就选一件礼物。

2. 拿到礼物的人要大声用量词表示出来,如"我要把一个皮球送给蓝猫"。

3. 说对的人可以做擂鼓手,说错的人由教师指定的人纠正后可继续游戏,由纠正者担任擂鼓手继续游戏。

三、教师指导幼儿游戏

教师先和幼儿一起游戏,由教师担任擂鼓手。游戏时教师注意提醒幼儿正确使用量词,并且可有意识地让花停在一些幼儿手上,如量词掌握不太好、胆小内向的幼儿,尽量让幼儿都有机会参与到游戏中来。

四、幼儿自主游戏

1. 在幼儿对教师准备的礼物都能正确地用量词表示后,教师引导幼儿脱离实物,结合生活经验来继续游戏。要求幼儿思考:在你过生日的时候收到过什么礼物?现在,你想送给蓝猫什么礼物?

2. 将幼儿分为几组,当花传到一个人手上的时候,属于这一组的幼儿全部起立,轮流讲述自己送的礼物。全班幼儿给这个集体做出评价。对于幼儿用的较好的词,教师让幼儿集体学说。

[分析]

1. 这个游戏的语言教育目标是让幼儿学习说量词,同时也在学习能力、学习态度方面提出了具体又明确的要求,目标全面,难度适当。

2. 游戏开始时采用语言、实物、动作相结合的方式创设游戏情境,有效地吸引了孩子的注意力;采用击鼓传花的方式游戏,紧张而又充满刺激性,能够极大地激发幼儿游戏的积极性,使幼儿始终处于兴奋的状态,全身心地投入游戏。

3. 游戏规则简单、明确,突出了游戏的语言学习任务,且充分重视了幼儿原有的生活经验,让幼儿在游戏中互相交流、互相学习,学习效果显著。分组游戏方式的采用,提高了活动的效率,让每一位幼儿都得到了锻炼,并在游戏中学会了注意倾听别人讲话,培养了良好的学习习惯。

4. 教师在游戏活动中充分发挥了指导作用,为幼儿营造了一个轻松、愉快的游戏环境;通过直接示范和隐性指导,教会幼儿游戏,使幼儿的主动性、创造性在游戏的过程中得到了潜移默化的培养和提高。

（四）早期阅读活动的组织过程与方案评析

1. 什么是早期阅读活动

幼儿园的早期阅读活动,是有计划、有目的地培养幼儿与书面符号互动的教育活动。这种早期阅读活动,向幼儿提供集体学习的环境,帮助幼儿接触书面符号,发展他们学习书面符号的行为,培养他们对书面符号的敏感性,为进入学龄期的正式书面语言学习打下良好的基础。它不是单纯地强调看书、识字教育,也不是通常意义上以文字为基础的正规阅读,而是强调儿童的自身经验,注重其阅读过程,是成人借助一定的书面符号与学前儿童交流的活动。

2. 早期阅读活动的特点

（1）早期阅读需要创设丰富的阅读环境

早期阅读环境包括物质环境及心理环境。创设丰富的物质环境不仅仅指阅读的空间环境还包括阅读的时间与图画书本身。早期阅读不是依靠一两本书或几次专门的活动就能完成的,它需要日常阅读中的大量积累与巩固,既要保证特定教学活动中的阅读时间,也要做好随机及不固定时间的利用。教师应为幼儿准备多样化的图画书,为幼儿创设"书吧"、"图书角",保证幼儿有足够的阅读场所,培养幼儿阅读的兴趣。

轻松愉快的心理环境有助于幼儿全身心投入到阅读活动中,体会阅读的乐趣。要求教师或家长要为儿童创设较为宽松和自由的阅读氛围,儿童可以自己阅读,也可以和同伴一起阅读。这种宽松自由的氛围有助于儿童全神贯注地投入到阅读活动中去;同时,教师和家长也要为儿童做好阅读的榜样,和儿童一起读书,讲解复述图书内容等,儿童会在潜移默化中养成良好的阅读习惯和阅读兴趣。

（2）提供具有表意性质的阅读材料

幼儿认知的特点决定了早期阅读活动必须为幼儿提供有具体意义的、形象的、生动的阅读内容。有趣的图文并茂的故事,有实在意义并有一定规律可循的文字,能帮助幼儿形成有关书面语言的初步知识。从这样的特点来考虑,幼儿接触的书面语言,是他们已有概念的文字代码,即书面语言能够即刻引起他们接通口头语言以及表征意义的联想。这样也有利于幼儿逐渐认识到书面语言的表意性质。[①]

（3）早期阅读活动具有整合性

学前儿童早期阅读活动是一种整合性的教育,它一方面应该与语言领域之外的其他领域活动紧密结合起来。例如阅读活动与表演活动、阅读活动与美工活动、阅读活动与家园联系的结合等。另一方面还要将口头语言与书面语言相整合。这不仅能增强儿童的语言表达能力,还能启发幼儿的前文字意识,培养对书写语言的初步兴趣。但是需要明确的是,儿童早期阅读活动重在培养幼儿良好的阅读习惯及正确的阅读方法,绝不是识字课的教学。

3. 早期阅读活动的组织过程

（1）第一步骤：幼儿自己阅读

在阅读活动开始时,教师首先创设让幼儿自己阅读的机会。这一步骤将阅读活动

---

① 周兢主编.学前儿童语言教育[M].重庆：西南师范大学出版社,2001.

的书面符号材料展现在幼儿面前,让幼儿自由地接近,观察自己的认识对象,获得有关的信息。幼儿是在教师的具体指导下去开始观察认识活动的。教师可采用提问的方式引导幼儿的思考或者向幼儿提出观察的要求,然后教师操作、表演,让幼儿完整地、安静地阅读观看。"幼儿自己阅读"是给幼儿自己接近本次阅读学习内容的机会,但也应该是在教师指导下观察认识书面语言。

(2)第二步骤:教师与幼儿一起阅读

教师和幼儿一起阅读,将会为教师创造带领幼儿阅读、指导幼儿阅读的条件。教师的作用在于帮助幼儿明确此次早期阅读内容,并正确地掌握书面语言的信息。值得教师们注意的是,在这一环节活动中,教师不必着重告诉幼儿道理性知识,而是可以采用平行的方式,与幼儿平等地开展共同阅读,与幼儿一起领悟图画书的内容。

(3)第三步骤:围绕阅读重点开展活动

每一次阅读活动均有一定的重点,教师事先应当做到心中有数,并能有计划地在活动中贯彻落实。经过上一步骤"教师与幼儿共同阅读"的活动后,教师可以组织幼儿围绕阅读重点开展活动,着重帮助幼儿深入地掌握学习内容和正确的学习方式。教师可以采用多种形式灵活开展教学活动,表演、游戏都可以作为早期阅读的方式。

(4)第四步骤:归纳阅读内容

归纳阅读内容是总结性的活动环节,它的主要作用在于帮助幼儿巩固、消化所学的内容,是整个活动中不可缺少的一个组成部分。教师可以通过表演的方式进行总结提升,让幼儿通过角色扮演的方式体会故事中的人物心理、理解故事情节,加深对故事内容的理解。

文学阅读活动是早期阅读教育活动的重要方面,在早期阅读教育活动中占据并发挥着重要的地位与价值。下面我们将着重对幼儿文学阅读活动作介绍与阐述。

4. 文学活动的组织过程与方案评析

(1)什么是文学活动

学前儿童文学活动,是以文学作品为基本教育内容而设计的语言教育活动,它是以具体的文学作品为内容载体而开展的一系列相关活动,旨在帮助幼儿理解文学作品所展示的丰富有趣的生活,体会语言艺术的美,为幼儿提供语言学习的机会。学前儿童文学作品载体多种多样,包括童话、神话故事、儿歌、儿童诗、儿童散文、寓言、成语故事、谜语、绕口令等。

(2)文学活动有哪些特点

① 围绕文学作品教学开展活动

学前儿童文学活动突出的特征之一就是从文学作品教学入手开展教学活动。文学作品是语言艺术的结晶体,每一篇具体的儿歌或故事,都包含着丰富的语言信息。从具体的文学作品开展教学,能够帮助幼儿理解美、欣赏美、表现美以及表达自己对文学作品的理解和想象。例如,在大班散文教学《秋天》中,我们可以设计系列活动。诸如,活动一:感知理解作品的主要内容和特色;活动二:以折纸、绘画、粘贴等形式,表现秋天的美丽景象,并理解学习作品中的文学语言;活动三:改编或仿编散文《秋天》,加深幼儿对作品的理解和感受。通过一系列的活动,幼儿能够真正感受到作品所描绘的意境美,理解作品中文学语言的特色。这样层层深入的活动设计,才真正体现了文学作品的教育功能,从而达到文学教育的目的。

② 整合相关的学习内容

学前儿童文学活动是以文学作品为内容载体,常常会整合其他领域的内容,使得幼儿有更多的机会认识某一个文学作品中表现的社会生活内容,促进他们对作品的感知、理解。这是幼儿园文学活动的另一个基本特征。

文学作品本身的特点决定了它包含丰厚的语言信息,因而文学作品对幼儿而言,往往意味着不同层次的学习。首先,聆听或阅读的文学作品,主动感知由各种语言符号连接起来的文学作品,即学习与欣赏是第一层次的学习;其次,透过语言和概念去认识文学作品所表现的一定社会生活内容,实际上是借助语言文学作品来认识周围的世界,这是第二层次的学习;再次,开展与文学作品主题相关的活动,让幼儿参与进来,使得幼儿将作品经验迁移到实际生活中,加深对作品的理解,这是第三层次的学习;最后,文学作品不仅要让幼儿感受语言艺术的美,还需要幼儿创造性的想象和表达,学以致用,实现对作品的深层次掌握。例如,小班故事"小兔找太阳",在幼儿熟悉了故事内容之后,开展表演游戏、师生户外散步观察太阳活动,让幼儿体验、理解作品人物心理;接着让幼儿画一画"我眼中的太阳",说一说"我心中的太阳"、"太阳的朋友——圆形物体"等,通过相关的四层次活动,不仅有利于幼儿感知理解、学习掌握文学作品,也有利于幼儿科学知识、绘画等其他各方面能力的提高。[①]

③ 提供多种与文学作品相互作用的途径

学前儿童语言的发展,是通过个体与外界环境中,各种语言和非语言信息交互作用逐步获得的。因而学前儿童的文学活动,应当着重于引导幼儿,积极地与文学作品相互作用,在这一过程中,通过多种操作途径,让幼儿得到更好的发展。

以教学活动来组织幼儿文学活动,使幼儿可以在动手、动口、动眼、动耳、动脑等各种途径的学习中获得亲身经验。仍以"小兔找太阳"为例,幼儿不仅听了故事,看了图画,而且还表演了人物角色,体验理解了作品中人物的心理,再通过户外散步观察,想一想、画一画"我眼中的太阳",说一说"我心中的太阳"等活动,幼儿获得多种与文学作品相关的交互作用的活动机会,也获得多种操作语言及非语言信息的经验。可以促使幼儿更有兴趣、更积极主动地投入到学习过程中去,以便更好地帮助幼儿掌握学习内容,同时也给幼儿发展提供更多的机会。

(3) 文学活动如何组织

① 第一层次:学习文学作品

文学活动首先就要将文学作品传递给幼儿,帮助幼儿感知文学作品语言符号所传递的内容。作为教师在帮助幼儿感知文学作品的意思表达时应注意:①不要在第一次教学作品时过多地重复讲述作品,以免幼儿失去对文学作品的兴趣。故事类作品应以讲两遍为宜;②不强调让幼儿机械记忆背诵文学作品内容,减轻幼儿在学习时的短时记忆负担,以便他们将注意力更多地投向学习过程的理解和思考;③用提问的方式组织幼

---

① 张天军主编.学前儿童语言教育[M].上海:复旦大学出版社,2013.

儿讨论，帮助他们理解作品的情节、人物形象和主题倾向，尤其是注意用联系幼儿个人经验的问题或假设性的问题引导幼儿深入思考和想象。

② 第二层次：理解体验作品

幼儿在感知文学作品的基础上还需要进一步理解和体验作品的内涵，尤其是让幼儿真切地感受到作品所展示的情感世界和精神世界。在理解和体验作品这一层次上，教师可以设计和组织相关的活动，也可以紧接第一层次的感知文学作品的活动开展。注意应从文学作品内容出发组织活动。有的时候，可以适当采用观察走访的活动方式，让幼儿接近了解与作品内容相关的自然或生活情景；有的时候，也可以选取绘画、表演的方式，引导幼儿反映表现文学作品内容；甚至可组织一次有关的专门讨论，也有助于幼儿对文学作品的理解体验。[①]

③ 第三层次：迁移作品经验

在帮助幼儿深入理解与体验作品的基础上，可以进一步引导幼儿迁移作品的经验。因为文学作品向幼儿展示的是建立在幼儿生活经验基础上的间接经验，这种间接经验既使幼儿感到熟悉，又让他们觉得新奇有趣。但是，仅仅让幼儿的学习停留在理解这些间接经验的基础上还是不够的，还不能充分地将这些间接经验与幼儿的直接经验联系起来。因此，需要进一步组织与作品重点内容有关的活动，帮助幼儿将文学作品内容整合地纳入自己的经验。

④ 第四层次：创造性想象和语言表述

经过上述三个层次的活动之后，幼儿对文学作品的感知与理解已达到较高程度。接下来教师可以创设条件与机会发挥幼儿的想象力，并创造性地用语言表达自己的认识与想象。创造性想象和语言表述活动仍然立足于原已学过的文学作品内容进行。在这一层次活动中，教师可以让幼儿续编童话故事。可以让幼儿仿编诗歌散文，也可以让幼儿围绕所学文学作品内容想象讲述。

案例速递

小班早期阅读《一颗纽扣》[②]

[活动目标]

1. 引发对《一颗纽扣》故事的兴趣，知道故事中的角色和简单情节；
2. 在故事情境中，愿意大胆学说故事中的简单对话；
3. 知道小老鼠寻找纽扣的主人是一件好事。

[活动准备]

1. 故事 ppt，动物卡片（兔子、小狗、刺猬、松树、大象、蟋蟀）；
2. 实物或卡片（胡萝卜、肉骨头、红枣、果子、皮球、黄豆）、黑色圆形纽扣一颗；

① 周兢主编.学前儿童语言教育[M].重庆：西南师范大学出版社,2001.
② 幼儿教育网.幼儿园优秀教案：小班早期阅读《一颗纽扣》[EB/OL].[2016-07-01]. http://www.jy135.com/jiaoyu/127780.html.

3.《一颗纽扣》故事书人手一本。

[活动过程]

一、导入活动

1. 今天班上来了一位小客人,看看他是谁? 大家和小老鼠打个招呼吧。

2. 小老鼠刚刚在地上捡到一颗纽扣,这是一颗怎样的纽扣啊?(这是一颗黑色的圆形纽扣。)

3. 这是你的纽扣吗?(看一看,你衣服上的纽扣是怎样的?)

过渡语:这颗纽扣不是我们教室里的人丢的。这是谁的纽扣呢? 衣服上少了纽扣就不好看了。还有,衣服上少了纽扣,风钻进身体,容易感冒的! 小老鼠说,我得赶紧去问一问这是谁的纽扣,好把纽扣还给他!

二、理解性活动(创设故事情境,引导观察和讲述,知道故事中的角色和简单情节,学习简单的对话)

1. 出示图一:教师讲述(小老鼠走走走,来到一片萝卜地,遇见小兔。他举起纽扣问:这是你的纽扣吗?)

提问:这是小兔的纽扣吗?

引导观察:看看小兔衣服上的纽扣是什么样子的? 为什么?

引导讲述:学说对话。

2. 出示图二:小老鼠走走走,遇见小狗,他赶紧拿出纽扣。谁愿意当小老鼠去问问小狗?

提问:这是小狗的纽扣吗?

引导观察:小狗衣服上的纽扣是什么样子的? 为什么?

提问:小狗会怎样回答呢?(学说对话。)

3. 出示图三:小老鼠走走走,遇见小刺猬。(用同样的方法引导观察和讲述。)

4. 出示图四:小老鼠走走走,遇见小松鼠。

引导观察:小松鼠住哪里? 松鼠爱吃什么? 松鼠站在高高的树上,小老鼠怎样才能让松鼠听清楚他说的话?(模仿小老鼠的样子:仰起头,大声喊——这是你的纽扣吗?)

提问:这是小松鼠的纽扣吗? 为什么? 松鼠会怎样回答?

5. 小老鼠只好继续往前走。哇,走过来一只动物,身体像一座大山,走起路来"咚咚咚",猜猜他是谁?(原来是大象,大象太大了。小老鼠怎样才能让大象听清楚他说的话呢?)

出示图五:瞧! 小老鼠爬上大象的长鼻子。这下他还要大声喊吗?(模仿小老鼠轻轻问:这是你的纽扣吗?)

提问:这是大象的纽扣吗? 为什么?

猜一猜:大象的纽扣会是怎样的?

听听大象是怎么说的?(不,我的纽扣比皮球还要大。)

6. 小老鼠又来到草丛里,看见小小的蟋蟀先生(出示图六):

提问:这是蟋蟀的纽扣吗? 为什么? 蟋蟀的纽扣会是怎样的?

7. 归纳整理:(使用卡片对应)

小老鼠一路辛苦地问,没有找到纽扣的主人。不过他还是很高兴,因为它认识了许多有趣的纽扣——

小兔爱吃胡萝卜,所以他的纽扣是红色的胡萝卜形状;

小狗爱吃肉骨头,所以他的纽扣是黄色的肉骨头形状;

刺猬的纽扣是红果子,松鼠的纽扣是果子;

大象长得大,他的纽扣比皮球还要大;

蟋蟀长得小,他的纽扣比黄豆还要小;

三、体验性活动

1. 设置悬念:小老鼠暂时还没有找到纽扣的主人。可是时间不早了,妈妈在家等着他吃饭呢。小老鼠带着这颗黑色的圆形纽扣回到家,它惊喜地发现……你想知道小老鼠发现什么了吗?纽扣是从谁的衣服上掉下来的?

2. 引导阅读:今天老师带来一本好看的图书,图书的名字叫《一颗纽扣》讲的是小老鼠帮助纽扣找主人的故事。

3. 提出阅读要求,幼儿自主阅读。师巡视指导、提问。

4. 集中交流:这颗纽扣是从谁的衣服上掉下来的?妈妈为什么要亲亲小老鼠?

5. 延伸体验:小朋友们,你喜欢故事里的小老鼠吗?为什么?如果你也捡到东西,你愿意和小老鼠一样去找主人吗?

[活动延伸]

老师在班上捡到一些物品(钱币、发夹、彩笔、玩具、图书等),请你帮他们找到主人! 幼儿分组寻找失物的主人

基于上述,幼儿语言领域教育活动的指导需遵循如下原则:

其一,连续性。连续性主要是指经验的连续性,在设计教学活动时,既要了解幼儿已有的知识经验,又要考虑在此基础上提供新的语言经验,由此获得语言能力的发展。

首先,教师需要观察了解本班幼儿在日常生活中已积累的经验,能否解决情景活动中设置的问题。如"小熊出门,一不小心把钥匙掉在屋里该怎么办",如果幼儿已有类似的生活经验,才能组织适当的语言回答老师的问题;其次,为儿童提供的新经验应该建立在原有经验的基础上。教师应该将原有经验与新的内容相结合,让儿童积极参与到活动中,通过学习,将新的经验再次吸收转化为已有经验。如"请消防员叔叔帮助小熊拿出钥匙",幼儿不仅在教学活动中获得新的经验,还在编故事的过程中,丰富故事内容,激发了幼儿的想象力与思维能力。

其二,渗透性。渗透性是指教师在设计语言教学活动时,不应仅局限在语言领域内,还应该与其他领域活动因素有机地糅合。由于学前儿童的思维方式是直观形象性的,在设计语言教学活动时,幼儿主要吸收的是与语言相关的材料,但也应该将美术的要素、音乐的要素、动作等有机融合进来。也就是说语言活动中除了语言,还可能有音乐、美术、动作等不同领域活动因素并存。需要教师注意的是,语言领域课程的设计,最终的落脚点仍是语言要素的学习。教师不要生搬硬套,把语言教育活动搞成语言、音乐、美术的"大杂烩"、"什锦拼盘",万万不可本末倒置。

其三,趣味性。趣味性是指语言领域课程设计应该融入多种教学方式、方法,增加幼儿学习的乐趣。教师可以运用规则的游戏,训练幼儿正确的发音、丰富幼儿词汇,帮

助幼儿学习句式。例如听说游戏活动《金锁银锁》,"金锁锁,银锁锁,一把钥匙一把锁,咔嚓、咔嚓把它锁。这是什么锁? 这是苹果锁(××),苹果、苹果香又甜(××、××……)。"通过教师提问"这是什么锁"的方式,让幼儿用正确的词汇、节奏去描述"锁",才能讲对通关秘语,过关成功。幼儿可以发挥想象创编出"星星锁"、"蝴蝶锁"、"猫咪锁"等等。选择幼儿乐于参与的方式,可以避免因枯燥、死记硬背而带来的厌倦感。同样表演法也可以作为增加语言领域趣味性的一种重要方式。

其四,相互适应性。幼儿园语言领域课程设计应充分考虑活动内容和活动方式相适应。首先,活动方式的选用,取决于活动内容的类型。如果活动内容是"好吃的糖果"等谈话活动,则需要教师通过示范、提问引导的方式,鼓励每个幼儿都能参与进来,给幼儿较多的练习机会。有的幼儿会说:"我最喜欢跳跳糖,因为它会在我舌头上跳来跳去,特别好玩。"幼儿在回味讲述的同时,还可能会用动作体现自己所感受过的刺激、好玩。这种"全情投入"会让其他幼儿感受到振奋、鼓舞,激发思维,使得枯燥的学习变得丰富多彩,饱含热情地参与到谈话活动中来;其次,根据具体的活动内容采用合适的活动方式。如学习童话《耳朵上的绿星星》,教师可以采用故事表演法帮助幼儿理解谈话故事内容,体验作品角色的内心情感。如果是换成一首诗歌,或者讲述某个事物时,就不能采用表演的方式了;最后,教师应该注意活动内容是否符合儿童的实际特点。如果故事内容很适合表演,但是对于某个年龄段幼儿来说难度较大,教师则应该转变教学活动方式,选择幼儿能够接受的活动方式进行。

任务3　幼儿园社会领域教育活动的组织

【完成目标】

1. 了解幼儿园社会教育的目标、内容与基本要求;
2. 掌握幼儿园社会领域活动的组织过程与指导原则;
3. 能够进行社会教育活动设计及评析。

【任务驱动】

社会性是作为社会成员的个体为适应社会生活所表现出的心理和行为特征。也就是人们为了适应社会生活所形成的行为方式,如对传统价值观的接受,对社会伦理道德的遵从,对文化习俗的尊重以及对各种社会关系的处理。你如何理解儿童的社会性发展(也称儿童的社会化)? 有人说,幼儿期是儿童社会性发展的重要时期,掌握幼儿园社会领域教育活动的设计与组织是每一个幼儿教师必须要具备的基本教学能力。请你谈一谈你对幼儿园社会领域活动有哪些了解?

···

社会领域课程是通过幼儿与他人、幼儿与社区、幼儿与自然等方面的互动,以促进幼儿掌握初步的社会知识,培养幼儿的社会情感、发展幼儿基本的社会技能、提高幼儿的社会适应能力、帮助幼儿养成良好的社会行为规范,是促进与实现幼儿社会性发展的基本手段和途径。良好的社会性发展对幼儿身心健康和其他各方面的发展都具有重要影响,因此,幼儿园社会领域课程是我国幼儿园课程必不可少的重要组成部分。

一、幼儿社会性发展的特点

幼儿总是生活在一个特定的社会环境和社会关系中,幼儿要发展其社会性,逐渐地掌握社会规范、处理人际关系、学会自我管理,由一个"自然人"发展成为"社会人",从而更好地适应社会生活。

(一) 自我意识的发展

自我意识是个体对自己的认识,包括自己的生理状况、心理特征以及自己与他人的关系等。

1. 自我意识的形成

幼儿自我意识在 2—3 岁萌芽,表现在能把自己和他人区分开来。在语言上,能够准确地使用代词"我"是幼儿自我意识萌芽的标志。随着幼儿年龄的发展,自我意识也逐渐发展,表现在对自己性别的认识、知道自己是谁等等。

2. 自我评价的发展

自我评价大约从 2—3 岁开始出现,3—4 岁时幼儿自我评价的发展较迅速。幼儿的自我评价最初主要依赖于成人的评价,到幼儿晚期才开始出现独立的自我评价,而且自我评价都较简单,一般使用"好"或者"不好","聪明"或者"笨蛋"等简单的词语。幼儿的评价往往带有主观情绪,且一般都是过高地评价自己。

3. 自我控制的发展

两岁的幼儿开始出现自我控制的能力。随着其自身生理条件的不断成熟,以及在成人的教育影响下,幼儿逐渐学会控制自己的活动。3—4 岁时发展较慢,4—5 岁迅速发展。大约 5 岁以后,幼儿几乎能够有意识地控制、调节自己的行为,控制自己的语言等。但从总体来说,幼儿的自我控制能力还较弱。

(二) 社会性情感的发展

1. 引起情绪反应的社会性因素不断增加

幼儿早期的情绪情感一般由生理因素引起,如饿了就会哭,满足了就会微笑。随着幼儿的发展,幼儿的情绪情感中的社会成分不断增加,例如,3 岁大的幼儿可能会因为没有受到父母的关爱和重视而哭闹。

2. 表情逐渐社会化

3 岁前的幼儿一般会毫不掩蔽地表现自己的情绪情感,想笑就笑,想哭就哭。而 3 岁以后则会在不同的场合下运用不同的方式来表达同一种情感,有时会痛而不哭,有时会高兴而不笑。

(三) 社会性行为的发展

社会性行为是人们在与他人交往的过程中,对他人的行为或语言表现出自己的态度和行为反应。一般可将社会性行为根据动机和目的的不同,分为亲社会行为和反社会行为。而幼儿的社会性行为,一方面有和成人的交往,主要包括父母和老师的交往,另一方面有和同伴之间的交往。幼儿社会性行为最初发生在与父母的交往中,到了 3

岁后进入幼儿园接受教育,幼儿开始与老师和同伴交往。

二、幼儿园社会领域教育活动的内涵与意义

幼儿园社会领域教育是幼儿教育工作者在幼儿园对幼儿有目的、有计划地实施社会认知、社会情感、社会行为等方面的教育。幼儿园社会教育能帮助幼儿正确地认识自己、他人和社会,形成积极的自然情感和社会情感,掌握与同伴、成人相互交往以及与周围环境相互作用的方式,以使幼儿更好地在社会中生存和发展。

可以说,幼儿园社会教育的意义表现在:

(一) 抓住幼儿社会性发展的关键期

幼儿期是幼儿社会性发展的关键期、奠基期,因此在幼儿园对幼儿有目的地实施社会教育对幼儿一生社会性的发展有重要意义。

(二) 促进幼儿身心健康发展

社会性的发展又能影响幼儿身体与心智的发展,良好的社会性会促进孩子的身心健康。社会化过程伴随人的一生,幼儿阶段的社会性发展和社会化水平会深刻地、长远地影响儿童将来的社会生活和学习工作。

三、幼儿园社会领域教育活动的目标、内容与基本要求

(一) 幼儿园社会领域教育活动的目标

《幼儿园教育指导纲要(试行)》中对社会领域提出了明确的总目标,即

1. 能主动地参与各项活动,有自信心;

2. 乐意与人交往,学习互助、合作和分享,有同情心;

3. 理解并遵守日常生活中基本的社会行为规则;

4. 能努力做好力所能及的事,不怕困难,有初步的责任感;

5. 爱父母长辈、老师和同伴,爱集体、爱家乡、爱祖国。

(二) 幼儿园社会领域教育活动的内容

《幼儿园教育指导纲要(试行)》中,对社会领域教育活动界定的内容范围包括:

＊积极引导幼儿参加各种集体活动,体验与教师、同伴等共同生活的乐趣,帮助他们正确认识自己和他人,养成对他人、社会亲近、合作的态度,学习初步的人际交往技能;

＊为每个幼儿提供表现自己长处和获得成功的机会,增强其自尊心和自信心;

＊提供自由活动的机会,支持幼儿自主地选择、计划活动,鼓励他们通过多方面的努力解决问题,不轻易放弃克服困难的尝试;

＊在共同的生活和活动中,以多种方式引导幼儿认识、体验并理解基本的社会行为规则,学习自律和尊重他人;

＊教育幼儿爱护玩具和其他物品,爱护公物和公共环境;

＊与家庭、社区合作,引导幼儿了解自己的亲人以及与自己生活有关的各行各业人们的劳动,培养其对劳动者的热爱和对劳动成果的尊重;

＊充分利用社会资源,引导幼儿实际感受祖国文化的丰富与优秀,感受家乡的变化和发展,激发幼儿爱家乡、爱祖国的情感;

*适当向幼儿介绍我国各民族和世界其他国家、民族的文化,使其感知人类文化的多样性和差异性,培养理解、尊重、平等的态度。

依据《纲要》,我们可以将社会领域的内容具体阐述为如下几个方面:

(1) 社会认知

① 自我意识:是对自己的认识,主要包括对自己的性别、身体、面貌的认识,对自己的喜好和优缺点的认识,了解自己的情绪反应,能够客观地评价自我。

② 对周围人的认识:了解自己的父母和亲人的工作,感受父母和亲人对自己的爱;理解和关心幼儿园的老师和同伴以及其他工作人员的工作,与他们友好地共同活动;认识其他工作场所的服务人们的劳动,尊重他人和他人的劳动成果。

③ 对周围环境的认识:知道自己家所居住的地址;了解自己的家乡,知道家乡的风俗习惯、名胜古迹、著名人物、特产等等;了解自己的祖国,知道关于祖国的标志、文化传统、风俗习惯、历史文化、自然风光、名胜古迹、英雄人物等等。

④ 对社会文化和环境的认识:认识我国各民族和世界其他国家、民族的文化,感知人类文化的多样性和差异性;简单了解人类生活的大环境以及环境与人类生活发展的关系,初步形成保护周围环境的意识。

(2) 社会情感

社会情感是在幼儿发展社会认知过程中产生的,即社会情感与社会认知在同一过程中发展,又与幼儿的认知发展水平紧密联系。社会情感可以分为积极情感如快乐、高兴、自豪等;消极情感如悲伤、沮丧、愤怒等。幼儿情感教育的主要内容则是要引导幼儿在社会认知过程中,形成积极的情感体验,学会认识、调控自己的情绪和情感。

(3) 社会行为

① 认识、体验并理解基本的社会行为规则,引导幼儿遵守规则,如爱护公物和公共环境等的公共场所规则,轮流、谦让、合作的游戏规则,红灯停绿灯行的交通规则等。

② 掌握同他们的交往技能,如如何提出自己的要求,表达自己的感受;自信礼貌地与人交谈,不打断别人的话;能解决自己和其他小朋友的矛盾等。

(三) 幼儿园社会领域教育活动的基本要求

1. 专门教育与生活渗透相结合

社会领域的教育具有潜移默化的特点。除了开设专门的社会教育活动外,还应在生活中随机而教,特别是幼儿社会态度和社会情感的培养尤应渗透在多种活动和一日生活的各个环节之中。教师要创设一个能使幼儿感受到接纳、关爱和支持的良好环境,让幼儿在环境中潜移默化地受到影响。教师和家长等要为幼儿做好榜样,避免单一呆板的言语说教。

2. 提供实践练习的机会

幼儿与成人、同伴之间的共同生活、交往、探索、游戏等,是其社会学习的重要途径。幼儿社会性的发展最终落实于幼儿在处理人际关系、社会问题等中的社会行为。因此,应为幼儿提供人际间相互交往和共同活动的机会和条件,幼儿能够在实践中运用社会知识,培养社会情感。教师在幼儿实践中,可对幼儿的社会行为加以指导。

3. 一致性与一贯性相结合

幼儿的社会学习是一个漫长的积累过程,需要幼儿园、家庭和社会密切合作,协调一致,共同促进幼儿良好社会性品质的形成。教育者应有目的、有计划地将来自各方面的教育影响加以组织,使幼儿园、家庭和社会三者相互配合、协调一致。如果教育影响不一致,那么教育作用就会相互抵消,造成幼儿思想上的混乱和行为上的矛盾,不利于幼儿社会性的发展。

四、幼儿园社会领域教育活动的组织过程与案例分析

(一) 幼儿自我教育的组织过程与案例分析

自我教育是以自我意识为基础,自我意识的发展是学前儿童社会性发展的重要组成部分,是社会性发展的基础。幼儿自我教育活动的主要内容,可以细分为自我认识、自我体验、自我控制三个方面。幼儿自我教育活动是为了让幼儿能够正确认识自己并自我接纳,培养幼儿的自信心,能够初步调控自己情绪情感与行为。不同地点方面侧重点不同,但都属于自我意识的范畴,具有一定的共性,因此在设计此类活动时可以按照以下基本结构:

1. 引发认知,导入课题

儿童对自我的认识处在朦胧状态,如何引导儿童关注自我和他人的不同,是有效引发学习目标的第一步。教师可以设计几个有趣的活动,如"猜猜他是谁"的活动,由教师描述每个孩子的相貌特征,让大家观察后猜测,由此感受每个人独特的地方。还可以运用好玩的手指游戏和直接展示教具等导入方法,用直观的方法让幼儿开始关注自我,为接下来的活动做充分准备。这个环节的重点在于激发幼儿认知的兴趣,产生探究的冲动。

2. 讨论交流,实践体验

教师创设幼儿相互交流、分享的环节,调动幼儿生活经验,表达自己的感受和想法。如在"认识自己"的主题中,教师可以通过组织语言交流活动"喜欢和不喜欢",让幼儿讲述喜欢吃的东西和不喜欢吃的东西、喜欢的玩具和不喜欢的玩具等,引发幼儿对自己情绪的体验,并由己及彼地了解别人的情感。教师还应为幼儿提供多种实践操作的机会,在实践活动中认识自己的能力,如让幼儿整理玩具,体验为他人服务的乐趣。教师还可以为幼儿提供模仿的榜样,让幼儿通过直接学习进行行为练习,建立良好的自我意识。

3. 经验积累,行为建立

通过设计多种形式的活动帮助幼儿积累丰富的实际经验,完成认知的迁移和良好社会性行为的落实。例如,"认识自己"主题活动。通过组织若干个相互联系的活动让幼儿认识自己的外貌、姓名和与众不同的特点,知道自己有喜怒哀乐情绪反应,发现自己家人、朋友等周围的人际关系,并通过实践让幼儿了解自己的能力,从而建立起全方位的对自我的认识。①

---

① 叶亚玲主编.幼儿园教育活动设计[M].上海:复旦大学出版社,2014.

中班社会领域教育活动"会变化的影子"①

[活动目标]

1. 运用各种感官,积极动手动脑,探索影子的秘密。

2. 在探索的过程中,使幼儿感受到发现的乐趣,培养幼儿的好奇心、求知欲及对科学活动的兴趣。

[活动准备]

1. 大屏幕一个、幻灯机一台、手电筒一个;

2. 幼儿操作的手偶玩具若干;

3. 小故事一个,磁带一盘。

[活动过程]

(一)探索影子

1. 猜谜,激发幼儿探索影子的兴趣。

请幼儿猜谜语:我有个好朋友,我走它也走,我停它也停,我到哪,它到哪,紧紧跟在我身边,这是谁?宝贝,今天就让老师和你们一起来和影子做游戏。但是影子有许多秘密,咱们把他找出来好不好?看谁找得又多又快?(鼓励幼儿用身体的各部位和影子做游戏。)

2. 幼儿自由地和影子做游戏,积极探索影子的秘密(教师观察幼儿的探索情况,并有目的地与幼儿交流。)

3. 讨论:影子的秘密

提问:

① 你是怎样和影子玩的,发现了什么?

② 影子会变吗? 它是怎样变的?

教师小结幼儿的发现。

知识点:影子会动,随着物体的移动而移动。影子会变,随着与光源距离的长短而变化。

(二)游戏:猜影子。

玩法:

1. 教师请两个特征比较明显的幼儿藏在屏幕后面,请其他幼儿分别猜猜他们是谁?

提问:请问他是谁? 你怎么知道?

2. 请两名特征不明显的幼儿藏起来,增加游戏难度,引起幼儿兴趣。

知识点:影子的特征与物体有关。

(三)利用游戏进行表演:激发幼儿对影子探索的欲望。

1. 教师用手影给幼儿讲故事,请幼儿欣赏。

a. 幼儿对着影子自由地表演手影。

b. 请幼儿换用手偶结合音乐进一步感知影子的有趣现象,当幼儿兴致较高时,教师忽然将灯关掉,引导幼儿观察光和影子的关系。

---

① 山东学前教育网.中班活动"会变化的影子"[EB/OL].[2016-02-20].http://www.sdchild.com/kcyj/lyjx/shjy/2012-11-19/23479.html.

2. 提问：影子哪去了？为什么没有影子呢？

(打开灯，进一步提问)有灯光了，可是为什么还是没有影子？

知识点：影子、物体、光线三者密切相连，缺一个即形不成影子。

[延伸活动]

"会走的影子"

"宝贝，刚才我们做游戏的时候，我们走影子也走，现在老师请一个小朋友蹲在地上不动，咱们猜猜他的影子会怎样？"

教师拿着手电筒，从不同角度照射幼儿，并让手电筒围着幼儿走一圈，观察影子的变化，提出再次探索的要求，自然结束活动。

(二) 幼儿社会环境与社会规范认知活动的组织过程与案例评析

社会环境和社会规范教育活动是一种引导幼儿认知社会环境，掌握社会规范的教育活动。个体在适应社会生活的过程中，必须了解周围的社会环境，遵守社会规范。所以说，幼儿对社会环境和社会规范的认知结果，会极大地影响幼儿社会性的发展。幼儿对社会规范的掌握，也是在社会环境中来进行的，因此，对社会环境和社会规范两者的认知，互为关联，不可相分。社会环境和社会规范教育活动的设计，一般可根据以下框架来进行：

1. 引导幼儿感知认知对象

通过活动导入引出相关的社会环境和社会规范。教师首先应引导幼儿对新的认知对象进行初步的认知，形成对新的认知对象的初步印象。其中，观察是幼儿认知社会环境和社会规范的重要方式，因此，在社会环境和社会规范教育活动中，教师应善于利用观察的方法，引导幼儿认知新的认识对象。例如，在"参观图书馆"活动中，教师应带领幼儿到图书馆进行实地观察，引导幼儿观察图书馆里有什么书，是怎么摆放的，在图书馆里要注意什么等。再如，在活动"交通规则"中，教师可带领幼儿到路边观察或观看相关录像，引导幼儿观察路口有什么，车辆是怎么走的，人们是怎么过十字路口的，红绿灯有什么作用等。

2. 组织幼儿自由表达与表现自己的认知体验

在幼儿对新的社会环境和社会规范有了初步的认识和了解之后，教师应提供机会和条件，让幼儿自由表达和交流自己对新的社会环境和社会规范的认知体验，进一步加深幼儿的认知。如"参观图书馆"活动，参观结束后，教师可以组织幼儿讨论交流，说说自己在图书馆的见闻和感受。"交通规则"活动中，幼儿观看相应场景后，教师应组织幼儿交流自己对交通规则的认识。

3. 引导幼儿正确认知社会环境和社会规范

在幼儿讨论交流的过程中，教师应用符合时代要求的社会规范来引导幼儿，用自己对社会环境的认识来影响幼儿。当幼儿对社会环境和社会规范的认知发生冲突时，教师应对幼儿进行合理而积极的引导。如对"图书馆里能不能吵闹？""过马路能不能不走斑马线？"等问题，当幼儿争论不休的时候，教师要对幼儿合理引导，启发幼儿思考，从而找到正确的答案。

4. 创设情景,引导幼儿体验与练习相应的社会环境和社会规范

在活动最后,教师还可以创设相应的情景,引导幼儿体验相应的社会环境,实践练习相应的社会规范,巩固幼儿对社会环境和社会规范的认知。如"交通规则"活动中,教师可创设交通场景,让幼儿扮演相应角色,模拟练习交通规则。

案例速递

大班社会领域教育活动"生活中的信号"①

活动目标

1. 简单了解古代和现代生活中人们传递信息的多种方式,初步了解各种信号;

2. 引导观察生活中的信号,大胆创造自己班级的信号。

活动准备

课件、红灯、绿灯(卡片)、字卡:声音信号、光信号、动作信号。

活动过程

(一)课前经验导入

教师出示幼儿与家长共同搜集的信号图片做成展板。

(二)了解古代的信号

师:写信是我国古代人们传递信息的主要方式,但是如果发生了紧急的情况,来不及写信,比如:敌人快攻打到我们这里了,古代的人会用什么方法通知其他人呢?(幼儿回答)。

师利用课件小结:

1. 烽火、狼烟

小朋友还记得我国最长的墙是什么吗? 长城就是古代人们为了抵御敌人建造的,每隔一段距离就设一个烽火台,当发生状况时就一个接一个地点燃烽火,用烟传递敌人来侵的信息。

2. 钟、鼓

古代发生重大事情时,例如起火、发大水等,人们会敲响钟或锣鼓等通知大家集合。

师:古代人充分利用他们的智慧创造了这些信号来传递信息,可是由于条件的限制,他们的信息传递很慢,而且准确性不高。

(三)了解现代生活中的信号

随着现代科技的发展,我们可以通过电视、电脑、电话等现代设备,及时了解周围发生的事情,随时随地和远方的朋友交流。不过,为了方便我们的生活,人们也利用一些现代手段创造了许多信号来传递信息。

1. 师幼玩游戏——小司机,将信号渗透在游戏中。

幼儿"开车"出发,师随机出示红灯、绿灯,做交警手势、放110的声音,提示幼儿注意倾听、观察,遵守交通规则。

---

① 山东学前教育网.大班活动"生活中的信号"[EB/OL].[2016-02-20]. http://www.sdchild.com/kcyj/lyjx/shjy/2014-03-11/36689.html.

师提问：你们来回忆一下，刚才的游戏中，我都用了哪些生活中常用的信号？

幼儿回答，师出示相应字卡：声音信号、光信号、动作信号。

2. 师幼互问互答，了解生活中的信号。

（1）声音信号

师：除了刚才游戏中的警笛声，你还知道生活中有哪些声音信号？（幼儿回答。）

师点击课件中的声音让幼儿猜是什么信号（军号、电话铃、发令枪）并小结：生活中有许多声音信号，我们一听到这些信号就知道怎样做。如：军号、发令枪、铃声（电话铃、上课铃）、哨声（一些体育比赛中，裁判会用哨声来指挥比赛，如足球比赛中，吹两个长音就表示比赛结束，师吹哨子演示）。

（2）光信号

师：人们利用灯、光创造出了许多光信号，如：信号灯、车灯、灯塔、提示灯（航空障碍灯）、信号弹、手电筒（师点击课件与幼儿互动问答并小结）。

（3）动作信号

师：你知道生活中还有哪些属于动作信号吗？（幼儿回答。）

师利用课件小结：

手势：交警、裁判、乐队指挥；旗语：海军、足球裁判（师示范海军旗语——再见，让幼儿学做）。

师：这些信号让我们的生活变得更方便、快捷，在一些紧急的状况下还可以给我们特殊的帮助（师举例说明）。

（四）幼儿自己创编班级信号

师：刚才我们了解了生活中的许多信号，小朋友想不想来设计一个属于我们自己的信号？

1. 幼儿分组创编信息，师指导。

2. 请幼儿每组派代表上前演示自己组创编的信号，请其他幼儿猜一猜分别是哪个信号，集体学做。

（五）结束

师：小朋友都表现得很棒，老师这里还有一个难题要考考大家：有个小哥哥喜欢冒险，一天，他独自乘船来到海中央的小岛上玩，当他想要返回的时候发现船被海浪给冲走了，怎么办呢，他等了好久好久突然发现天空远处一架直升机正在巡逻，这时他给直升机发了一个信号，最终得救了，小朋友猜猜他发了一个什么样的信号救了自己？（幼儿猜想。）

师：（点击图片 SOS）小哥哥在沙滩上写了一组大大的字母，小朋友认识吗？这三个字母是什么意思，小朋友今天晚上回家可以和爸爸妈妈一起查一查，明天来告诉老师和小朋友，好吗？

（三）幼儿人际交往教育活动的组织过程与案例分析

人际交往活动是指教师创造一定的情境和条件，引导幼儿学习某种人际交往能力的教育活动。如前所述，人际交往能力的发展，是幼儿社会性发展重要的组成部分，影响到幼儿一生的发展。因此，教师要为幼儿创设人际交往的机会和条件，促进幼儿人际交往能力的发展。培养幼儿正确的交往态度，帮助幼儿掌握相应的交往技能，学会与人相处，共同生活。幼儿人际交往教育活动设计的基本框架大致如下：

1. 创设人际交往情景

在人际交往教育活动中,教师一般可以通过情景表演、听故事、看图片等方式,创设人际交往的情景,激发幼儿的兴趣,引出人际交往的主题。如活动"学做小客人",教师可以创设一个小兔请客的情景表演,通过组织幼儿观看各种小动物做客的表现,引出该如何做客的活动主题。

2. 引导幼儿学习人际交往技巧

以各种方式向幼儿传递正确的人际交往技巧,这是人际交往教育活动中非常重要的环节。介绍人际交往技巧可以采用两种方法:一是直接呈现法,就是让幼儿直接接触人际交往,如面带微笑,使用礼貌用语,并让幼儿感受到这种交往技巧能够给人带来快乐,从而使他们愿意使用交往技能;二是间接呈现法,就是指教师通过呈现一些反面事例,让幼儿进行讨论,逐步引出人际交往技巧。如活动"学做小客人",教师可让幼儿先观看小熊做客不礼貌的表演,然后组织幼儿讨论:小熊的做法对吗?为什么?应该怎么做才好?最后,总结出礼貌做客应注意哪些问题。

3. 组织幼儿运用人际交往技巧

在活动最后,教师要提供各种条件和机会,让幼儿学习使用这些人际交往技巧,帮助幼儿掌握所学的人际交往技巧的具体运用,这是人际交往教育活动的核心环节。组织幼儿运用人际交往技巧,一般可以采用角色扮演法创设一些交往情景,让幼儿按正确的人际交往技巧进行表演。如活动"学做小客人",在学习礼貌做客的技巧后,可以组织幼儿进行角色表演,运用做客的技巧。也可以采用讨论法,在学习交往技巧后,组织幼儿讨论怎么使用、在哪些场合使用等。①

案例速递

小班社会领域教育活动"分享真快乐"②

[活动目标]
1. 学习与他人分享食物、玩具、图书等;
2. 懂得抢别人的玩具是不礼貌的行为,体验分享带来的乐趣。

[活动准备]
故事《明明的变形金刚》、幼儿自带的一些玩具或食物。

[活动重难点]
能与他人分享食物、玩具、图书等。
体验分享带来的乐趣。

[活动过程]
(一)明明的故事
1. 今天老师带来了一个小故事,大家一起来听一听吧,请你们认真听完

---

① 王栋材,彭越编著.幼儿园教育活动设计与指导[M].长沙:湖南大学出版社,2012.

② 山东学前教育网.小班活动"分享真快乐"[EB/OL].[2016-02-20].http://www.sdchild.com/kcyj/lyjx/shjy/2013-09-09/31064.html.

故事后回答老师的问题,好吗?

2. 教师讲述故事内容,请幼儿认真倾听。

(二)用提问的方式,让幼儿知道分享是一种好行为

1. 明明的妈妈为什么会开心地笑了呢?

2. 小结:小朋友,明明有了新玩具,而且还邀请了自己的小伙伴一起玩,妈妈为他的行为感到自豪,所以高兴、满意地笑了。

3. 明明会把自己的玩具和小伙伴一起分享,那当你们有一件新玩具的时候,你们会与自己的好朋友一起分享吗?

4. 小结:大家现在知道了分享能给我们带来快乐。

(三)请幼儿和别人分享自己从家里来的东西,体验分享带来的乐趣。

1. 你们从家里带来了自己最喜欢吃的东西和玩具,你们愿意和别的小伙伴一起分享吗?

2. 请幼儿介绍自己带来的东西,并且说一说愿意和谁一起来分享。

3. 教师根据幼儿的意愿,请幼儿与自己伙伴一起分享自己所带来的东西。

4. 小结:小朋友,因为大家都一起分享自己的东西,你们都开心吗? 其实与同伴分享也是一种快乐的事情。

[结束活动]

1. 小结活动情况。

2. 鼓励幼儿在日常生活中也要学会与他人分享东西。

(四) 幼儿多元文化教育活动的设计与组织

1. 幼儿多元文化教育活动设计的基本要求

(1) 在环境布置中营造多元文化的氛围

多元文化教育需要"创造一个尊重与重视差异的学校氛围"。《全球幼儿教育大纲——21 世纪国际幼儿教育研讨会文件》中指出:"应为不同种族、性别、民族或有特殊需要的幼儿提供多样的学习环境,这个环境应反映当地幼儿及家庭的文化背景和传统。"因此,我们在布置和营造幼儿园的环境时,应该把民族文化和世界文化融合起来,注意在环境中渗透对幼儿的多元文化教育。例如:有的幼儿园在墙上既张贴中国地图,又张贴世界地图;有的幼儿园在装修幼儿园环境时,把中国版图直接刻在活动场地上,这样让孩子们在游戏和自由活动中随时随地学习;有的幼儿园在环境布置中充分体现家乡的文化特色,如设计茶艺、布艺、地方戏曲、民族歌舞等。

(2) 在日常生活中渗透多元文化

在幼儿的日常生活中,处处都蕴藏着多元文化学习和教育的契机。不同的文化有不同的饮食结构和餐饮习惯。幼儿园在每天的餐饮活动时,可以让幼儿品尝不同国家有代表性的食品,如日本料理、西餐、韩国烧烤等,直接感受其饮食传统所代表的各国文化;也可以让幼儿尝试制作本国或外国食品,如学包饺子、做汤圆、包粽子等,学制作西餐,如水果色拉、蛋糕、汉堡等,初步了解并比较东西方不同的饮食文化和饮食习惯。这样,多元文化的教育内容有机地融合进幼儿园一日生活之中。

（3）在节日庆祝活动中感受多元文化

各种重要的节日、纪念日都是宝贵的多元文化教育资源，幼儿园要适时地加以利用。要注意从幼儿的兴趣、需要、能力、经验和文化背景出发，不仅围绕着本国的节日，如中国的春节、端午节、中秋节、重阳节等开展活动，而且要适时精心挑选和利用各国具有代表性的一些重大节日，如圣诞节、母亲节、感恩节、万圣节等，开展主题庆祝活动，使幼儿有机会接触各个国家地区和各民族不同的文化、不同的风土人情以及生活习惯，以形成幼儿的多元文化意识，养成对多元文化的积极态度。[①]

（4）在学习和娱乐活动中体验多元文化

将多元文化与幼儿园课程紧密地结合在一起，渗透在不同领域的教育活动中。可以通过正规的社会教育活动、艺术活动、娱乐活动等形式，对幼儿进行多元文化教育，帮助幼儿了解人类不同文化之间的相似性和独特性，使幼儿学会分享共同的文化，容纳和接受不同的文化。组织幼儿在社会教育活动中了解我国各个民族和其他国家的文化，通过音乐活动、美术活动、戏剧表演活动、建筑活动等形式。通过故事、歌曲、图片、工艺品等资料收集，利用不同的途径，如唱歌、舞蹈、绘画、木偶表演、各国动画片等，了解我国各民族、世界各国的文化传统。从不同的视角审视不同文化的特色以及他们之间的差异。

（5）在社会教育活动日中挖掘和利用多元文化资源

幼儿园要创设"社会教育活动日"，充分利用大自然和社会的有效资源对幼儿进行多元文化教育。幼儿的周围环境中储藏着丰富的多元文化教育资源，只要合理挖掘和利用，就能开阔幼儿的视野，扩展幼儿的信息量，拓宽幼儿学习的空间，提高教育的效果。比如，可以组织幼儿到博物馆、海洋馆、美术馆、歌剧院等社会场所参观、游览，让他们亲身体验东西方文化的异同。还可以在社会活动日中将各民族、各国的朋友请进幼儿园，与幼儿一起联欢，共同进行分享和体验活动。要鼓励拥有不同文化背景的家长给幼儿讲故事，和幼儿一起唱歌、装饰、绘画、制作；鼓励去国外工作或旅行过的家长，给幼儿讲述他们的所见所闻，共同观赏他们拍摄的异国风情的图像资料。

案例速递

中班社会领域教育活动"九九重阳节"[②]

［活动目的］

1. 知道重阳节是尊老、敬老、爱老、助老的节日；

2. 学习如何帮助老人；

3. 激发尊敬老人的情感。

---

① 李生兰. 学前儿童多元文化教育的途径[J]. 早期教育, 2003(6).

② 山东学前教育网. 中班活动"九九重阳节"[EB/OL]. [2016-03-10]. http://www.sdchild.com/kcyj/lyjx/shjy/2014-10-11/43877.html.

［活动准备］

1. VCD 光盘《常回家看看》；

2. 老人幸福生活的精彩片断；

3. 课前和幼儿园的爷爷奶奶取得联系，到重阳节这一天把他们请来；

4. 幼儿人手一份自制礼物。

［活动过程］

（一）请幼儿观看 VCD 光盘《常回家看看》

1. 刚才你看到的是什么？（引起孩子们的情感共鸣。）

2. 片中表现的是什么内容？（孩子和爸爸妈妈一起看望老人，回家团圆的情景。）

3. 引出老人节：我们小朋友有自己的节日，老人也有自己的节日，介绍农历九月九日就是老人节。

4. 你们知道老人节是怎么来的吗？

（二）介绍重阳节的来历

1. 老人节也称重阳节，相传在我国古代有个叫恒景的名士，九月九日那天，全家一起登高、插茱萸、饮菊花酒。因此，重阳节登高就逐渐形成一种风俗。打那以后，在九九重阳这一天有不少诗人作诗来纪念。

2. 教师讲述：在这一天，许多地方的人们都有登高、爬山、赏菊、吃重阳糕的习俗，其中登高和吃糕都含有"步步高"的祝愿，为表示对老人的敬意，我国将重阳节又叫老人节。

3. 观看专题录像片《百岁老人》（老人们欢乐度晚年的情景。）

教师讲述：敬老爱老是中华民族的光荣传统，我们国家非常重视和关心老人，各地都为老人修建了敬老院，我们小朋友要尊敬长辈，知道在长辈生病时要关心他们，老人过生日，要贴心准备小礼物问候他们。

4. 引导幼儿说出自己周围的老人是怎样过重阳节的（扭秧歌、跑旱船、打腰鼓等等。）

5. 在重阳节，你是如何做的？（给老人送礼物等。）

6. 在日常生活中，你是怎样尊敬老人的？

（三）敬老爱老活动

1. 重阳节是老人的节日，是姥姥、姥爷、奶奶、爷爷的节日，在过节的时候，我们在家里可以给老人买许多东西，和他们一块过节。我们这里的爷爷奶奶们天天为我们做菜做饭很辛苦，我们一起来孝敬一下他们吧。

2. 给老人送礼物，并对老人说句祝福的话。

3. 请小朋友一起跟爷爷奶奶们合影留念，活动在《常回家看看》乐曲声中结束。

（四）延伸活动

1. 取得家长配合，让家长和幼儿一块给爷爷、奶奶、姥姥、姥爷买礼物，表达孝心。

2. 在家中为老人做一件力所能及的事情。

2. 幼儿多元文化教育活动设计的基本原则

（1）体验性原则

幼儿社会性的形成不仅体现在社会知识的获得，社会情感的培养，更体现在社会行为的发展上。幼儿社会行为的发展离不开真实的活动体验。在幼儿社会性形成的过程中，社会道德规范的必须是在他们活动和交往中，亲身体验才能逐渐掌握的。教育者要多为幼儿创设社会体验的情境和机会，激发幼儿参与体验的动机，使幼儿在具体情境中发展社会性。

（2）整合性原则

社会领域课程与其他领域相结合，专门的社会教育与幼儿生活相结合。

（3）生活性原则

发展幼儿的社会性的最主要的目的则是使幼儿能够适应社会生活，幼儿的社会性主要是在日常生活和游戏中通过观察和模仿，潜移默化地发展起来的。教师在进行社会教育时，多与幼儿实际生活相结合，教师在生活中教，注重自己言行的榜样作用，避免简单生硬的说教。幼儿在生活中学，最终将所学成果运用于生活。

任务4 幼儿园科学领域教育活动的组织

【完成目标】

1. 理解和掌握幼儿园科学教育内容的范围及其生成过程，学会选编学前儿童科学教育的内容。

2. 掌握学前儿童科学教育的基本方法——自主探究，并能结合具体内容、对象及教学条件设备等灵活地、创造性地加以运用。

3. 了解学前儿童科学教育的基本途径，能够进行科学教育活动设计及评析。

【任务驱动】

让热水变冷

一次，我倒了一大杯水，可水太烫喝不了。细心的威威看见了，说："老师，我有办法让这杯水快快变冷！"威威的话引起了小朋友们的兴趣，很多孩子好奇地围了上来，于是，"让热水快点变冷"的科学探索活动应运而生了。

1. 猜想让热水变冷的办法：围绕着"有什么办法让热水变冷"，我让孩子们充分猜想、讨论，然后发表自己的想法，并对不同意见提出质疑。孩子们的办法可多了，"把热水杯放在冰箱里"、"拿筷子在水里搅拌"、"把热水放在窗上，让风吹冷"、"用扇子扇风"、"往杯里加冷水"等等。我鼓励他们用绘画的形式把猜想的办法记录下来，以便进行实验。

2. 怎样证明热水变冷了：实验开始前，孩子们对自己的办法和别人的办法能否让热水变冷充满疑问，急于动手实验。这时，我提问："怎样证明你的办法使热水变冷了呢？"有的幼儿说用手摸，有的说用嘴尝，也有的说看杯子上是不是有热气，用温度计插到水里测量……

3. 怎样让热水冷得更快：热水变冷实验后，我又提出了新的问题：怎样让水冷得更快？孩子们通过交流、探索,反复实验,得到了多种方法。

- -

　　学前儿童科学教育(以下简称科学教育)是对过去幼儿园自然常识教育的改革和发展。20 世纪 70 年代末到 80 年代中期,幼儿园常识仍沿用 50 年代的教材教法,无论是在内容上还是方法上都已显得有些陈旧,无法满足学前儿童身心的发展需求和兴趣爱好以及社会发展的步伐。因此,全国许多幼儿园都开始了常识教育内容和方法的改革实验,经过 10 多年的实践,"科学"逐渐取代了"常识"。2001 年,在教育部颁布的《幼儿园教育指导纲要(试行)》(以下简称《纲要》)中,"科学"第一次正式列入幼儿园教育内容之中。

　　"科学"被除去了神秘的外衣,并成为学前儿童学习的内容,这是一个进步。具体比较"科学教育"与"常识教育",我们发现在教育目标、内容和方法上都有了根本性的变化,如科学教育在目标上更注重发展儿童的好奇心和求知欲;在方法上强调学前儿童自己探索与发现;在内容上考虑到数学是科学的本质,是科学的工具,两者是有联系的,能够互相渗透的,因而将数学并入科学领域,统称为科学教育。

　　幼儿园科学领域课程是实施有幼儿园科学教育的基础。幼儿园科学教育是引导幼儿主动学习、主动探索的过程;幼儿园科学教育是支持幼儿亲身经历探索过程、体验科学精神和探索解决问题策略的过程;是使幼儿获得有关周围物质世界及其有关系的感性认识和经验的过程。幼儿园科学领域课程设计的主要目的是为学前儿童进行科学启蒙教育,培养学前儿童基本科学素养,并促进幼儿身心全面和谐发展。

一、学前儿童的科学活动

(一) 科学是什么

　　对于常人来说,科学是什么? 科学是物理、化学、生物学、天文学等学科知识,是科学家们进行的实验研究。科学就在我们身边:山川河流、日月星辰,风雨雷电、斗转星移,这些事物和现象无一不和科学联系在一起,无一不是科学探索的对象。总之科学探索已经成为我们生活中不可缺少的内容。

　　那么,什么是科学呢? 不同的人从不同的层面来理解,会得出不同的看法。在这里我们综合各家论述给科学的内涵做一个解释:

　　科学是人们对客观世界的一种正确认识和知识体系,同时也是人们探索世界、获取知识的过程,还是一种世界观、一种看待世界的方法和态度。

(二) "儿童的科学"是什么

　　对于儿童来说,科学是什么? 这是个值得我们教师与家长深思的问题,儿童眼中的科学不是牛顿定律、三角函数,也不是密密麻麻的科学公式。科学是他们生活中有趣的发现,是他们眼中好奇的现象。我们可以先从具体例子来讨论。

科学区中，两位小朋友在玩磁铁，他们一会儿吸吸这个，一会儿吸吸那个，玩得很高兴。这时，幼儿 A 发现旁边有一辆小汽车，就拿着玩起来，然后把它放到一块薄木板上，他想让小汽车在木板上跑起来，就用磁铁在前面吸、后面吸，各个方向吸，想让小汽车跟着磁铁走，可是小汽车被吸到磁铁上，并没有跑起来。幼儿 A 去找幼儿 B 帮忙，两个人一起忙活起来，可是忙了半天也没有找到合适的办法。两人有点泄气了，他们放下磁铁和小汽车，不想玩了。这时，教师走过去，拿起磁铁和小汽车说："这辆小汽车真漂亮！我们想办法让小汽车在路上跑起来吧！"两位小朋友听见了，都围拢过来，我把磁铁放到木板的下面，在小汽车的正下方，然后把磁铁贴着薄木板向前移动，小汽车跟着磁铁动起来了！"小汽车开了！小汽车开了！"两位小朋友欢呼起来，他们玩小汽车玩了很久。

显然，这两位儿童经历了一次典型而且有趣的科学探究活动。起初，科学区投放的磁铁和小汽车引起了儿童摆弄的兴趣。而摆弄的过程又引起了儿童的发现：磁铁能把东西吸过来，它能不能让小汽车跑起来？这个问题引发幼儿 A 去不断重复操作，但是都没有成功。这一发现又引起了幼儿 A 更进一步的问题：为什么小汽车每次都被吸住，却跑不起来呢？为了解决这个问题，他寻求幼儿 B 的帮助，但是直到最后，他心中的疑问也没有得到完满的解决。这就是"儿童的科学"——儿童对事物表现出好奇、提出问题、进行探究、寻求解释，尽管他最后并没有得出在成人看来"正确的"结论。

早晨，两位小朋友在街心公园跑步，树枝、草叶上挂满了露珠，长椅上也是湿漉漉的。幼儿 A 忽然想到一个问题，问幼儿 B："你说是白天热还是夜里热？""当然是白天比夜里热。"幼儿 B 回答。"我认为正好相反。你看，昨夜热得树木、花草出了那么多汗。"幼儿 A 反驳道。

在这个例子中，儿童并没有表现出明显的探究行为。似乎他们很满足于自己对问题的回答。当然，我们深信这个儿童的认识也不是"从天上掉下来的"，而是和他平时有关出汗的生活经验有一定的联系。他认识到出汗和热这两个现象是有关联的，只是不能区分汗珠和露珠。这也是"儿童的科学"——儿童在思考并试图解释自然界中的现象。他根据过去的生活经验（也许是贫乏的生活经验）和当前观察到的事实，对自然现象做出了自己的判断，尽管未必是正确的判断。

某 5 岁女孩有一天突然对妈妈说："我知道天上的星星为什么眨眼睛了。"妈妈很奇怪，因为从来没有人教过她。而儿童的解释则更令她奇怪："因为每颗星星上都有一个人,拿手电筒对着我们一会儿开、一会儿关。我们在地球上看,就好像是星星在眨眼睛。"这位妈妈不知道怎样对待孩子的解释,只好对她说:"你想得真好! 不过,事实上并不是这样的。真正的原因等你长大以后就知道了。"

上述例子中,这女孩的行为似乎离科学更远了:与其说这是科学,还不如说是幻想。然而,科学和幻想并没有绝对的界限。这正是"儿童的科学"——儿童同样对自然界的现象表现出好奇,并且通过自己的思考得到了一个解释,尽管这个解释没有建立在事实的基础上,而更多是主观想象的结果。

案例速递

大班科学领域教育活动"快乐的旋转"

生活中有什么东西会旋转呢? 孩子们议论纷纷:旋转是接送车转动的轮子、是司机叔叔手中的方向盘;是妈妈买来的陀螺、是幼儿园里好玩的呼啦圈;是洗衣机里的大漩涡,是电视里威力无比的龙卷风……各种各样的旋转吸引了孩子们,他们睁大的眼睛里充满了好奇。

生活中有这么多神奇的旋转,那我们自己呢? 孩子们兴奋地发现:原来我们自己的身体从上到下都会旋转——头、眼珠、嘴巴、手臂、腰、膝盖、脚……甚至整个身体都会旋转,更神奇的是我们的身子能跟着音乐节奏旋转,还能好几个部位同时旋转呢……

渐渐地,孩子们不满足于发现旋转了,他们开始探索:这些东西为什么会旋转呢? 孩子们到自己熟悉的各个角落去寻找、做记录,惊喜地发现原来旋转原因有好多:有的靠电力旋转、有的靠风力旋转、还有的靠人力旋转的……孩子们还大胆想象:还有靠引力、靠机器人的力量旋转的……可是为什么他们旋转的速度会不一样呢? 细心的孩子们开始学会在游戏中比较观察:原来,接触面的光滑和粗糙、物体本身是否平衡、用力的大小等等都会影响旋转的速度。

旋转与我们人类有什么关系呢? 他们对我们人类有什么作用和危害呢? 实验课上,孩子们品尝了果汁机榨出来的鲜果汁,在家里,和爸爸妈妈一起观察了洗衣机里转动后变得干净的衣服;也看了电视里、图画中被龙卷风刮得东倒西歪的房子树木;也知道了因为有漩涡,地球上还有轮船不能经过的海面……

发现了这么多的秘密,孩子们决定用自己的方式表达这些发现——他们拿来了纸笔画下了自己发现的旋转物体,在实验课上跟老师一起制造旋转,和老师爸爸妈妈一起,收集了各种各样的物品,动手设计制作了属于自己的旋转玩具,组成了大 A 班的神奇的"旋转王国"。不仅如此,在班级的"宝贝生日会"上,还和爸爸妈妈一起跳起了快乐的"圆圈舞",把爸爸妈妈都逗乐了……

快乐的旋转!

生活中无处不在的旋转,许多被大人忽视的现象,在儿童眼里是那么的好奇和有趣。这就是儿童的科学。所以,幼儿都是科学家,幼儿的生活就是科学,无处不在,是经验性的、诗意性的、想象性的。

（三）学前儿童科学教育是什么

通过对以上概念的了解，我们可以认识到：科学教育不应等同于以往的常识教育，也不应该只是加上些新内容和动手操作的教育。科学教育应成为引发、支持和引导幼儿主动探究，并获得有关周围物质世界及其关系的经验的过程。

具体地说，学前儿童科学教育可以解释为：是对儿童的科学启蒙教育。是通过儿童自身活动，对周围物质世界进行感知、观察、操作、发现问题、寻求答案的探索过程；是儿童获取广泛的科学、技术经验，初步学习科学方法和技能，培养科学态度的过程；是发展幼儿好奇心，产生学习科学的兴趣，以及培养儿童良好科学行为、习惯的过程。

二、幼儿园科学领域教育活动的目标与内容

（一）幼儿园科学领域教育活动的目标

幼儿园科学教育的目标是构成科学教育实践活动的第一要素和前提，它是教师进行科学教育的指导思想和制定计划的依据。幼儿园科学教育目标，既是幼儿园教育总目标的有机组成部分，又是幼儿园阶段科学教育的特殊要求。

幼儿园科学教育的目标具有不同的层次。从课程设计和实施的过程来看，幼儿园科学教育的目标包括从上而下的三个层次：幼儿科学教育的总目标、年龄阶段目标和活动目标。

1. 幼儿园科学领域教育的总目标

幼儿园科学教育的总目标，是幼儿阶段科学教育总的任务要求，它指出了进行科学教育的范围和方向，是科学教育所期望的最终结果。幼儿园科学教育的总目标是：①

第一，对周围的事物、现象感兴趣，有好奇心和求知欲；

第二，能运用各种感官，动手、动脑，探究问题；

第三，能用适当的方式表达、交流探索的过程和结果；

第四，能从生活和游戏中感受事物的数量关系并体验到数学的重要和有趣；

第五，爱护动物、植物，关心周围环境，亲近大自然，珍惜自然资源，有初步的环保意识。

2. 幼儿园科学领域教育年龄阶段目标

幼儿科学教育的年龄阶段目标是总目标在各个年龄阶段上的具体体现，是总目标的具体化，它把科学教育的总目标按不同年龄幼儿的发展水平进行了具体划分，反映了不同年龄阶段幼儿的目标要求的差异性。我们必须根据幼儿的年龄特点，提出不同于其他年龄阶段的、适宜幼儿发展需要的目标。

（1）小班科学领域教育活动目标

其一，情感方面。

① 对周围事物产生好奇心，乐意感知和摆弄他们能够直接接触到的自然物和人造物；

② 能在成人的感染下表现出关心、爱护周围事物的情感；

---

① 教育部基础教育司组织编写.幼儿园教育指导纲要(试行)解读[M].南京：江苏教育出版社,2001.

③ 萌发探索自然现象和参与制作活动的兴趣。

其二,方法技能方面。

① 学会运用多种感官感知物体的外部特征;

② 学会使用简单工具;

③ 学会用词语或简单的句子描述事物的特征或自己的发现,与同伴、教师交流。

其三,知识方面。

① 愿意观察周围常见的个别自然物(小猫、小狗、小草、石头等)的特征,获取粗浅的科学经验,初步了解它们与学前儿童生活、与周围环境的具体关系;

② 通过观察周围常见自然现象的明显特征,获取粗浅的科学经验,并感受它们和自己生活的关系;

③ 通过观察日常生活中直接接触的个别人造产品的特征及用途,获取粗浅的科学经验,感受它们给生活带来的方便。

(2) 中班科学领域教育活动目标

其一,情感方面。

① 喜欢探究周围生活中常见的自然现象、自然物和人造物;

② 乐意关心、爱护动植物和周围环境;

③ 愿意参加制作活动。

其二,方法技能方面。

① 学会比较观察不同物体或同类物体的特征;

② 学会使用工具制作简单产品;

③ 学会用自己的语言描述自己的发现与同伴、教师交流,并学会运用其他手段(如图表、绘画、作品展览等)展示自己的科学探索活动的过程与结果。

其三,知识方面。

① 通过获取有关自然环境中动植物及沙石水等无生命物质及其与人类关系的具体经验,了解不同环境中个别动植物的形态特征和生活习性;

② 了解一年四季的特征及其与人们生活的关系,观察常见的自然现象,获取感性经验;

③ 通过获取周围生活中常见科技产品的具体知识和经验,初步了解它们在生活中的运用。

(3) 大班科学领域教育活动目标

其一,情感方面。

① 养成好奇、好问、好探索的态度;

② 主动关心、爱护周围环境;

③ 喜欢并能主动参与、集中于自己的科学探索活动和制作活动。

其二,方法技能方面。

① 学会主动运用多种感官观察物体的运动和变化,即对自然现象进行观察;

② 学会运用简单工具和多种材料进行制作活动,能够发现物品和材料的多种特性和功能,并能表现出一定的创造性;

③ 能用完整、连贯的语言与同伴、教师交流自己在科学活动中的做法、想法和发现,以及能够表达发现的愉快。

其三,知识方面。

① 初步了解不同环境中的动植物及其与环境的相互关系,以及周围生活中的环境污染现象和人们保护生态环境的活动;

② 初步了解有关季节、人类、动植物与环境等关系的感性经验;

③ 探索周围生活中常见的自然现象,获取有关的科学经验。

3. 幼儿园科学领域教育具体活动目标

幼儿园科学教育活动目标指的是要在一次或一个系列科学教育活动中达到的教育效果。它是根据幼儿科学教育总目标和年龄阶段目标,并结合教育活动的内容和幼儿的特点提出的具体的、可操作的目标。

(1) 科学教育具体活动目标的三个方面

① 情感态度与价值观(有好奇心和探究热情并有初步的科学精神和态度);

② 方法与技能(观察、动手操作、动脑思考、表达等);

③ 科学知识(获得有关周围事物及其关系的知识经验,并有使用倾向)。

(2) 科学教育具体活动目标的特征

幼儿园科学教育活动目标是教师开展幼儿科学教育活动时的具体依据和指导,它应该具有以下几个特征:

① 教育活动目标所期望的结果应基本上是可以观察或测量到的。因此,从表述的方式上说,教育活动目标通常采用"行为目标"的方式来表述,如"通过操作,探索使各种物体转动起来的方法⋯⋯"而对于那些很难表现为外部行为的目标内容,如兴趣、情感和态度方面的发展目标,也可采用其他的方式来表述。

② 教育活动目标应全面反映幼儿园科学教育总目标和年龄阶段目标的要求。也就是说,一个教育活动的目标,应涵盖知识、技能、情感、价值观等多个领域。同时,活动目标也应结合教育活动的具体内容有所侧重,如有的活动以培养科学方法为主要目标,而有的活动则以培养幼儿的科学态度为主要目标。

③ 教育活动目标应该体现和上层次目标之间的联系,即是上层次目标(总目标、年龄阶段目标和单元活动目标)的具体化和分解。此外,教育活动目标也要体现与前后教育活动目标之间的联系,以体现幼儿学习和发展的连续性。

(二) 幼儿园科学领域教育活动的内容

幼儿园《纲要》中规定,对科学领域教育活动界定的内容范围是:

＊引导幼儿接触自然环境,使之感受自然界的美与奥妙,激发幼儿好奇心和认识兴趣;

＊结合和利用生活经验,帮助幼儿认识自然环境,初步了解自然与自己生活的关系;

＊引导幼儿注意身边常见的科学现象,感受科学技术给生活带来的便利,萌发对科学的兴趣;

＊引导幼儿利用身边的物品和材料开展活动,发现物品和材料的多种特性和功能;

＊为幼儿提供观察、操作、试验的机会，支持、鼓励幼儿动手动脑大胆探索；

＊引导幼儿关注周围环境中的数、量、形、时间、空间关系，发现生活中的数学；

＊在解决问题的过程中，帮助幼儿理解基本的数学概念，发展思维能力；

＊鼓励幼儿用多种方式来表现自己的探索过程和结果，表达发现的愉快并与他人交流、分享。

据此，我们可以把幼儿园科学领域教育内容从结构构成上加以分析，以期更明确。

依据《纲要》，我们将科学领域的内容具体阐述为如下几个方面：

1. 人体与心理

其一，人体。

① 人体的结构及其功能

＊了解人体的基本形态：头、颈、躯干、四肢；

＊了解人体的基本结构：人体的皮肤、骨骼、肌肉、血液等及其功能；

＊了解人体的感觉器官：眼睛、耳朵、鼻子、舌头等及其功能；

＊了解人与人之间的异同：不同种族的人在皮肤、眼睛和毛发等方面有差异；不同年龄、不同性别的人在身体特征上有差异。

② 人的生理活动

＊了解人体主要的器官：如心脏、胃、肺、肠等器官；

＊了解人体的生理活动：如血液循环、消化、呼吸、排泄等生理活动。

③ 个体的生长和衰老

＊认识到人是一个自然实体，每个人都经历着从出生、成长到衰老、死亡的生命过程；

＊知道自己是爸爸和妈妈"造"出来的，是从妈妈的肚子里生出来的；

＊了解食物、空气和水是人生长发育的基本条件；合理的营养、适当的运动和休息等都是个体健康成长的必要条件。

其二，心理。

① 认识过程

初步了解脑可以思考问题，具有感觉、知觉、记忆、想象等功能。

② 情绪、情感过程

知道人的高兴与伤心、笑和哭等都可以用情绪、情感表达出来，学会控制自己的消极情绪、发展自己的积极情绪。

③ 保护身心

＊知道在任何条件下，都应该注意安全，保护自己的身体不受侵害和损伤，以及避免不必要的痛苦；

＊知道从小珍爱生命，养成良好的生活、卫生习惯，锻炼身体，预防疾病，保护身心健康。

2. 自然生态环境

其一，动物。

① 知道动物有很多种，如家禽、家畜、野兽、鸟、昆虫等，他们都是有区别于其他动

物种类的特征；

② 了解各种动物不同的外部特征和生活习性；

③ 知道动物是有生命的，它们需要水、空气和食物维持生命，否则就会死去；

④ 了解动物生活在不同的地方，就有不同的行为方式，有不同的繁殖方式，有不同的食性；

⑤ 初步了解动物生长变化的规律；能用不同的方式记录（标记、绘画）；表达和交流观察到的有趣现象和新发现；

⑥ 初步了解动物对其生活环境的适应，如动物的身体结构与所处的环境的关系，行为方式与所处环境的关系，动物怎样改变自身以适应环境的变化等；

⑦ 了解动物与植物、动物与动物之间的关系；了解动物与人类的密切关系，懂得动物是人类的好朋友，人类应该保护它们。

其二，植物。

① 知道植物是多种多样的，它们有区别于其他种类植物的特征；

② 认识一些常见花卉、树木和蔬菜，知道它们的名称和外形特征；

③ 知道植物是由根、茎、叶、花、果实、种子六个部分组成的，初步了解各部分的功能；

④ 知道植物有不同的繁殖方式；

⑤ 获得植物生长过程的经验，初步了解植物生长的必要条件是阳光、空气、水、温度，以及植物生长与环境的关系；

⑥ 观察季节变化，了解植物与季节变化的关系；

⑦ 观察植物生长变化的规律，能用不同的方式进行记录并讨论交流；

⑧ 观察生长在不同环境中的植物的形态，了解植物生态特征与所处地理环境的关系；

⑨ 了解植物与动物、植物与人类的关系，知道植物对净化环境的贡献，懂得要保护植物。

其三，自然物质。

① 水

水是人类日常生活必不可少的组成部分，幼儿喜欢探索水、喜欢玩水、对水有着深厚的感情。探索、感受水是无色、无味、透明的；探索水是流动的，水有浮力；通过实验使儿童懂得水在不同的条件下有三态变化：液态、气态、固态。

＊通过实验、游戏、讨论等形式，使儿童知道水对生命及在人们生活中的重要作用，如探索、观察不给花浇水的变化情况等。

＊知道哪些现象是节约用水，哪些现象是浪费水，教育儿童节约用水从自我做起，保护水源；

＊观察、发现日常生活中哪些现象是水的污染，它对水中的动物、植物会造成哪些影响，如工业污染流进江河给鱼的生存环境造成了很大的破坏，从而使鱼的生存受到很大的威胁等。

② 沙、石、土

＊了解沙石土的简单的关系,知道沙、土是由岩石变化来的,在沙、石上不适合生长植物,肥沃的土壤才是植物生长的宝地;

＊通过实验、游戏等探索、发现沙、石、土的特性,知道其各自的主要用途;

＊知道地球上覆盖着大量的沙、石、土。

③ 空气

＊空气是生命体生存的必要条件;

＊知道空气是看不见、摸不着的;我们周围到处都有空气;

＊探索、发现空气的流动,例如,风是怎样形成的,可通过实验、游戏的方式进行;

＊知道动植物、人类的生存、生长离不开空气;植物的生长与空气的关系,如植物的生长可以净化空气,使空气更加清晰等,人类生活与空气的关系,如保护空气、污染空气等;

＊知道其他有关空气的其他现象。

其四,生态环境的污染与保护。

① 生态环境的污染

＊初步了解一些环境污染的情况,如水污染、大气污染、噪声污染和生活垃圾污染等,知道这些污染对人和动物、植物的危害;

＊了解由于生活环境质量的下降,以及人类的过度砍伐、渔猎,许多物种正走向灭绝,同时也将危害人类自身。

② 保护生态环境

＊了解应从小养成保护生态环境的良好行为习惯。如爱护花草树木、爱护小动物、保护珍稀生物的生存、保护水资源、保持环境整洁等;

＊了解人类为了保护和改造自己的生存环境所做的努力,如植树造林等。

3. 自然科学环境

其一,气候和季节现象。

① 了解季节和气候是人类、动物、植物生存的重要环境因素,它们的变化是有规律的;

② 观察晴天、多云、阴天、雨天等天气,并学会做记录,让幼儿学会用温度计观察记录气温;

③ 观察各种天气现象:如雨、雪、风、冰、闪电、雾、冰雹、霜等;

④ 知道四季的变化及其规律,了解不同季节的特征;

⑤ 了解季节和气候变化对人类和动物、植物生活、生长的影响,能主动适应外界环境的变化,并保护身体。

其二,天文现象。

① 知道地球存在于宇宙中,除了地球外,宇宙中还有太阳、月亮和星星等,它们都离我们很远;

② 知道太阳是一个恒星,是一个发光、发热、燃烧着的巨大火球。知道太阳距离地球很远很远,如果没有它,地球上所有的生命都不能生存;

③ 知道月球是地球的卫星,它不会发光,只有当太阳光照射到月球上,才使我们看到天空中的明月;知道月相的变化,并用简单的方式进行记录;知道月球上没有空气,也没有生命,人类,能登上月球;乘宇宙飞船能达到太空;

④ 观察天空中的星星,知道星有无数,他们离我们距离太远,所以我们只能看到一个个闪烁的光点;知道星星有的像太阳一样会自己发光,有的自己不会发光。

其三,物理现象。

① 光

* 了解光和人类生活的密切关系,光为我们带来光明,使我们看见周围世界,光还为植物的生长提供了条件;

* 知道光是从哪里来的,太阳、个别事物、燃烧的物体、电灯、闪电等会发光,月亮、镜子等会反光;

* 探索光和影子的关系;

* 探索光学仪器(三棱镜、各种透镜等),了解简单的光学现象;

* 了解颜色是由光的反射造成的,探索物体的颜色现象。

② 声

* 知道我们生活在一个充满声音的世界里,注意倾听、观察和感受各种各样的声音;

* 探索声音的产生,知道不同的物体会发出不同的声音;

* 知道声音有乐音、噪音之分,乐音给人以美的感受,噪音会给身体带来伤害。

③ 电

* 了解摩擦产生的静电、电线输送来的电和干电池的电都是电;

* 了解干电池的用途,理解电的用途以及优越性;

* 使幼儿懂得安全用电,避免事故。

④ 磁

* 观察各种大小和形状的磁铁,知道磁铁能够吸铁;

* 通过游戏和实验的方式探索发现磁铁和磁铁之间的吸引与排斥现象;

* 通过游戏和实验的方式探索不同磁铁的磁力,知道其磁力的大小是不同的;

* 玩磁针或指南针,探索指南针指南的现象;

* 了解磁的用途,探索和发现日常生活中磁铁的应用。

⑤ 热

* 知道任何物体都有温度,有的温度高,有的温度低;

* 不同温度的物体之间会发生传热现象,有的传热快,有的传热慢;

* 讨论生活中有关热的问题,如夏天怎样散热,冬天怎样生热和保暖等。

⑥ 力和运动

* 初步了解力的大小、方向、作用点和物体运动之间的关系;

* 知道力有很多种,如地球的吸引力、推力、拉力、压力、浮力、摩擦力,以及风力、水力、电力等,感受各种力的作用;

* 探索力的平衡;

* 探索省力的方法,如使用轮子、滑轮、杠杆、斜面、机械等。

⑦ 化学现象

* 了解周围物质世界和日常生活中存在的简单化学现象。如大米经过烧煮变成米饭,面粉发酵做成馒头等;

＊知道食物的霉变现象,初步了解食物为什么会霉变。

其四,现代科技。

① 日常生活中的科学技术

＊家用电器:知道电视机、电冰箱、洗衣机、电饭煲、空调等的主要用途,初步学会安全、简单的使用方法,并体会它们在人们生活中的重要作用;

＊认识各种交通工具,了解各种自行车、摩托车、汽车、电车到火车、飞机、轮船,以及现代的最先进的交通工具在人们生活中的作用,比较他们的优缺点,知道要安全驾驶、遵守交通规则等常识;

＊认识各种现代道路,如高架桥、立交桥、高速公路、隧道等;

＊认识现代农用工具:认识拖拉机、脱粒机、播种机、抽水机等,知道现代农用工具减轻了农民的劳动负担,增产又增收;

＊认识各种科技玩具:能探索各种科技小玩具,会正确使用;能进行拆卸、组装;体会玩具的发展。

② 简单的科技小制作

＊学习使用生活中常用的工具,了解工具的用途;

＊学习运用工具和材料制作简单的科技玩具,如做风车,做不倒翁等,体验制作的过程,感受成功的喜悦。

③ 科技的发展

＊了解科技是不断发展的,从中体会科学技术的发展给人们生活带来的便利;

＊介绍幼儿熟悉的科学家的故事,激发他们热爱科学的情感和对科学家的崇敬之情;

＊讨论科学技术的未来,激发幼儿的想象力和创造力,萌发运用科技、造福人类的愿望。

三、幼儿园科学领域教育活动的组织过程与指导要求
(一)幼儿园科学领域教育活动的组织过程
1. 集体教学活动的设计与案例评析

集体教学活动是教师根据科学领域教育的目标,有计划、有目的地选择课题内容,提供相应的材料,面向全体幼儿开展的科学探索活动。

在集体教学活动中,学习内容统一、固定,由教师选择。学习材料由教师统一提供,并保证每个幼儿的操作机会。一般来说,教师要为幼儿提供人手一套的材料供每个幼儿进行操作,如果条件有限,也要通过交换的方式,保证每个幼儿都有操作各种材料的机会。然而,集体教学的形式虽然与小学的课堂教学相似,但仍应强调幼儿主动的探索学习的活动,而不能简单地等同于被动接受的你说我听的灌输式教育。

考虑到科学教育的内容非常广泛,对于不同内容的活动,其具体的方法、过程的指导策略也有很大差别。

中班科学领域教育活动"常绿树和落叶树"

[活动目标]
1. 培养幼儿比较、观察、概括的能力;
2. 知道树落叶和枯黄的原因。

[活动准备]
1. 让幼儿搜集各种树叶;
2. 有关常绿和落叶树的课件;
3. 常绿树、落叶树的树干各一棵。

[活动重点]
知道树常绿和落叶的原因。

[活动难点]
提高幼儿观察、概括的能力。

[活动过程]
一、观看录像,激发幼儿兴趣
师:我们来看一个短片,看片中有什么?(幼儿看录像。)
提问:你们看到了什么?(许多大树,许多黄黄的叶子,有的落到地上,有的还在空中飞舞。)
师:片中这些树上的叶子为什么是黄颜色的? 为什么都落到地上了呢?(有的小朋友说是叶子老了,还有的说是天冷了。)
师:我们再来看一个短片(幼儿看录像。)
提问:你们又看到了什么?(皑皑白雪,绿绿的松树。)
师:下雪了,天这么冷,为什么这些叶子没有枯黄飘落呢?(短片中的景象,使幼儿形成了两个明显的概念:一个是落叶,一个是常绿。)

二、探索感知
师:老师给小朋友准备了许多树叶,请你们打开看一看吧。(引导幼儿给树叶分类。)
提问:你手中的树叶有几种颜色?(黄色和绿色。)
师:请小朋友比一比两种颜色的叶子谁的面积大谁的面积小呢? 幼儿操作得出。(黄叶子面积大,绿叶子面积小。)
师:请小朋友摸一摸两种颜色的叶子,说说自己的感觉。幼儿通过触摸得出:黄叶子薄薄的、软软的、表面粗造;绿叶子厚厚的、很坚硬、表面光滑。

三、总结点题
请幼儿观看短片,再现树叶飘落的景象,并告诉幼儿:像这些秋天到来树叶飘落的大树,有一个共同的名字叫落叶树;而像松树、柏树这些树叶常年绿绿的大树,也有一个共同的名字叫常绿树。

四、师幼互动、做《树叶找家》游戏
1. 教师出示一棵落叶树的树干,模仿落叶树妈妈的口吻说:"我是一位树妈妈,我的树叶宝宝又大又薄,表面没有蜡质,秋天到来时空气干燥,只能喝到很少的水。树叶宝宝慢慢枯黄,北风一吹就剩下光秃秃的树枝了。小朋友你能帮我找到树叶宝宝吗?"(音乐响起,幼儿把落叶树的树叶放在落叶树上。)

2. 老师出示一棵常绿树的树干,模仿常绿树妈妈的口吻说:"我也是一位树妈妈,我的树叶宝宝像针一样尖细,上面有一层蜡一样的东西,保护着树叶中的水分。宝宝不怕太阳晒,也不怕被风吹。一年四季都是绿油油的。小朋友你能帮我找到树叶宝宝吗?"(音乐再次响起,幼儿把常绿树的叶子放在常绿树上。)

[活动延伸]

让幼儿做着树叶飘落的动作走出活动室,去寻找院子里的常绿树和落叶树。

(活动设计:邹平县明集镇滨湖幼儿园　张瑞霞)

[活动评析]

该活动是两类物体的比较观察活动。活动过程中,幼儿通过两次观看录像,辅之以老师有针对性提问和幼儿零距离观察树叶,很快掌握了"落叶"和"常青"两个概念,认识了落叶树和常青树,发现了常青树和落叶树的不同点。

这里的录像和实际的树叶都带给幼儿丰富的感性认识,容易激发幼儿的学习兴趣。而"树叶找家"的游戏更是将幼儿的学习推向了高潮,在探索操作的过程中较好地巩固了对常青树和落叶树的认识。

2. 区角科学活动的设计与组织

区角活动是在区角进行的学习活动。就目前幼儿园教育的现状而言,活动区角的重要性并没有得到应有的关注,在很多地方,活动区角只是作为集体教学的一种补充和点缀,甚至在有的幼儿园中活动区角还是零。著名心理学家潘菽教授指出:"教育是一种环境,是人类有组织、有计划地传递社会经验、发展技能的方式。"在幼儿园里必须为幼儿创设丰富宽松的探索环境,为幼儿的科学活动配置充足的物质条件,随时满足幼儿求知欲的需要。

在科常区,我们可以为幼儿安排各种科学小实验。如"会转动的纸棒",为幼儿提供电池、纸棒、圆珠笔,让幼儿自己来动手操作、探索,从而来发现塑料圆珠笔在头发上摩擦后会产生静电,引发幼儿对静电产生兴趣。

在劳作区,我们可以为幼儿安排各种科学小制作。如"蛋壳不倒翁",为幼儿提供蛋壳、牙膏、彩笔、剪刀等,让幼儿试着做一做、画一画、玩一玩,从中了解由于牙膏挤进蛋壳底部后,蛋壳的重心下移,呈上轻下重的状态,所以就不会倒了的科学原理。

在生活区,我们可以为幼儿安排一些简易、安全,并与幼儿生活中有关系的科技产品,让幼儿学会简单的操作。如"炖蛋",为幼儿提供微波炉、鸡蛋、打蛋器等来让幼儿学习使用打蛋器把蛋打碎、打匀,然后利用微波炉炖蛋。与同伴分享成果,体验劳动的快乐。

幼儿在活动中可以自由进入,独立或合作地进行观察、操作、尝试、实验。教师不直接介入,不随意评价,微笑等待,尊重和关注幼儿的个性活动方式,发现和肯定幼儿的创新思维和能力,观察分析孩子的兴趣和需要,在孩子求助时给予适宜的启发与合作。让幼儿感到学科学、做科学是一件快乐、有趣而又富有挑战性的探索过程。

小班科学领域教育活动"我让电筒亮起来"

[活动目标]

1. 通过观察、探索活动,知道电筒是多种多样的,能够帮助人们照亮;

2. 学习用推、按、拧等不同方法开电筒。

[活动准备]

各种不同形状、不同开法的电筒(数量超过幼儿人数)。

[活动过程]

1. 让幼儿自由观察、摆弄电筒,感知电筒的用途

这些电筒一样吗? 他们哪些地方不一样呢?

2. 和幼儿讨论电筒的用处

你在什么时候使用电筒? 它有什么用处?

3. 让幼儿自由探索,尝试开各种各样的电筒

教师在幼儿探索基础上,帮助幼儿总结:电筒是各种各样的,开的方法不一样:有推一下的,有按一下的,有需转一下的。

(活动设计:南京市太平巷幼儿园   陆晓民)

[活动评析]

本活动的重点是通过幼儿自己探索使用电筒的方法,了解电筒的多样性及其用途。从技术操作能力的角度看,这也是一种动手操作能力的训练。而且,电筒既是生活中常见的工具,又是一种科技产品,对小班幼儿来说,让他们了解、学习使用工具也是有意义的。

3. 一日生活中进行的科学学习活动的设计与组织

生活是丰富多彩的、真实生动的,而生活之中处处都蕴含着科学的奥秘。新《纲要》就科学教育的内容与要求方面多次提到了如"利用身边常见的事物和现象","从生活和媒体中、幼儿熟悉的科技成果入手"等,这些都体现了幼儿园科学教育生活化的要求。

例一:

早上孩子们来园后没多久,天色突然变暗,许多幼儿对此都充满了好奇,一幼儿问老师:"老师,天怎么变黑了?"于是,老师就问小朋友:"天为什么变暗了?"孩子们的回答各种各样,有的说:"天要下雨了。"有的说:"要打雷了。"到底天为什么会变暗,老师就组织幼儿来到了走廊里观察,当孩子们听到雷声,看到闪电,都叫了起来:"下雨了!"于是,老师又组织幼儿观察雨落到地上的变化,像什么? 用手去接住雨滴,有什么感觉? 此时,孩子们都非常兴奋,欢呼雀跃,嘴里还不停地回答老师的提问。

例二:

在一次角色游戏时,幼儿 A 说想玩"点心店"的游戏。于是教师给了她六

盒橡皮泥,但当她倒出来时发现橡皮泥都干了,捏也捏不软。老师和幼儿 A 商量说:"明天再玩这个好吗? 等一下老师想想办法使它们变软一些。"幼儿 A 却说:"加点水进去橡皮泥会变软吗?"老师做出不确定的样子说:"老师也不知道,要不,你们几个试试吧。"周围的几个孩子都已经跃跃欲试了,于是老师就把硬的橡皮泥给了孩子,让他们自己想办法变软,孩子们很兴奋地做起了实验:有的把水倒进橡皮泥盒子里泡;有的放到水池里冲洗一下……过了一天,幼儿 B 拿着自己泡的橡皮泥高兴地告诉我,她的橡皮泥软了! 接着很多孩子都去拿了自己的橡皮泥,发现都变软了。这以后,只要橡皮泥干了,孩子们就会迫不及待地把它泡一泡,继续用,对玩橡皮泥的兴趣也增加了很多,更重要的是激发了孩子对科学探索的兴趣,实现了孩子对科学主动探索的愿望。

确实,一次有意义、成功的活动,不在于它时间的长短,不在于活动是否事先安排好,而在于教师是否抓住这点滴的宝贵机会,根据孩子的兴趣,让孩子们有所收获。

基于上述,我们可以感受到,幼儿园科学领域教育活动在设计与组织过程中,基本遵循着这样几个基本环节:

其一,创设情境,激发好奇心。

好奇心是指对周围环境中的新异刺激的积极反应倾向。科学需要好奇心,它激发人们去探索。幼儿园的科学教育需要通过创设一定的情境,吸引幼儿对其感兴趣,激发幼儿的好奇心,激发幼儿探究的欲望,引导幼儿对身边常见事物和现象的特点、变化规律产生兴趣和探究的欲望。

其二,引导操作,探究问题。

幼儿的思维正处于感知运动阶段,幼儿对外界的认识来自于在操作活动中所获得的粗浅的感性认知。教师要为幼儿的探究活动创造宽松的环境,让每个幼儿都有机会参与尝试,提供丰富的可操作的材料。教师要为每个幼儿都能运用多种感官、多种方式进行探索提供活动的条件。

其三,鼓励交流,表达成果。

教师要支持、鼓励幼儿大胆提出问题,发表不同意见,并且还要学会尊重别人的观点和经验。通过引导幼儿积极参加小组讨论、探索等方式,培养幼儿合作学习的意识和能力,学习用多种方式表现、交流、分享探索的过程和结果。

其四,生活中教,体验数趣。

引导幼儿对周围环境中的数、量、形、时间和空间等现象产生兴趣并积极关注,在生活中建构初步的数概念,并学习用简单的数学方法解决生活和游戏中某些简单的问题。

当然,任何事情都应在现实情况中灵活处理,上述环节是我们在整理和分析幼儿园科学领域活动设计时发现的几个基本环节,仅供大家参考。而在今后的教学工作中还是应该依据幼儿的实际需要和特点进行弹性的教学设计与组织。

(二)幼儿园科学领域教育活动的指导原则与基本要求

1. 幼儿园科学领域教育活动的指导原则

(1)启蒙性

由于幼儿年龄尚小,从其认知水平来看,思维带有明显的具体形象性,难以理解抽象事物,所能接受的、理解的教育内容是粗浅的、初步的、简单的。因此,幼儿的科学教育应是科学启蒙教育,重在激发幼儿的认识兴趣和探究欲望,并通过自己的操作探究获得简单的感性经验。

(2)趣味性

科学教育虽然是培养认真、严谨的科学素养的教育,但由于幼儿的身心发展特点,教师在选择、组织、安排幼儿的科学教育活动时,无论在形式、方法和内容上,还是在过程中,都要注意其趣味性。幼儿的科学教育应避免枯燥的知识的灌输传授,教师应开展多种多样的活动,吸引幼儿感兴趣,让幼儿在快乐的探索中发现科学奥秘。

(3)活动性

幼儿园科学领域教育不仅注重静态知识的交流,更加注重幼儿动手动脑解决问题的过程。在科学教育活动设计中要尽量创设环境条件让幼儿实际参加探究活动,使他们感受科学探究的过程和方法,体验发现的乐趣。

(4)生活性

科学源于生活,又服务于生活,生活中处处存在科学知识和现象。科学教育应密切联系幼儿的实际生活进行,与幼儿的生活经验相结合,引发幼儿的探究兴趣。利用身边的事物与现象作为科学探索的对象,使幼儿的学习更加有效。

2. 幼儿园科学领域教育活动的基本要求

(1)内容生活化

孩子们的科学探究,可以从身边的事物开始,引导他们关注周围生活环境中常见的事物,发现其中的奥妙,使他们感到科学并不遥远,科学就在身边。我们来看几个具体的科学活动:

案例速递

例一:

清明节前后,漫山遍野的茶树在春雨的滋润下,绽放出勃勃生机,茶农们也忙着上山采茶。可以组织一次"茶叶"的科学活动,发动孩子们每人从家中带来一把茶叶,先和其他小朋友比较一下自己带来的茶叶的颜色、形状有什么不同,再请他们说说各自带来的茶叶的产地(活动前让爸爸妈妈告诉自己),然后泡茶,亲口品尝。泡茶后,孩子们又发现了问题,怎么有的茶叶都沉下去了;有的茶叶一下子变得肥大了……品尝后孩子们都自我陶醉了,还不停地夸自己带来的茶叶"香"呢,更有不少小朋友要和小伙伴换着品尝,好不热闹。

例二:

电动玩具是幼儿生活中非常喜欢的一种玩具,为了让幼儿知道电池在电动玩具中的作用以及正确使用电池的方法,在组织"神奇的电动玩具"科学活动前我把里面的电池都取了出来,让幼儿想办法让玩具动起来。当有幼儿提出要放电池时,教师可进一步引导幼儿操作。在操作中,有的幼儿把电池装反了,有的电池太小,型号不对,也不会动。这时教师不要急于告诉幼儿答案,应鼓励幼儿继续探索。经过多次反复的操作,有的幼儿成功了,玩具动起来了,有的幼儿发现了电池两端的秘密,有的幼儿失败了重新来,每个幼儿都积极地投入于使玩具动起来这一活动之中。当每个幼儿的玩具都能动起来的时候,幼儿获得了成功的喜悦。

例三:

科学活动"溶解的秘密"中,我用洗衣粉、阿华田、糖、奶粉、黄沙、菜油等物品进行各种溶解实验,孩子们看到老师准备的材料后立刻活跃起来,忙说:"老师,这种东西我家也有的。"课后,我针对课堂上有些孩子观察不仔细的情况对孩子们说:"老师知道这些东西小朋友家里都有,那今天回家后和你们的爸爸妈妈一起玩,好吗?"第二天来园时,一幼儿的爸爸告诉我说:"昨天孩子一回家就和我闹着玩溶解的游戏,他还发现咖啡也能在水里溶解呢!"由此可见,生活化科学教育还有利于幼儿回家后的继续探索,使科学活动得以很好地延伸。

的确,只有从幼儿的生活实际出发,着眼于幼儿身边有趣的科学现象,才能激发幼儿对科学的探究欲望,从而培养幼儿热爱生活、热爱科学的情感。

(2) 活动日常化

幼儿对周围世界的好奇和疑问无时无刻不在发生,因此幼儿科学教育更多的应是随机教育,应在幼儿的一日生活中随时随地进行。在日常生活中,我们难免会遇到这样那样的问题。如小朋友要喝止咳药水,盖子怎么也旋不开;马路上的红绿灯总是会自动变化等。我们应抓住这些幼儿碰到的实际问题,引导他们运用已有的知识经验去尝试解决。我们来看几个例子:

中班科学领域教育活动"镜子用处多"

[活动目标]

1. 引导幼儿认识并了解镜子的基本特征及用途;

2. 知道每个人的体貌是不同的,每个人都是独特的;

3. 细心观察,体验探索带来的快乐。

[活动准备]

各种镜子、大口袋、万花筒、音乐磁带。

[活动过程]

一、认识镜子

1. 游戏:摸口袋

师:今天老师的口袋里藏了一个有趣的东西,我请一个小朋友来摸摸它是什么？摸上去感觉怎样？你觉得它是什么？

2. 自由探索

看看摸摸，镜子是用什么材料做的，它有什么特点？

3. 教师小结

我们刚才见到的镜子都是用玻璃做的，是平滑的、凉冰冰的、可以反光的，背面涂了层特殊的材料，叫金属漆，这样就可以清楚地照出物体了。（幼儿学说金属漆。）

二、探索发现镜子的用途

1. 回忆经验

师：你还在哪里见过镜子，它可以用来干什么？

2. 讨论镜子除了帮助人们整理仪容，还有什么用途。说说汽车、商店等生活环境及自然环境中安装镜子的原因。

3. 通过照镜子使幼儿明白每个人的体貌是不同的，每个人都是独特的个体，要尊重每一个人。

4. 请幼儿说出还见过什么样的镜子。（幼儿说出各种镜子，教师出示如凹透镜、凸透镜、平面镜、凸面镜、凹面镜、望远镜、放大镜、显微镜、眼镜。）

5. 鼓励幼儿将两面镜子摆放在不同的位置，说说有趣的发现。

6. 教师小结

三、游戏：照镜子

1. 介绍规则

师：现在请小朋友和老师一起玩照镜子游戏，老师做照镜子的人，小朋友做我的镜子，我做什么动作，你们镜子也做什么动作，好吗？

2. 游戏：随音乐做照镜子的游戏。

四、延伸活动

请幼儿玩万花筒，进一步了解镜子的特点。

（活动设计：博兴县实验幼儿园　盖鹏）

[活动评析]

该活动属于观察类活动。活动注重让幼儿在充分的感性认识基础上认识镜子、理解镜子的用途。首先，在孩子观察触摸普通平面镜的基础上，让孩子进一步了解各种各样的镜子，通过回忆和幼儿操作镜子来认识镜子的用途，最后在快乐的游戏中深刻体会镜子的用途。其中对镜子的观察既有个别物体的观察，又有多个物体的比较观察。

（3）情境自然化

幼儿园的科学活动应还原于生活本色，创设出生活的，又蕴涵科学意味的探索环境，让幼儿在与环境的互动中感受科学、发现科学问题。如我们发动孩子共同创设环境把生活中的科学现象"请进来"，让孩子把各自喜欢的玩具带到教室里。这些玩具在给幼儿带来欢乐的同时，激发幼儿的科学探索兴趣，一个个科学问题在孩子的交谈间蹦出来，如："为什么沙漏玩具里同样是沙的流动快、有的流动慢？""是什么原因让跳跳球跳的这么高？""为什么有的玩具会和磁铁吸住，有的却没有反应？""为什么有的玩具不用电池也能动起来?""为什么不倒翁怎么推也推不倒?""为什么同颜色的磁棍不能吸到一起?"等。借着孩子们的问题我们开展了科学观察活动"沙漏玩具"、科学探索活动"弹性"、"不倒翁"等,由于孩子们的问题得到了重视,探索的兴趣更高了。

另外,大自然是个博大精深的教育课堂,它包罗万象,它绚丽多姿。幼儿喜欢到大自然中去,因为置身在大自然中,他可以直接去看、去触摸、去聆听、去观察、去探索。而切身的体验,全新的感受,对孩子来说将是一笔丰富的知识财富。如大班科学活动"有趣的叶子"把幼儿带到了幼儿园外,让幼儿观察、采集自己喜欢的叶子,然后相互交流这些叶子的特征,帮它们分分类等,这种身临其境的学习与体验比在教室里老师干巴巴地讲要有价值得多。

最后,值得一提的是,家庭教育在科学教育中有着极大的教育优势。因为孩子在生活中所接触到的事情,有些是幼儿园不能遇到的,若家长能把握时机,及时进行教育,将会收到事半功倍的效果。

任务5　幼儿园艺术领域教育活动的组织

【完成目标】

1. 理解和掌握幼儿园艺术教育内容的范围及其生成过程,学会选编学前儿童艺术教育的内容。

2. 掌握学前儿童艺术教育的基本方法,并能结合具体内容、对象及教学条件设备等灵活的、创造性的加以运用。

3. 了解学前儿童艺术教育的基本途径,能够进行艺术教育活动设计及评析。

【任务驱动】

绘画是一种表现性创作活动,有着很多的想象创作空间。绘画能促进儿童的感知能力、记忆能力、想象能力的发展。孩子的好奇心,使他们对绘画感兴趣,老师要为他们提供轻松快乐的绘画氛围,充分考虑到孩子的自主性,给予幼儿充分表现的空间,允许幼儿的个别差异,以及个性化的出现。成人应以幼儿的眼光去欣赏孩子的画,每个孩子的画都是与众不同,想象都是很丰富的,画中都有着天真活泼、生动稚拙的美。但是,在很多时候,常常听到家长这样评价自己孩子的作品:"你画的是什么呀? 你看人家画得多好?"这一问题在家长身上司空见惯,面对这种情况我们该怎么做?

艺术是人们生活中不可缺少的元素,幼儿与艺术又有着不解之缘,毕加索曾经说过"儿童是天生的艺术家"。可以说,艺术是儿童情感启迪、情感交流、情感表达的手段,是对幼儿进行情感教育的工具。艺术活动是幼儿进行自我表达的方式,是幼儿全面发展的重要组成部分。通过艺术活动能够培养幼儿对美的感受力、表现力、创造力,喜爱艺术活动并为后续艺术学习奠定基础。幼儿园艺术领域教育活动对幼儿审美教育、情感教育以及促进幼儿个性发展起着不可替代的作用。

一、幼儿艺术性发展的特点

艺术对各个年龄阶段的人来说都具有极大的吸引力,对于处于发展中的幼儿来说,更是如此。幼儿艺术对幼儿的成长既是手段也是目的。艺术能发展幼儿的思维、想象力、创造力、表达情感等,同时也能使幼儿在艺术美的熏陶中感受美,形成良好的审美品位。幼儿进行艺术活动的过程是表达情感和想法的方式,也是一种展示自己体验的过程。幼儿艺术是人一生艺术发展的奠基阶段,也是幼儿身心全面发展的重要体现。

幼儿艺术性的发展主要表现在美术能力和音乐能力两大方面。

(一) 幼儿美术能力的发展

绘画是幼儿美术活动中最常见和最主要的方式,其他的美术操作活动如手工、欣赏等能力的发展几乎与绘画能力发展平行。因此,我们将从绘画能力的发展切入,了解幼儿美术能力的发展。

1. 涂鸦期

幼儿的绘画能力大约从一岁半开始,到三岁这一阶段,是幼儿绘画能力发展的开始。这时期的幼儿的绘画看起来没有具体的形象,主要是由一些自由的点和线构成。

2. 象征期

从三岁到五岁,幼儿进入绘画的象征期。这一年龄段的儿童在绘画时开始有目的地用线条和点来创造特定的形状,来表示一定的意义。他们的图画中往往不会在意各个事物之间的比例问题,而是会夸大强调重要、有意义的部分,对色彩的使用常处于兴趣、情绪和偶然。

3. 图式期

5—8岁的儿童处于绘画能力的图式期。此时期的儿童经过前两个时期的观察与实践,开始以较为固定的样式描绘事物,对色彩的使用经多次重复后形成较为固定的样式。

4. 写实期

8岁后,儿童绘画进入写实期,儿童开始想要绘画写实物像的时期。然而,此时期的儿童往往绘画技术未能跟上,不能把事物画得很像,往往会丧失画画的自信心。

(二) 幼儿音乐能力的发展

音乐能力是指个体从事音乐实践活动的本领,主要表现在歌唱、演奏、欣赏等方面的能力,可概括为感受和表现音乐两个方面的能力。

1. 0—3岁幼儿音乐能力的发展

音乐是一门听觉的艺术,幼儿音乐能力的发展与听觉能力的发展息息相关。在妈妈肚子里的胎儿,已经能够感受到声音的存在了,所以音乐能力的发展从0岁时就已经开始了。婴儿出生后对音响就能产生反应;两个月左右的婴儿有了高低音的反应;四五个月的幼儿听见声音时能将头向声源方向转动;在七个月左右可能会模仿简单的节奏;九个月时会辨别一些不同的旋律;十一个月左右能跟着节奏鲜明的音乐而自发地手舞足蹈;一岁半时,幼儿努力地尝试跟着成人一起唱歌曲的曲调,开始学唱部分简单的旋律;2 岁时,幼儿可以唱出完整的旋律了,随后幼儿的音乐感受和表现能力发展较快,能唱出较长的歌曲,并开始随着音乐节奏做出点头、拍手等节奏反应。

2. 3—6 岁幼儿音乐能力的发展

3—4 岁的幼儿,初步知道了要记住歌词,并能够记住一些歌词。对于难度较低的歌唱还能做出相应的简单的动作结合。

4—5 岁的幼儿,对音乐的感受力增强,能借助语言描述自己对音乐的体验。同时,歌唱能力也有所发展,表现在听音、辨音能力的提高,对嗓音控制力的增强。

5—6 岁的幼儿,音乐能力有了更进一步的发展,多数孩子能准确地唱一些简单的歌曲了。幼儿能记住更多更长的歌词,在音准方面进步迅速,对音乐的表现动作更加丰富,对力度、速度、节奏等的控制更准确。

二、幼儿园艺术领域教育活动的目标、内容与基本要求

幼儿园艺术领域教育指幼儿教育者遵循学前教育的总体要求,根据 3—6 岁幼儿身心发展规律和幼儿艺术的特点,有目的、有计划地通过艺术欣赏和艺术创作活动,感染幼儿,并培养其艺术审美能力和艺术创造能力,最终促进其情感和个性发展的一种审美教育。幼儿园教育活动为幼儿创造充分的条件和机会,在大自然和社会文化生活中萌发幼儿对美的感受和体验,丰富其想象力和创造力,引导幼儿学会用心灵去感受和发现美,用自己的方式去表现和创造美。幼儿园艺术领域教育活动实施美育的主要途径,是学前教育的重要组成部分和实现人的全面发展的重要途径。

(一) 幼儿园艺术领域教育的目标

幼儿园艺术领域课程的目标是艺术领域课程内容选择的依据,是教学活动实施的落脚点。《3—6 岁儿童学习与发展指南》中艺术领域教育的目标主要从感受与欣赏及表现与创造两方面体现,幼儿园艺术领域主要是培养幼儿对美的感受能力、表现力和创造力。

《纲要》中对于幼儿园艺术领域教育目标的规定是:

1. 能初步感受并喜爱环境、生活和艺术中的美;

2. 喜欢参加艺术活动,并能大胆地表现自己的情感和体验;

3. 能用自己喜欢的方式进行艺术表现活动。

(二) 幼儿园艺术领域教育的内容

幼儿园艺术领域课程的内容可以分为美术教育和音乐教育两个方面的内容。

1. 幼儿园美术教育的内容

幼儿园开展的美术教育活动包括幼儿园绘画教育活动、幼儿园手工教育活动和幼儿园美术欣赏活动三个方面。

(1) 绘画教育活动

幼儿园的绘画教育活动的内容,可包括认识常用的绘画工具和材料;掌握正确的绘画姿势;学会各种绘画材料和工具的正确使用方法;了解绘画的形式语言,如线条、色彩、造型、构图;了解各种绘画的形式或种类,如命题画、意愿画、水墨画、手指画等。

(2) 手工教育活动

手工教育活动也是幼儿园美术教育活动的重要内容。纸工,如撕纸、折纸、剪纸、染纸、粘贴等技法;泥工,如学习团圆、压扁、揉、捏、搓、拉伸、粘接等技法;手工制作,如利用自然物品或废旧材料等自制玩具、装饰作品等。

(3) 美术欣赏活动

包括绘画、雕塑、建筑艺术、工艺美术等优秀艺术作品的欣赏;幼儿的美术作品或以幼儿为对象创作的美术作品的欣赏;生活中自然景物的欣赏,如树木、花鸟、虫鱼、河流、山川等的欣赏;对周围环境及物品和节日装饰,如幼儿园的环境布置、身边的工艺品、过节时的环境布置等。

2. 幼儿园音乐教育活动

幼儿园开展的音乐教育活动有歌唱活动、韵律活动、打击乐活动和音乐欣赏活动四个方面。

(1) 歌唱活动

歌唱活动的内容主要包括学习不同性质、不同节拍的歌曲,体会歌曲的强、弱、快、慢及情绪的变化,掌握正确的歌唱姿势、发声方法、呼吸方法;注意正确运用和保护嗓音;学习独唱、合唱、对唱、歌表演等不同的表演形式。

(2) 韵律活动

主要有律动、舞蹈、音乐游戏等形式。一般可分为基本动作、模仿象征性动作和舞蹈动作及各种动作的组合,在音乐的伴奏下玩音乐游戏。

(3) 打击乐活动

包括认识常见的打击乐器,掌握正确的敲击方法,初步了解和掌握与乐器及配器有关的知识和技能,掌握齐奏、轮奏、给乐曲伴奏等。

(4) 音乐欣赏活动

主要包括倾听周围环境中的音乐,欣赏优秀的中外少年儿童歌曲、器乐曲、舞蹈表演等。通过对音乐作品的名称、主要内容和常见表演形式、常见乐器、作品的主要情绪、内容、形象及作品的主要结构的了解,感受音乐的速度、节奏、强弱的变化等。

(三) 幼儿园艺术领域教育的基本要求

1. 引导幼儿在生活中发现美

艺术来源于生活,生活中处处存在着美。教育者要经常引导幼儿接触周围环境和生活中美好的人、事、物,发现生活中的自然美、行为美、语言美等。在儿童的生活中,丰富他们的感性经验和审美情趣,激发他们表现美、创造美的情趣。

2. 艺术活动要面向全体幼儿

学龄前教育是启蒙教育,奠基教育阶段。因此,幼儿园的艺术活动应面向全体幼儿,要针对他们的不同特点和需要,让每个幼儿都得到美的熏陶和培养。对那些有艺术天赋的幼儿要注意发展他们的艺术潜能,因材施教。

3. 支持幼儿自由地进行艺术表现

儿童有一百种语言,一百种表现方式。教师要提供自由表现的机会,鼓励幼儿用不同艺术形式大胆地表达自己的情感、理解和想象。尊重每个幼儿的想法和创造,肯定和接纳他们独特的审美感受和表现方式,分享他们创造的快乐,让幼儿对艺术活动感兴趣。

4. 观察、指导幼儿的艺术表现能力

教师在支持、鼓励幼儿积极参加各种艺术活动并大胆表现的同时,还要观察幼儿在艺术活动中的表现,及时给予鼓励;根据幼儿在艺术活动中出现的问题,有针对性地指导幼儿,帮助他们提高表现的技能和能力。

三、幼儿园艺术领域教育活动的组织过程与指导要求

(一) 幼儿园艺术领域教育活动的组织过程

1. 美术欣赏活动的设计与组织过程

幼儿园美术欣赏活动包括手工活动、绘画活动等。

案例1:

小班美术活动"新年贺卡"

活动目标

1. 体验制作贺卡、互送贺卡的乐趣;

2. 尝试制作贺卡,感受贺卡色彩、图案等的美;

3. 初步尝试用粘贴、画的方式制作贺卡。

活动准备

1. 一张贺卡、彩笔、碎海绵纸、卡纸、胶水、贺卡流程图;

2. 歌曲《新年好》。

活动过程

一、音乐导入,引起幼儿兴趣

师:孩子们好,快过新年了,老师带来了一首非常好听的歌曲,我们一起听一听,播放乐曲《新年好》。

在这首歌中你听到新年到了要说什么吗? 说祝福语,可以说:祝你新年快乐,祝你身体健康,祝你开开心心,等等。那小朋友们知道新年到了我们要干什么吗? (穿新衣,戴新帽、放鞭炮、吃饺子会收到压岁钱,会收到新年礼物),那你现在的心情是什么样的呢? 那你准备新年礼物送给小伙伴了吗? 如果你的好朋友离你很远,你要怎么送祝福呢? (打电话,发短信等。)

老师有一个朋友离老师很远,他把新年祝福全部都藏在了这张贺卡里。

二、引导幼儿欣赏贺卡

出示收到的新年贺卡,幼儿观赏,感受贺卡图案、色彩等的美。

师:哇,可真漂亮! 老师这里还有许多不同样式的贺卡,我们一起看一看。(感受贺卡的图案、形状、颜色。)这些贺卡是不是很漂亮? 有的是电子贺卡,有的是立体贺卡。好朋友生日我们也可以送上一张贺卡,表达自己的祝福。

三、教师示范讲解流程图

我们在卡纸上画自己要表达的祝福,用彩笔、粘贴海绵纸的方法,制作贺卡。

1. 在贺卡的里面,画上你想要表达的祝福,老师画了一个嘴巴,代表着希望好朋友开开心心的祝福。

2. 在贺卡的封面上,可以用海绵纸来粘贴,粘贴动物、人物、植物图形等,这样整体来看,我们的贺卡就做好了。但是小朋友来做贺卡的时候,尽量不要和老师的一样。提问个别幼儿:×××,你想在贺卡里画什么祝福语呢?那请小朋友自己动手制作贺卡送给同伴吧。(教师提出操作要求:在涂抹胶水时要少抹,不要抹在衣服上,保持桌面卫生。)

幼儿制作,教师巡回指导,启发幼儿用色彩鲜艳的彩笔来作画,也可用海绵纸等来制作贺卡,鼓励能力强的幼儿充实贺卡,给个别幼儿以帮助,表扬认真制作有创意的幼儿。

活动延伸

跟着音乐,互送同伴贺卡,并说祝福语。

活动评析:新的一年来到了,人们用各种各样的方式表达对亲朋好友的祝福。小朋友就用自己的一双巧手,通过亲手制作新年贺卡来送出自己的祝愿。手工活动是幼儿园美术活动中重要的一种,小班的幼儿已经能够使用粘、贴等制作技巧。该活动在新年的环境氛围下,引导幼儿通过自己动手的方式表达祝福,更具有现实意义。教师使用现场示范和讲解的方法向幼儿演示,并在幼儿自己动手操作前提出相应的要求。

案例2:

小班美术活动"小汽车画画"

活动目标

1. 练习用小汽车轮子进行滚画,观察色彩和花纹的变化;

2. 体验大面积合作作画的乐趣。

活动准备

1. 为每个幼儿准备一辆玩具汽车;

2. 红黄蓝水彩颜料若干盘,每组一张大画纸。

活动过程

一、教师带领幼儿开小汽车进入教室

今天老师给你们带来了许多好玩的玩具,你们猜猜看是什么?

教师出示小汽车,问:你会怎样玩小汽车呢?

二、引发兴趣,教师进行示范演示

1. 师:孩子们,快来看呀,老师的汽车会变魔术!

教师把汽车车轮蘸上颜色在白纸上开过,边开汽车边念儿歌"小汽车,嘀嘀嘀,开来开去真有趣"。

2. 引导幼儿观察小汽车滚出来的画。

师:看! 是什么颜色的? 像什么?

幼儿回答。

3. 师:你们想不想让你的小汽车画画? (想。)

三、引导幼儿学习滚画,教师强调滚画的注意事项

1. 请幼儿试着用汽车车轮蘸色滚画。蘸色时,提醒幼儿要把车轮前后滚动一下,感受色彩交叉重叠的特殊效果;

2. 小汽车很累了,让我们把小汽车送回家,把小汽车放到盆里;

3. 引导幼儿观察说一说,讲一讲滚画的内容,并把作品布置在活动室的墙上继续让幼儿欣赏。

四、活动结束

在音乐的伴奏下,幼儿做《开小汽车》的游戏。

活动评析:在这个美术活动中,教师没有用画笔竟然也能作画。小汽车原本只是幼儿的玩具,然而在这里却被创造性地用来画画,强烈地吸引了幼儿的注意力,增加了活动的趣味性。整个活动在欢快、新奇的氛围中进行,幼儿不仅掌握了绘画的方法,还体验了别样的绘画乐趣。在此活动中,教师灵活地运用了示范法、讲解法和谈话法等。

2. 音乐欣赏活动的设计与组织过程

幼儿园音乐欣赏活动包括歌唱活动、韵律活动、乐器活动等。

案例1:

案例速递

中班音乐活动"小老鼠和泡泡糖"

活动目标

1. 能根据乐曲旋律合拍地做老鼠走、左右张望的动作,初步做到动作协调;

2. 尝试夸张地表现小老鼠拽泡泡糖的表情和动作,发展音乐表现力;

3. 了解乱丢泡泡糖会给他人带来不便,初步养成不乱丢垃圾的习惯。

活动准备

1. 多媒体课件,图谱;

2. 小老鼠头饰若干,布置活动场景所需的道具;

3. 生活中了解泡泡糖有粘性的特点。

活动过程

1. 导入

(1)随音乐进入活动室。

(2)谈话导入。

2. 观看课件,了解故事情节。

3. 完整欣赏音乐,初步感受乐曲旋律。

4. 分段欣赏音乐,进一步感知乐曲旋律,尝试创编动作表现音乐内容。

(1)感受 A 段乐曲,能根据乐曲旋律合拍地做老鼠走、左右张望的动作,初步做到动作协调。

① 完整感受 A 段乐曲的旋律;

② 根据图谱形象地感知6/8节奏的强弱关系;

③ 大胆表现小老鼠左、右看的动作;

④ 根据乐曲节奏做小老鼠走、左右张望的动作;

⑤ 随着乐曲旋律表现小老鼠从洞里走出来的情景。

(2) 感受B段乐曲,尝试夸张地表现小老鼠拽泡泡糖的表情和动作。

① 完整感受B段乐曲的旋律;

② 根据生活经验表现拽泡泡糖的动作;

③ 感知乐曲中小老鼠拽泡泡糖的三个乐句并进行表演;

④ 引导幼儿探索泡泡糖粘在身体其他部位的动作;

⑤ 随音乐尝试用夸张的表情和动作表现小老鼠拽泡泡糖的情景。

(3) 对幼儿进行环保教育。

5. 教师随音乐进行完整表演

6. 设置情境,进行表演。

(1) 师幼共同表演

(2) 幼儿相互合作,自主表演

7. 在音乐声中结束活动

活动评析:"小老鼠和泡泡糖"这个活动的音乐旋律活泼轻快、节奏鲜明、音乐形象突出,较好地表现了小老鼠可爱、调皮的形象,并且乐句多为重复句式,有利于幼儿的理解和动作创编。此外,小老鼠又是孩子非常熟悉的动物,泡泡糖也深受孩子们的喜爱,来源于生活的活动内容最易于幼儿接受。在活动中通过设置情境,让幼儿不断感知乐曲,用有节奏的动作、姿态结合音乐去表现小老鼠、泡泡糖这些生活中的对象,从中体验表演的快乐,感受音乐的魅力,发展音乐表现力。同时,还适时进行了环保教育,增强孩子的环保意识。

案例2:

大班音乐活动"杨柳青青"

活动目标

1. 喜欢参加音乐活动,体验合作演奏的快乐;

2. 尝试用不同的乐器、节奏型为乐曲伴奏,表现乐曲欢快、积极的风格。

3. 能看指挥合作演奏,与同伴保持一致的演奏速度。

重难点分析

重点:看指挥合作演奏,懂得在演奏中与同伴保持一致的演奏速度。

难点:引导幼儿用动作、乐器为乐曲伴奏。

活动准备

布置春天场景,节奏图谱、教杆、录音机、紫竹调光盘、碰铃、响板、手铃打击乐器若干;掌握几种打击乐器的演奏方法。

活动过程

一、导入

1. 以春天的美景激发孩子参与活动的兴趣。

孩子们,美丽的春天来到了,让我们一起看看都有哪些美丽的风景?

2."寻宝"游戏导入课题

(1)在这些美丽的风景中,藏着许多宝贝呢!快去找找。

(2)熟悉碰铃、响板和手铃三种乐器的演奏方法。

交代:老师知道小朋友都喜欢小乐器,今天我们就和小乐器做游戏,高不高兴?咱们玩的第一个游戏叫"找家",请小朋友迅速将自己的乐器分类放在前面的三个筐子里,看谁第一个坐到椅子上。

二、展开

1."大胆说"游戏,引导幼儿初步感受乐曲。

提问:听了音乐后你有什么感受和想法?

2.播放课件再次欣赏音乐,引导幼儿用不同的节奏型为乐曲伴奏。

(1)启发幼儿联想,学习三种节奏型。

提问:听着好听的紫竹调,你觉得春天的什么景色最美?你能用什么节奏来表示呢?咱们一起试试。

(2)出示图谱,引导幼儿用创编的节奏为乐曲伴奏。

3.引导幼儿用乐器为乐曲伴奏

(1)幼儿自选乐器分组坐好。

小朋友们选择一件自己喜欢的乐器,分组坐好。

(2)师生讨论配器方案。

讨论:小花用什么乐器来表示?小草呢?柳枝的部分就由手铃来演奏。猜猜最后一行由谁来演奏?

(3)看指挥为乐曲伴奏1—2遍。

4.欣赏视频:民乐合奏"紫竹调"。

提问:艺术家们表演得棒不棒?他们演奏时都用了哪些乐器?

5."小小演奏家"游戏,感受节奏乐的快乐。

三、在场景舞台上师幼表演结束

请孩子们站在舞台背景后,看指挥演奏,自然结束。

活动评析:春天,万物复苏,到处生机勃勃。将春天的景象和乐曲明快的节奏相结合,引发幼儿积极地想象,充分体会这首乐曲带给人的欢乐情绪。在联系实际生活的基础上,采用了符合幼儿年龄特点和知识经验的语言节奏,通过边说边拍,引导幼儿轻松掌握三种节奏型,突破活动的重点,为此节奏乐活动奠定了基础。该活动使用情境教学法导入课题,在布置的草地、小河、杨柳等春天的景色中,激发孩子的学习兴趣。又通过游戏贯穿整个课堂,让孩子们在玩中学,学中玩,体现游戏是孩子基本活动的特点。在设置的游戏中,一步步达到理解乐曲风格,轻松掌握三种节奏型的目的。还有效地使用图谱、音画结合的多媒体手段,为教学提供支持。在节奏谱的设计上,教师采用了与春天景色密切相关的花朵、小草、柳枝等图案,更易引起幼儿的兴趣,便于幼儿理解记忆,顺利地从肢体动作过渡到乐器伴奏中来,最终实现看指挥合作演奏,体验集体演奏的快乐。

基于上述,幼儿园艺术领域教育活动既是一个相对独立的活动领域,也自然地融合在幼儿园的其他活动之中。幼儿教师进行艺术领域活动时主要使用的方法有环境创设法、欣赏法、示范法、游戏法、操作练习法。

(1) 环境创设法是指幼儿园教师要为幼儿进行艺术活动创设丰富多样、吸引幼儿的环境,包括艺术活动所需的物质环境和宽松愉快的精神环境,激发幼儿艺术活动的兴趣;

(2) 欣赏法在艺术领域运用较多,是指教师指导幼儿体验某种客观事物的真善美,借以陶冶情感的方法;

(3) 示范法是指教师通过自己的表演,为幼儿提供具体模仿的范例。示范可分为语言示范和动作示范法。在幼儿园艺术领域教学活动中,美术活动和音乐活动都经常使用示范法;

(4) 游戏法是指教师以游戏的口吻或用有规则游戏组织幼儿学习的方法。游戏法能将教育目标和幼儿的兴趣结合起来,在幼儿感兴趣的形式中轻松地完成教育任务,符合幼儿的天性,深受幼儿欢迎;

(5) 操作练习法是指幼儿在教师的指导下,通过自己动手操作和练习,掌握和巩固某种技能的方法。在幼儿园艺术领域活动教育中,幼儿教师向幼儿示范和讲解完毕后,要由幼儿亲自动手或动嘴操作,自己练习掌握知识和技能。

(二) 幼儿园艺术领域教育活动的指导要求

1. 完整性

艺术领域教学活动的完整性主要包括两个层面:内容的完整和过程的完整。其一,内容的完整是指艺术活动内容本身应全面。在现实生活中许多幼儿园在音乐欣赏、节奏乐及美术欣赏活动方面很薄弱甚至不设计相关内容。这样势必会限制幼儿艺术能力的充分发展。其二,过程的完整性是指幼儿艺术活动中的艺术感知、艺术创造和艺术反思。传统的艺术教育中的一大误区就是删除了在艺术教育中占有重要地位的感知、欣赏和评价,仅关注教授幼儿创作和演唱的技能。幼儿园艺术领域的教育应关注幼儿对美的感知与体验,丰富其想象力和创造力,引导幼儿用心灵感受美、发现美。

2. 个性化

幼儿对事物的理解不同于成人,作为教师应该对幼儿独特的艺术表现给予理解和尊重,不能用自己的审美标准去评判幼儿,更不能为了追求完美的结果而对幼儿进行千篇一律的训练,以免扼杀幼儿的想象力和创造力的萌芽。在"手型彩绘"这一教学活动时,教师允许幼儿根据自己的经验或爱好自行创作,孩子们的创作包括:鹦鹉、蜘蛛、小白兔、长颈鹿等等,并且发挥自己的想象给"它"添上不同的颜色,展现不同的造型。教师并没有要求幼儿一定按自己的"范例"进行,而是允许来自幼儿的不同声音的表达。

3. 参与性

幼儿作为艺术教育活动的主体,教师应该创造条件和机会,支持幼儿进行艺术表现和创作。在艺术教育活动中,无论幼儿是否具有艺术天赋,都有参与艺术活动、接受艺术教育的权利,艺术教育拒绝"选择"和"淘汰"。幼儿教师应让每一个幼儿在艺术学习中体验成功,给出幼儿肯定而具体的评价,让幼儿通过自己的努力享受和体会到自己的付出时获得的惬意感和成就感。

4. 游戏化

艺术领域教学活动应该以幼儿的兴趣为出发点,以幼儿乐于参加的形式开展。游戏是幼儿活动的形式,也是幼儿园教学非常重要的手段。艺术领域教学活动可以通过角色扮演的方式,让幼儿在感知美、理解美的基础上表现美、创造美。同样可以以音乐游戏或舞蹈游戏的方式,培养幼儿对节奏感的把握。例如大班音乐游戏《三条鱼》,当小朋友带上"鱼"的头饰,跟随音乐节奏讲出"一条鱼,水里游,孤孤单单在发愁"时,手也要模仿小鱼孤单游泳的动作。教师鼓励幼儿以同样的节奏创编,比如"两条鱼,水里游,摇摇尾巴点点头",幼儿同时也要"学"小鱼摇尾巴、点头,依次往下进行。幼儿在快乐的情绪体验中把握了音乐的节奏感,同时掌握了仿创歌曲的能力。

【关键术语】

幼儿园健康领域教育活动;幼儿园语言领域教育活动;幼儿园艺术领域教育活动

【真题链接】

1. 王老师在教室里贴了一个"坏孩子"榜,那些爱讲话、爱打闹的小朋友都榜上有名。王老师的做法(　　)。

A. 合理,有助于维护教师权威　　　　B. 合理,体现了对幼儿的严格要求

C. 不合理,没有认真备课、上课　　　D. 不合理,没有尊重幼儿人格

2. 根据《幼儿园教育指导纲要(试行)》,幼儿体育的重要目标是(　　)。

A. 培养运动人才　　　　　　　　　　B. 获得比赛奖项

C. 培养幼儿对体育活动的兴趣　　　　D. 训练技能

3. 某幼儿园分班布置画展。张老师精心挑选部分"好的幼儿作品"展出,李老师则将每个孩子的作品展出。两位老师的做法中,(　　)。

A. 张老师对,应支持优秀儿童的绘画表现

B. 李老师对,应支持每个儿童的绘画表现

C. 张老师对,班级画展需要体现最高水平

D. 李老师对,班级画展需要平衡家长关系

4. 对于容易灰心丧气的儿童,教师应(　　)。

A. 安慰和鼓励　　　　　　　　　　　B. 耐心等待他的情绪好起来

C. 抓住所有时机对其进行说服教育　　D. 让他自己在一旁玩其他玩具

5. 为了准备六一儿童节全园体操表演,刘老师提前一个月组织幼儿反复训练,甚至缩短幼儿午睡及游戏时间。刘老师的做法(　　)。

A. 错误,不利于儿童身体健康　　　　B. 错误,不利于儿童个性发展

C. 正确,有利于提高儿童素质　　　　D. 正确,有利于儿童全面发展

6. 某幼儿园为实现管理工作的规范化,要求保育员采取措施控制幼儿的便溺时间和次数。该幼儿园的做法(　　)。

A. 正确,有利于培养幼儿良好的生活习惯

B. 正确,体现了保育员管理幼儿生活的权利

C. 错误,违反了《幼儿园工作规程》的规定

D. 错误,违反了联合国《儿童权利公约》的规定

7. 下列属于幼儿园语言教育目标的是(　　)。

A．能认读拼音字　　　　　　　　B．能清楚地说出自己想说的事

C．能认读一定量的汉字　　　　　D．能正确书写常用汉字

8．某幼儿园将识字作为基本活动，该园的做法（　　）。

A．正确，有助于幼儿识字　　　　B．正确，有助于提升教学质量

C．不正确，幼儿园不能组织教学活动　　D．不正确，幼儿园应以游戏为基本活动

9．1.5至2岁左右的儿童使用的句子主要是（　　）。

A．单词句　　　　B．电报句　　　　C．完整句　　　　D．复合句

材料分析题

1．大一班自由活动时间，个别幼儿用泡沫拼板（30 cm×30 cm）当滑板玩，许多孩子也想玩，但有的幼儿滑不起来，有的只能滑一点点。请根据幼儿利用泡沫拼板滑行的兴趣，为大班幼儿设计一个体育活动。要求写出活动名称、活动目标、活动准备、活动过程和活动延伸。

2．教师在户外体育活动中如何保障幼儿的安全？

3．阅读下面材料，回答问题。

星期一，已经上小一班的松松在午睡时一直哭泣，嘴里还一直唠叨，说："我要打电话给爸爸来接我，我要回家。"教师多次安慰他还一直在哭。教师生气地说："你再哭，爸爸就不来接你了。"松松听后情绪更加激动，哭得更加厉害了。

问题（一）：请简评该教师的上述行为。

问题（二）：提出三种帮助幼儿缓解情绪的有效方法。

4．阅读下面材料，回答问题。

幼儿园大一班开展识字比赛，教师为此创设了班级墙面环境。

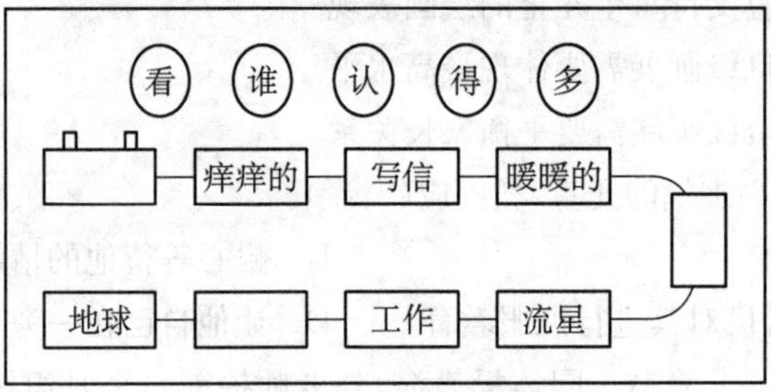

图1　识字比赛墙面环境

问题：请根据创设环境的基本原则，对材料中教师为识字比赛所创设的环境进行评析。

扫一扫二维码
获取参考答案

【学习目标】

1. 明确幼儿园活动方案设计的基本要求和步骤；
2. 初步掌握设计幼儿园活动方案的方法。

【内容脉络】

幼儿园课程领域教育活动方案的一般要求与撰写 { 活动设计方案格式的掌握 / 活动设计方案的撰写

【先行案例】

　　一次偶然的机会,我观摩了一节大班活动。在走进教室之前,我只知道活动的名称是"豆宝宝",对其重点领域、活动目标、活动内容等一无所知。我坐下来后,看到执教教师很投入地和幼儿一起做着模仿各种豆子形状的游戏,结合"豆宝宝"这个活动名称,我理所当然地猜想本次活动应该是以科学领域为主——"认识各种各样的豆。"活动进入第二个环节,教师边念边表演着:"小手拍拍,小手转转,小手变、变,变出一个魔法箱,这个魔法箱能变出许多好玩的东西,我们先来说咒语……"此时我想自己也许猜测错了,这可能是语言领域的活动。可又过去了3分钟,教师开始带着幼儿点数魔法箱里变出来的黄豆和花生。这时,配班的教师拿来了活动设计,其目标栏上写着"学习不受物品大小和排列形式的影响,正确感知8以内物体的数量"。于是,我才确定这是科学(数学)活动。①

---

① 尤素敏.活动名称:高效活动的核心要素[J].福建教育,2013(1).

　　幼儿园教学活动方案也称幼儿园教学活动计划,主要是指教师根据学期计划、月计划、周计划中的教学内容安排,依据幼儿的年龄特点而制定的具体的教学活动方案。它阐明在一定的活动时间内要做什么、怎么做、完成什么目标等。事先准备科学的幼儿园教学活动方案,可以增强活动的目的性,引领活动的方向性,提高活动的针对性,是实现活动目标、提高活动质量的重要保证。① 活动方案是教学计划落实的重要步骤,是教学活动开展的主要依据,是授课教师教学思想、教学组织能力、教学方法的重要体现,是教师教学经验的结晶。事先准备科学合理的幼儿园活动设计方案,可以增强活动的目的性,引领活动的方向性,提高活动的针对性,是实现活动目标、提高活动质量的重要保证。

　　可以说,活动设计方案是我们幼儿教师对教学设计的文本参照。它虽然没有固定模式,但是却有一些基本规范与要求,所以本章拟专门就如何撰写活动方案即教案进行介绍,以期帮助同学们对此问题有一个比较清晰明确的认识、理解和把握。

任务1　活动设计方案格式的掌握

【完成目标】

　　1. 明确一份完整的活动设计方案应包含的基本要素;
　　2. 掌握活动设计方案的一般格式。

【任务驱动】

幼儿园优秀教案赏析

活动名称:领域活动小班音乐游戏"大象和蚊子"

设计者:××区闽安联办园洪老师

设计意图

　　爱玩爱动是孩子的天性,在日常生活中,我们常常发现孩子们在音乐区中拿着乐器敲敲打打,一些孩子还经常随音乐节奏自由地做模仿动作。于是我们尝试着把生动有趣的故事与音乐有机地结合起来,把音乐融入到游戏中,激发幼儿对音乐的兴趣,让幼儿在倾听、欣赏、敲击乐器和游戏的过程中自由理解表达音乐。

　　小班的幼儿对大象和蚊子都十分熟悉,并且能模仿大象走路时笨拙、可爱和蚊子飞起来轻巧、淘气的样子。因此,我们选择了这两种幼儿在生活中熟悉的并在形态上反差大的动物,通过游戏的形式来帮助幼儿感受和理解音乐的不同性质。

　　为此,我们据此设计了此次活动,将富有童趣的故事情节与节奏对比鲜明的音乐融合在一起,并通过演奏简单的乐器,为幼儿创造一个轻松愉快的氛围,让他们在音乐情境中获得愉快的情绪体验。

　　活动目的

　　1. 体验、表现音乐故事的情趣,感受与同伴活动的快乐;

---

① 张满清.幼儿园教学活动方案撰写策略[J].福建教育学院学报,2012(4).

2. 感受大象和蚊子不同的音乐性质,乐意随音乐做游戏。

活动准备

知识准备:通过图片、录像等方式,引导幼儿观察大象和蚊子的形态,并能够模仿它们的各种动作。

物质准备:"大象与蚊子"音乐CD、森林场景、桌面演示教具、"大象"长鼻子、"小蚊子"指偶若干、打击乐器鼓、沙锤等。

活动过程

一、幼儿随音乐入场

师:小朋友,瞧! 森林里的景色真美啊,让我们跟着音乐到森林里去玩吧!(引导幼儿听音乐手拉手,愉快入场。)美丽的森林到了,小朋友们找个位置休息吧。

(反思:活动一开始,教师注重为幼儿营造一个童话般的游戏环境,引导幼儿在这种宽松的氛围中,以游戏的形式进入活动室,从而激发了幼儿参与活动的兴趣,调动了幼儿主动融入活动的积极性。)

二、教师演示桌面教具讲述故事,激发幼儿的兴趣。

引导幼儿说说大象的特征。

师:小朋友,你们看,谁来了?

幼:大象。

师:大象是什么样子的?

幼:大大的身体,长长的鼻子……

师:是的,大象有长长的鼻子,粗粗的四肢和大大的身体。这只大象在森林里散步,接下来会发生什么事呢? 请小朋友认真听一听。

(反思:这个故事比较简单,要想引起幼儿的兴趣,老师讲述的技巧十分关键。教师在此环节充分地调动起自己的激情,结合桌面教具,运用生动的语言、可爱的表情和夸张的动作讲述了故事《大象和蚊子》,特别是拟声词的运用,令故事中大象和蚊子的角色更加鲜明,具有诙谐的色彩。幼儿们都听了入了神,同时,也感染了参与观摩的客人老师们。)

三、欣赏音乐,引导幼儿感受音乐的不同性质。

1. 结合桌面教具,完整欣赏音乐,重点指导幼儿感受。

大象和蚊子的不同音乐性质。

师:刚刚发生了什么事? 让我们随着音乐来听这个故事吧。小朋友们仔细听,哪段音乐听起来是大象走出来了,哪段是蚊子飞出来了?

(在引导幼儿分辨大象和蚊子的不同音乐性质时,幼儿根据已有的知识经验,基本能够分辨得出。)

2. 结合片段音乐,启发幼儿利用肢体动作自由表现音乐的角色特点。

(1)引导幼儿听第一段音乐集体表演"大象"。

师:小朋友,你们在听音乐时,大象是怎么走的呢?

(2)幼儿听第二段音乐集体表演"小蚊子"。

师:我们再听听看,谁飞来啦? 我们变成小蚊子一起飞起来吧。

(反思:幼儿对模仿大象走路和小蚊子飞来飞去的动作十分感兴趣,特别是男孩子,他们学大象走路时那种憨态可掬的样子,十分可爱。在过渡环节中,我始终用游戏的口吻来调节幼儿的活动量,注意动静的交替,幼儿不易疲劳。)

3. 结合乐器感知音乐。

(1) 教师出示乐器并演奏，引导幼儿辨别大象和蚊子的不同音色。

师：小朋友。你们瞧，这是沙锤，这是鼓，你们听听哪种音乐听起来像是大象来了，哪种音乐听起来像是蚊子的声音，你们听出来了吗？

(2) 幼儿演奏乐器，感受大象和蚊子的声音。

师：小朋友们，蚊子来了。(引导幼儿听第一遍)蚊子飞走了，让我听听蚊子的声音。(引导幼儿再次感受第二遍音乐。)

师：咦，大象来了，蚊子要躲起来啦。(引导幼儿听一遍音乐。)

(反思：此环节中，教师鼓励幼儿用脚步表现大象的笨重，在提醒幼儿听音乐通过大象与蚊子躲藏的方式来辨别不同的音乐性质时，教师害怕幼儿出错，语言的提示稍多了些，建议可以适时的退出，让幼儿学会自己听音乐进行游戏。)

(3) 引导幼儿再次听音乐演奏乐器，在演奏中进一步感受并表现"大象"与"蚊子"不同的音乐性质。

(反思：小班幼儿对乐器的演奏是具有一定难度的。于是我选择了两种幼儿易于分辨的、音色对比明显的乐器，让幼儿在扮演游戏角色的过程中，进行乐器的伴奏，进一步增强对音乐的感受和理解。乐器不仅可以用来为旋律伴奏，还成为幼儿喜爱的游戏道具了。)

四、游戏"大象与蚊子"，体验快乐的游戏氛围。

师：小朋友今天耳朵真灵，现在我们一起来玩大象和蚊子的游戏吧！

教师出示并逐一介绍游戏道具(大象鼻子、大象头饰、蚊子指偶)及游戏场景。

1. 第一遍，教师引导幼儿听音乐，并能跟随着音乐的节奏自由表现大象与蚊子的样子。

师：美丽的大森林里面来了谁呀？

幼：大象。

师：对了！我就是大象妈妈，今天我要带着几只象宝宝和我一起到森林里散步。(教师请几个小朋友到旁边戴头饰准备扮演象宝宝。)

师：那剩下的小朋友扮演什么呢？嗡——谁来了呀？(配班教师扮演蚊子妈妈，引导其他幼儿扮演蚊子。)

2. 第二遍，引导幼儿熟悉游戏的基础上，请个别幼儿来扮演大象，并提醒幼儿大象出来时蚊子要躲在每棵树后，别让它发现了。

师：现在大象妈妈要去休息了，象宝宝们继续玩吧，(蚊子妈妈："蚊子们注意了，象宝宝的肉可香了，我们可要多叮上几口才能飞走哦。")(师退出游戏。)

3. 第三遍，教师鼓励幼儿互换角色，听音乐自由游戏。

师：刚才象宝宝和蚊子宝宝都表现得很好，现在你们可以和好朋友交换头饰、指偶继续玩游戏。

(反思：此环节教师主要是以游戏的形式，引导幼儿听音乐通过肢体动作大胆表现动物的形态和动态。在此环节，幼儿满足于游戏中躲藏的过程，听音乐的能力还不够，特别是在大象与蚊子音乐过渡的环节，需要老师的提醒。再有就是：由于小班的幼儿的动作局限性大，他们只满足于模仿简单的动作，创造性不够，在后期的活动中，我们可以通过"找不同"等各种方式来丰富幼儿经验，鼓励他们大胆表现出与别人不一样的动作。随着幼儿年龄的增长，和这样音乐活动的不断深入开展，幼儿的水平将会不断地得到提高。)

五、游戏结束

师：小朋友们，今天你们在森林里玩得高兴吗？现在时间不早了，我们该回去了，让我们和客人老师说再见吧！（在音乐中自由结束。）

（反思：师生的良好互动将整个活动气氛推向了高潮。直至游戏结束，幼儿仍意犹未尽，于是我们将活动进行了延伸，将目标要求做适当的调整。特别是引导幼儿在扮演"大象"时，要求步伐根据音乐的节奏进行，使音乐不再是成为游戏的背景而是能让幼儿真正地与音乐融合在一起，使他们在音乐的氛围中得到真正的快乐。）

请同学们仔细分析上面的教学设计，尝试谈一谈一个完整的教学活动设计方案应该包括哪些部分？

⋯⋯⋯⋯⋯⋯⋯⋯⋯⋯⋯⋯⋯⋯⋯⋯⋯⋯⋯⋯⋯⋯⋯⋯⋯⋯⋯⋯

幼儿园教学活动方案主要内容包括以下七部分：活动名称、设计意图、活动目标、活动准备、活动过程、活动延伸、活动评价。每部分都有哪些具体要求，如何撰写？

任务 2　活动设计方案的撰写

【完成目标】

1. 明确活动设计方案的格式规范；
2. 掌握撰写活动设计方案的基本步骤与各部分基本要求。

【任务驱动】

参照上述"大象和蚊子"活动设计，谈一谈撰写方案的过程应注意哪些问题？

⋯⋯⋯⋯⋯⋯⋯⋯⋯⋯⋯⋯⋯⋯⋯⋯⋯⋯⋯⋯⋯⋯⋯⋯⋯⋯⋯⋯

幼儿园教育活动方案编写的一般程序为：钻研纲要和教材、分析幼儿、拟定活动名称、确定活目标、选择活动内容、确定活动方法、设计活动过程、设计活动延伸。[①] 据此，我们从以下七个方面作以介绍，以期同学们对于活动方案的撰写及其设计的基本步骤有所清晰。

一、活动名称的撰写与要求

活动名称是对活动特点、对象、要求、目的、内容与功能等的高度概括。一般而言，活动名称具有预示活动内容的功能，同时具有趣味性，新颖独特，能激发儿童参与活动的兴趣。

---

① 叶亚玲主编.幼儿园教育活动设计[M].上海：复旦大学出版社,2014.

（一）活动名称应具体明确、主题突出

1. 具体明确

活动名称应尽量具体明确，让人能从活动名称中看明白活动的领域和内容。

表 5-1	改名前	改名后	分析
活动名称示例	比一比	比多少　比长短 比轻重　比厚薄	前者活动名称都过于笼统，让人无法判断其内容。
	神奇好玩的三角形 可爱的三角形	多种多样的三角形	形容词都不适宜用做数学活动的名称，因为它们描述的是模糊且不确定的性质。"多种多样"一词清楚地指出了本次活动的重点，丰富三角形的多样性，主旨鲜明。
	谁是猜拳高手	比一比，谁赢拳多	前者可以是一次典型的猜拳游戏，也可以是学数数，还可能是学统计。后者明确地指明了学习内容是"统计"，统计的内容是"数赢得的猜拳数"。
	长长的火车	点物接龙，5 以内数量	
	好玩的时钟	现在几点钟 认识时钟	前者主题不明确，后者主题突出，内容具体。
	吃吃玩玩	分开吃的和玩的	
	找朋友	按用途匹配	

2. 主题突出

如"保护自己办法多"（科学活动），充满童趣。

如"奇妙的磁铁"（科学活动）、"勇敢的小伞兵"（体育活动）。

（二）活动名称命名的方法

活动名称＝年龄阶段/班＋课程模式（主题活动、领域活动、综合活动）＋具体的课程内容

命名一定要简洁明了，如小班语言领域活动：《××××》、大班主题活动：《×××》等。

1. 年龄阶段的命名

可以写为具体年龄阶段，如 3—4 岁、4—5 岁或 5—6 岁；也可以写为班龄阶段，如小班、中班或大班。

2. 课程或活动模式

（1）主题活动的活动计划，写法较为简单，可直接点出其主题。

主题活动	秋天	表 5-2
二级网络活动一	秋天的天气	
二级网络活动二	秋天的水果	主题活动名
二级网络活动三	秋天的叶子	称示例

（2）领域活动的活动计划，要先说明该活动属于哪个领域，最好直接以《幼儿园教育指导纲要（试行）》中的五大领域（健康、社会、语言、科学和艺术）来命名。下面列举几个案例进行对比。

不适宜的命名	适宜的命名	表 5-3
艺术活动：大树妈妈（歌曲）	艺术活动：大树妈妈（歌唱活动）	
故事：春天的电话	语言活动：春天的电话（故事）	适宜名称与不
讲述活动：小猫生病了	语言活动：小猫生病了（讲述活动）	适宜名称的比较
计算活动：5的组成	科学活动：5的组成	

以下分别对五大领域活动的名称各举一例：

中班健康活动	保护我的小手	表 5-4
中班语言活动	春天的电话（故事）	
中班艺术活动	大树妈妈（歌曲）	五大领域活
中班科学活动	10的组成	动名称示例
中班社会活动	我们都是好朋友	

但在幼儿园教育实际中，我们还发现存在以下几个问题：

其一，教师习惯于沿用以前的"六科教学法"来命名。如将活动直接命名为体育活动、语言活动、科学活动、数学活动、音乐活动、美术活动。

其二，命名不规范。如将社会领域的活动命名为社会性活动、数学活动命名为计算活动。

其三，命名混乱、多样。有的以内容类别来命名，如语言活动直接命名为儿歌：《数鸭子》、故事：《小黄鸡借伞》；音乐活动直接命名为歌曲：《坐飞机》。有的以活动类别来命名，如听说活动：春天来了；看图讲述：小猫钓鱼；早期阅读活动：三个和尚。[①]

当然，上述问题的存在并不会直接影响教学活动和教学效果，甚至也有些人认为这种问题没必要强制要求，但是我们将这种现象逐一列出，只希望给同学们一个启示：活

---

① 叶亚玲，傅建明主编.幼儿园教育活动设计[M].上海：复旦大学出版社，2014.

动名称是一个活动设计方案的核心体现,所以需要对其明确、简练和准确地撰写,从而使读者一目了然自己所进行活动的基本主题、目标与内容。

二、设计意图的撰写与要求

设计意图即是要说明我们为什么要设计本次活动,陈述我们选题的缘由。尤其对于新任教师来说,如能对于每次活动的设计意图都进行深入思考并将它撰写出来,是一个非常好的专业成长过程,如若能坚持以往,一定会有更多的收获。

作为幼儿教师,我们设计每一个活动,其实质都是围绕着幼儿的学习需要与发展而来。所以所谓的设计意图,更多的是对幼儿学习情况的分析与把握。

(一) 对幼儿兴趣的分析

根据已有调查,近79%的幼儿园教师在对幼儿进行学情分析时,会考虑到幼儿的兴趣点。幼儿园老师们认为幼儿并不关注老师想让他们学会什么,幼儿对不感兴趣的活动是无法进行的,老师们只有找到幼儿的兴趣点组织相关活动才能促进他们的发展。"盒子在成人眼里也许一文不值,但在孩子眼里是百玩不厌的玩具,他们每天利用盒子摆高楼、开汽车、打开盖当帽子等,他们在与盒子相互作用中发挥想象、自主探索,有些想法出乎我的意料。"幼儿园教师分析幼儿的兴趣,然后调动幼儿参与活动的积极性,使幼儿在活动中得到发展。但是,很多时候大多数幼儿教师对幼儿的兴趣分析得并不那么透彻,可见教师在幼儿兴趣的分析时,没有从多层次、多维度、多角度进行分析,只是泛泛地分析了大部分幼儿的兴趣。

(二) 对幼儿现阶段水平的分析

幼儿园教师在对幼儿进行学情分析时,都会考虑幼儿的现阶段水平,也就是幼儿已经知道了什么,他具备与本次活动相关的知识经验和能力水平。

知识链接

　　发展心理学的研究表明:儿童的身心发展具有连续性和阶段性特征,每个阶段都有自己独特的身心发展规律,而儿童的身心发展规律制约着幼儿园应该开设哪些课程类型。如就认知发展来说,3—6岁的儿童处于皮亚杰认知发展阶段论的前运算阶段,其思维发展以具体形象思维为主,尚未达到抽象逻辑思维的水平,幼儿主要通过大量的感知活动进行学习,因此课程的设置应该以活动课程为主。再如就游戏的发展来说,3—6岁的儿童处于象征性游戏的阶段,他们进行想象和假装游戏表现得惊人地流畅和富有想象力,因此课程的设置应该注重游戏课程的开设,尤其是应该以象征性游戏为主。以上是3—6岁儿童的共同的年龄特征,而对于3、4、5岁每个年龄段的儿童来说,他们的身心发展水平又不相同。3岁、4岁、5岁儿童游戏、交流和理解世界的方式是有着本质的不同的,因此不同年级在活动类型以及游戏类型的选择上也会有所差异。如3岁儿童生活经验少,认知水平低,因此主要以生活活动和感知活动为主;4岁儿童开始喜欢与同伴合作,因此应主要以交往活动为主;5至6岁儿童有了一定的认知水平和独立能力,则主要以自主探索类活动为主。再如3岁、4岁儿童象征性游戏为主,到5岁慢慢加入规则游戏。

以上是 3—6 岁儿童身心发展的共同规律，但具体到某所幼儿园来说，本园幼儿的身心发展还会具有自身的特点。因为儿童的身心发展是受到遗传和环境共同影响的。3—6 岁儿童已经经历了多种环境，有了各种体验，以至于个体儿童的差异变得更加明显。因此在进行幼儿园课程设计时，还要调查儿童已有的经验水平及儿童的家庭情况，社会和文化背景等。①

（三）对教学材料的分析

幼儿园教学材料一般分为两类：一类是教材，另一类是在集体活动中幼儿要用的操作材料或教师用的教具。幼儿园教师在组织活动的时候要分析教材对于幼儿的适宜性。在幼儿要用的操作材料或教师用的教具上的分析就比较细致了，幼儿园教师会分析哪些材料符合幼儿的兴趣，适合本次集体教学的内容，如何使用材料能让幼儿掌握得更好，更有兴趣学习。"考虑在这个活动上我要运用哪些材料，能让孩子学得更好、掌握更好，在材料的准备上，我的原则就是尽可能在儿童生活的环境中找，有一些材料尽量发动孩子，让孩子自己去准备，因为孩子在收集材料的过程也是学习的过程。"根据访谈内容，这位教师是从幼儿学的角度出发，目的是为了让幼儿学得更好来选择教学材料。有些教师选择教学材料是根据活动的内容来选择。有些活动它就适合以游戏的形式，还有一些活动就适合运用多媒体。"比如'地球妈妈哭了'这个活动，我就需要多媒体，我先给幼儿出示一张地图，接着我就给孩子们看地球污染前和污染后的视频。再比如让孩子们认识伞，我要出示个视频当然就不适合了，这种情况就更适合出示实物，我会给孩子们一把伞，孩子们看一看、摸一摸、玩一玩。一般都是根据课程内容来选择教学材料。"②

有效的教学在于为幼儿学而教。把幼儿置于教学的出发点和核心地位、充分了解幼儿，对于教师进行教学活动设计与实施是非常必要的。幼儿园教师根据幼儿的实际情况明确制定幼儿的学习目标，选择能帮助儿童有效达到学习目标的建设性教学策略。对幼儿的学情分析是一种最基本、最重要、最不该"遗忘"的教学资源，教师要充分挖掘、利用好这个资源。

案例速递

案例1：
　　春天的早晨，孩子们陆陆续续来到幼儿园。早来的孩子们和值日生一起在给自然角里的各种植物浇水，突然发现一个花盆裂了一道大约有两厘米宽的缝，孩子们觉得很奇怪。"花盆为什么裂开了？""花盆里面有什么？"有的孩子们把花盆撬开进行观察，有的孩子迫不及待地扒开花盆里的土，最后发现原来是花盆里逐渐长大的小土豆把花盆撑破了。"土豆那么小，哪有那么大的劲？""就是土豆，是土豆把花盆撑破了。""大树的根还能把房子弄倒呢！"……孩子们七嘴八舌地议论起来。就在这时，老师喊道："上课了，小朋友都抓紧

① 张娜.学前教育课程模式设计研究[D].武汉：华中师范大学,2013.
② 王栋材,彭越编著.幼儿园教育活动设计与指导[M].长沙：湖南大学出版社,2012.

回去了。"回到教室,小朋友们依然意犹未尽地谈论着刚才的话题。老师忙着维持纪律:"请小朋友不要讲话,今天我们来学习一首诗歌。"很显然,诗歌的学习是今天计划中教材上的内容,老师并没有根据幼儿的兴趣需要改变活动的内容。

《纲要》中提出:"善于发现幼儿感兴趣的事物、游戏和偶发事件中所隐含的教育价值,把握时机,积极引导。"兴趣最好的教师,幼儿感兴趣的内容,能够引发幼儿的好奇心,引导幼儿主动探究,这也为教育活动设计的成功提供了保证。

案例2:

进入冬天的第一场大雪下得好大,虽只有一个晚上,但地上、树上、房上都盖了厚厚的一层雪。第二天一早,小朋友们兴高采烈地来到幼儿园,一见面就谈论着下雪的事情,话题不断。就此教师计划引导幼儿开始关于"雪"的主题活动。老师首先请小朋友在桶里装上雪,分别放到走廊外边的门口、走廊及班级窗台上等地方,让小朋友下午来做小实验,幼儿把一桶桶雪放到了指定位置。下午当小朋友午睡起床后,一位小朋友发现了问题,着急地说:"老师,窗台上小桶里的雪不见了,桶里就剩下一点水,雪哪去了?"这时小朋友都围了过来,看到桶里的雪不见了,马上去找其他地方的小桶……老师及时引导幼儿思考:"为什么放在外边的雪还在,而放在室内的雪却不见了?""雪是怎么形成的? 怎么融化的?"小朋友马上说出多种答案:"外边冷,室内热,雪在热的地方就化成水了。""夏天下雨时,云层里小水珠越来越大时,云托不住了掉下来的就是雨,冬天云里托的就是雪。""可能还是水。""可能是水又变成雪。"这时教师引导幼儿:"我们都去查找资料,明天我们交流,好吗?"……

三、活动目标的撰写与要求

活动目标是在对所选内容进行充分研究、分析的基础上确定的,主要阐明期望幼儿通过这一活动要达到的目标。一般包括情感态度或行为习惯目标、动作和技能培养目标、知识技能目标三个方面。目标制定应着眼于幼儿的发展,内容和要求在方向上应与总目标、年龄阶段目标相一致。活动目标不宜过多,一般维持在 2—4 个目标为宜。

(一) 活动目标表述要体现多元化、层次化,注重促进幼儿全面发展

在具体表述时,要注意不同类型的目标,情感态度或行为习惯、动作和技能和知识技能三类尽量分别阐述,分条目而列述既是为了呈现目标内容的不同层次或维度,也是体现幼儿经验要点的清晰分布,而使人一目了然。

表 5－5

某小班科学领域教育活动"可爱的小白兔"的目标

修改前	修改后
1. 让幼儿通过观察,了解小白兔的外部形态。	1. 让幼儿通过观察,了解兔的外部形态及生活习性;(认知目标)
2. 熟悉小白兔的生活习性	2. 教幼儿有顺序地观察,发展幼儿的观察力;(能力目标)
分析:教师只注重了认知目标,而忽略了情感态度、能力目标。使整个目标单一,不完整。	3. 让幼儿和小兔交朋友,培养爱护小动物的情感。(情感态度目标)

某中班社会领域教育活动"车来车往"的目标

修改前	修改后
1. 培养幼儿遵守交通规则的习惯,提高自我保护意识,并认识交通安全标志; 2. 通过活动提高幼儿的蹦跳能力和动手操作能力。	1. 认识交通安全标志,了解其意义;(认知目标) 2. 培养幼儿遵守交通规则的习惯,提高自我保护意识;(情感态度目标) 3. 通过活动提高幼儿的蹦跳能力和动手操作能力。(能力目标)

分析:该目标在表述上各条目内容混乱,第一条既有认知目标"认识交通安全标志",也有情感态度目标"培养幼儿遵守交通规则的习惯,提高自我保护意识",如将其分开表述,则更加清楚明了。

(二) 活动目标适合本班幼儿身心发展

活动目标的确定应根据幼儿的年龄特征和发展水平,在已有经验知识基础上具备一定挑战性,目标过难或过易,都不适宜幼儿发展水平。

例1:大班教育活动中,能手口一致地点数 10 以内的数量的物体并说出总数,明显要求过低,因为这是中班幼儿已经掌握了的知识。

例2:小班活动中,要求幼儿大胆、清楚地表达自己的感受和想法,这个目标设定得太高了,因为小班幼儿的口语发展尚未达到该种程度。

例3:某中班美术活动《变脸》的活动目标:

(1) 感受我国传统的京剧艺术,萌发喜爱京剧的情感;

(2) 设计多个不同的京剧脸谱,要求色彩鲜明、图案对称;

(3) 体验利用自制脸谱表演的乐趣。有时在教育活动中,教师总是不由自主地把目标定得太大、太难,在一个活动中难以完成。除了目标设定不够具体之外,中班幼儿的知识技能目标还未达到,实现起来难度很大。

(三) 活动目标要建立在深入分析教学材料和幼儿原有经验的基础上

教师在制定目标时要深入分析具体教育内容的知识体系,从所教领域出发,挖掘其促进幼儿全面发展的教育价值,关注本领域的核心价值,比如语言领域的核心价值在于倾听、感受、理解、表述,不同的语言教学形式,侧重点有所不同;科学领域的核心价值,倾向于孩子积极主动的探究学习,多感官、多渠道对事物的感知,对事物探究兴趣的激发等;而艺术领域的核心价值,更倾向于对美的感受与表达。教师绝不能为了形式上的花哨,先想环节再定目标。

(四) 活动目标具体、明确,有较强的针对性

目标设定与活动内容相贴切、用词精练。如,"发展幼儿的口语表达能力",是对于倾听的要求还是表述方面的发展,还是辨别语音、丰富词汇方面的要求并不够明确,如果确定为"能清楚地表述观察的结果"则更为恰当;"发展幼儿的观察力",是教幼儿有顺序地观察,还是比较观察也不明确,如果将其确定为"教幼儿能有顺序地观察事物",教师的教学就会更具有明确的指导作用;"发展幼儿爬的能力",爬的动作要领是手膝着地爬,还是手脚着地爬呢,并不十分明确,如果改为"发展幼儿手、脚协调向前爬的能力"则更具有针对性。

(五) 表述一致,忌主体不统一

活动目标的行为主体应从同一个角度出发,体现一致性。依据纲要的精神和体现幼儿的主体地位,提倡从幼儿发展的角度书写目标,体现幼儿发展的可能性。"教给幼儿……"、"让幼儿……"、"使幼儿……"、"引导幼儿……"等都是从教师的角度出发制定目标,在调整为以幼儿为主体的目标时,需把这些词语加以调整。[①]

例:某中班科学教育活动《找影子》的目标:

＊引导幼儿对光和影子感兴趣,激发幼儿探究的欲望;

＊引导幼儿主动参与实践活动,探索和发现光和影子之间的关系;

＊学习动物手影,体验表演、合作的乐趣。

以上目标主要存在的问题是表述角度前后不一,前两条是从教师的角度表述的,第三条是从幼儿角度表述的,应将前两条目标调整为:(1)对光和影子感兴趣;(2)探索光和影子之间的关系。从而统一目标以幼儿为主体,表述前后一致。

四、活动准备的撰写与要求

活动准备是针对活动的开展在物质环境、经验、氛围等方面的前提支持。活动准备的撰写一般要包括三方面的内容:活动材料的投放;知识经验的准备;学习情境的创设。

活动准备包括物质材料的准备和知识经验的准备,物质材料准备包括围绕教学内容为幼儿提供支持其学习的活动环境、活动材料等。必要的教玩具名称,有场地布置的教学活动,需画出场地布置示意图。如需要幼儿用书,放在活动准备的最后一条。材料也不宜过多过杂,要从目标和环节的实际需要出发。心理准备主要是指知识经验方面的准备,根据具体活动需要制定。[②]

(一) 物质材料的准备

物质准备是对于每次教育活动所需要的教具、学具、玩具、操作材料、场地等的准

① 张满清.幼儿园教学活动方案撰写策略[J].福建教育学院学报,2012(2).
② 叶亚玲主编.幼儿园教育活动设计[M].上海:复旦大学出版社,2014.

备,充分的物质准备可以保证活动目标的顺利达成。而在某些教育活动中教师的物质准备没有考虑细致,以至于影响了整个教育活动的开展。

　　某大班体育活动"小杂技演员"的活动准备事先教会幼儿朗诵儿歌《我是小小杂技员》,以及平衡木二台、沙包若干。这是一次利用体育游戏发展幼儿行进间平衡能力的体育活动,该游戏竞争性强,需要在一定的场地上按游戏规则头顶沙包行进。由于教师在备课时没有考虑到场地因素,游戏进行中起点终点不清,致使游戏进行混乱不堪。如果教师能事先考虑周到,对于场地条件事先考察,活动前布置好场地图,可以更加一目了然,便于游戏的顺利进行。

> **案例速递**
>
> 　　某中班语言领域教育活动"故事:金色的房子"的材料准备:
> 　　(1) 电脑动画、挂图多幅、一幅背景图;
> 　　(2) 角色动物头饰。
> 　　为了使幼儿理解故事的内容,教师使用了各种教具,先播放电脑动画,又使用多幅挂图讲解,还用大幅的背景图巩固理解。这样华而不实、复杂多变的教具,不仅会分散幼儿的注意力,还增加了教师使用时的困难。所以教具必须考虑到它的适宜性,既符合活动内容的需要,又要讲究其实用价值。

　　此外,在组织区域活动时,就要考虑好活动区材料的投放问题。区域活动材料的投放应服务于幼儿园的教育目标、教育内容,并针对不同幼儿的年龄、兴趣、爱好、能力分别投放,使幼儿在适合自己的区域中活动、游戏、交流。我们在投放材料时要尽量做到色彩鲜艳、立体而有趣,吸引、维持幼儿操作活动的兴趣,让幼儿喜欢并乐于参与游戏活动。整齐美观的材料摆放,有着和谐感、顺序感和美感,不仅能吸引幼儿的关注,又能帮助幼儿清楚地看到哪些是自己想要的材料、哪些材料是可用的。活动区材料的充足、丰富不是简单地以数量来衡量,而是应尽可能满足活动中幼儿实际操作的需求和选择。幼儿园的活动材料,更多地应是日常生活中的各种物品、当地的自然资源和安全的废旧材料,这样可以让幼儿学会珍惜和利用资源;也可以保证数量,做到幼儿人手一套操作材料,有利于幼儿独立操作和自主学习;还能节省教师制作教具的时间;最终节约了幼儿园的物质资源。

> **案例速递**
>
> 　　幼儿园区域活动时,有些教师经常给幼儿提供一些简单的、成品的活动材料,在利用自然物品和废旧物品上比较薄弱,使活动材料缺乏探究性、可操作性;同时活动材料单一,数量少,不能满足幼儿在区域活动中的需要,从而阻碍了区域活动的深入开展;还有活动区域的材料有的一放就是一二个月,甚至一学期毫无变化,缺少经常性的变化不能吸引幼儿主动参与活动;另外,有些材料的投放忽视了幼儿的年龄特点和兴趣需要,缺乏层次性,使幼儿对教师提供的材料缺乏兴趣,没有发挥区域活动应有的作用。幼儿区域活动的材料越丰富、越适宜,幼儿在操作过程中就会变得越聪明、越自信。

(二) 知识经验的准备

经验即经历、体验，泛指由实践得来的知识或技能，它是人在实践中通过自己的感觉器官直接接触客观外界而获得的对各种事物表象的初步认识。教师准确地找到新的"经验点"，即把握幼儿的"最近发展区"，是活动成功的关键所在。而要找准新的经验点要求教师在进行新的教育教学活动前，必须了解幼儿先期已经掌握哪些与本活动相关的知识技能，具备了哪些能力。教师可以采用"任务分析"的方法，来分析并了解幼儿经验准备情况，并做好相关的经验准备。如小班语言活动"猜猜我是谁"中相互了解，熟悉同伴的名字。

此外，幼儿的学习兴趣与学习愿望总是在一定的情境中发生的，适宜的情境能够引发幼儿参与活动的兴趣。在教学活动设计中，教师可以根据教学内容、幼儿的年龄和生活经验，并借鉴一些常见的生活事件，去创设一个个生动而真实的、可亲身体验的、科学而有效的模拟生活的教育情境，让幼儿与情境中的人、事物、事件相互作用，从而建立起连接教学与生活的桥梁。如在小班"小鸟飞"的美工活动中，教师设置了"小鸟飞来了"的情境，在油画棒的顶端贴上一幅小鸟图，以画纸为天空，用油画棒在纸上自由地画直线或曲线来表现"小鸟飞"。[①]

案例速递

> 某小班科学活动"老豆过生日"的活动准备：黄豆、各种豆制品、豆浆机、餐盘和勺子等。通过"豆家的子孙都来给老豆过生日"为情景，使幼儿认识几种豆制品的名称。教师只是考虑物质准备，没有考虑幼儿对于豆制品的认知经验，只好在活动开始时才教幼儿认识豆浆、豆腐豆奶等各种豆制品，这样延长了活动的时间，又影响了活动的效果。实际上，教师要帮助幼儿积累关于豆制品的相关经验，可以利用的各种途径，如可以进餐时告诉孩子哪些是豆制品，也可以组织专门的参观幼儿园厨房的活动，还可以请家长有意识地在家里、在超市观察认识等，随时随地为幼儿做好知识的积累与铺垫。
>
> 又如，在幼儿园开展角色游戏"娃娃家"、"邮局"时，有些幼儿只是限于吃饭、寄信等一些单调的内容。教师应该注意了解幼儿已有的经验，并在日常生活及教育活动中丰富有关家庭生活、邮局工作等方面的知识，以使幼儿的角色游戏开展得丰富多彩、有声有色。

五、活动过程的撰写与要求

教师能根据教学内容和幼儿实际发展需要，选择有效的教学策略，激发幼儿的学习兴趣，体现自主性、合作性、探究性、体验式的学习方式，使课程的基本理念得到充分的贯彻和落实；教学过程要层次分明，重难点突出，充分体现师幼互动。

基于此，活动过程是指活动的具体流程，通过一个个具体的环节组成，每个环节都是活动内容的反映，也是活动目标达成的载体。

---

① 林菁.再谈幼儿园教学活动的设计[J].学前课程研究,2009(2).

（一）应包括活动内容的详细安排、活动教学方法的具体运用等环节

这一部分的编写要做到活动步骤、内容纲要和教法设计相结合。不仅便于教师自己组织，也便于他人通过阅读方案而了解到教师主要活动情况和本次活动的内容要点。

（二）应体现教师根据教学内容和幼儿实际选择有效的教学策略

活动过程要激发幼儿的活动兴趣，就需体现自主性、合作性、探究性、体验式的学习方式，从而使课程的基本理念得到充分的贯彻和落实。所以，活动过程要层次分明，重难点突出，充分体现师幼互动。

（三）根据需要设计若干个环节

环节设计上，一般可以分为开始部分、基本部分和结束部分。开始部分主要是引发幼儿活动动机；基本部分是活动展开环节，用各种活动达成教育目标；结束部分可以以教师总结等多种方式结束。准备的材料应该在环节中用上，活动中使用的材料应在准备中有交代；任何自编自创的游戏、操作、纸工等，必须说明玩法，有故事的需要附故事原文。

而在活动过程的设计中，要追求活动过程设计的有效性，就是强调教师要有"目标意识"，在基于对教学内容分析和对幼儿了解的基础上，充分考虑活动的每一环节，避免为了追求"场面的热闹"、"方法的多样"、"活动的丰富"和"花样的翻新"等去设计一些与目标和内容没有直接关系的环节。

案例速递

中班艺术领域教育活动"小青蛙找家"

活动目标是学习用自然好听的声音演唱歌曲，感受××—××—和××　×—×××—的节奏，初步学会创编。

第一步，随《森林音乐会》音乐入场；

第二步，向幼儿讲述自编故事《青蛙的成长过程》，从而引起幼儿兴趣，引出新歌曲；

第三步，学习歌曲；

第四步，学习用不同的声音、以不同的速度来巩固歌曲；

第五步，学习创编歌曲；

第六步，歌表演《春天在哪里》；

结束活动。

分析：从该活动目标来看，该活动的重点应该在第三、第五步骤上，而其他步骤与本次活动的内容及目标都联系不紧。

从这个案例的活动过程来看，该活动在活动步骤的设计和表述上是较为有效和明确的。基于上面两个案例评析可知，我们在设计活动过程时，教师要有目标意识，始终思考"儿童在活动中要获得什么"、"我应该如何设计来促成幼儿的发展和目标的达成"，并以这两条线索去设计活动,写明"让幼儿做什么,怎么做,达到什么目的"或"教师做什么,达到什么目的"。

六、活动延伸的撰写与要求

活动延伸是活动过程在非教学活动环节中的延展,是延伸活动与刚完成的活动之间的有机联系,其目的在于使幼儿在此活动中获得的知识经验,在以后的活动中得到进一步的巩固和强化;也在于加强几次活动中获得的经验之间的相互联系,使幼儿在同一段时间内从不同活动中获得的知识经验互相联系,构成一个经验整体。

很多教师通过活动延伸将幼儿园教学活动与家庭教育联系起来,帮助家长参与到儿童发展的互动过程中,加强家园之间的互动。

案例速递	某大班科学活动"力"的活动延伸:回家后和爸爸妈妈一起做有关力的小实验。该延伸活动不仅和此次活动的部分内容重复,而且回到家后可操作性差,一是可能受到实验材料的局限,二是受到家长能力水平的影响。因此,不能为了"延伸"而"延伸",应充分发挥活动延伸的作用。可对此次延伸活动作如下修改:活动延伸:在生活中寻找"力"请小朋友们在活动后留意观察,周围哪些物体是从不动到动的?例如,树叶为什么会摇动?火车为什么能在铁轨上行驶?电风扇为什么会转动?……这个延伸活动,让幼儿在生活中寻找"力",使教育活动顺利地延伸到幼儿的生活中,既突出了幼儿活动的主动性,又保持了幼儿对探索活动的兴趣。活动延伸是对活动过程的重复强调。以巩固经验,或对未尽事宜的补充、扩展,让幼儿获得新经验。

一般情况下,活动延伸可以向区域延伸,也可以是环境创设,还可以向生活活动、户外活动、家庭活动延伸。

案例速递	大班美术活动"可爱的熊猫",活动延伸是组织幼儿把作品"熊猫"剪下来,贴在活动室的一面墙上,再粘贴上"竹林",成为一幅"熊猫的家园"壁画作品。这个延伸就是典型的环境创设延伸。在"四季服装"的科学活动中,了解了四季特征及四季服装的特点和相互关系后,幼儿并不满足。教师就可以在区域活动时为幼儿提供不同的材料(布料、纸、塑料袋、各种小装饰物等),让幼儿根据自己的兴趣制作服装,展示服装。这种延伸属于向区域延伸。延伸还可以是延伸到下一个活动,使半日活动或者一日活动成为一个有机联系的整体。 再例举在音乐活动"小树叶"中,孩子对歌词中描写的秋天树叶飘落的景象很感兴趣。教师就可以将延伸活动设计为带孩子去户外观察树叶,捡拾落叶,进行树叶分类活动或树叶粘贴活动。"恐龙"的主题活动实施后,教师请幼儿回家与家长一起寻找资料,一起研究和探讨。这是向家庭延伸,实施家园共育。[①]

---

① 叶亚玲主编.幼儿园教育活动设计[M].上海:复旦大学出版社,2014.

七、活动评价的撰写与要求

活动评价是对课程活动价值作出判断的过程,它是幼儿园课程或活动设计的重要组成部分,并与课程目标、内容及实施有机统一。

那么我们为什么要进行活动评价? 何时进行活动评价? 怎样进行活动评价呢?

简单来说,活动评价的目的包括:了解幼儿的实际发展状况,使教师能够针对幼儿的需要、特点及个体差异,决定教育活动的目标、内容及活动形式、指导方式等;了解课程的目标、内容、实施过程以及幼儿整体的发展状况,从而评价课程是否符合教育目的和适合幼儿。

基于此可知,活动评价可以是活动前和活动过程中的诊断性评价,也可以是活动结束后的总结/反思性评价。完整的课程或活动评价应该包括课程方案评价、实施过程评价、课程效果评价三个方面。

那么,每一个环节的评价都关注哪些内容呢?

评价维度		评价标准
活动方案	活动目标	是否符合年龄阶段目标、单元目标; 是否具体明确、主题突出; 考察教学目标的适宜性。
	活动内容	活动内容的适宜性。
实施过程		物质环境、师生互动、教学方法。
课程效果		儿童的身心发展:认知、技能、情感态度等方面。

表 5-6

活动评价的
维度与标准②

在新教育理论引领下,当前我们对幼儿园课程领域活动设计与组织的评价主要以发展性评价为主。即是以诊断和改进幼儿教育、促进教育活动的参与者(尤其是幼儿与幼儿教师)能在原有基础上得到发展为目的的;其评价价值定位在发展功能上,是以过程为取向而非结果为取向,同时强调评价主体的多元化。②

知识链接

> 教育评价是幼儿园教育的重要组成部分,教师应自觉地运用评价手段……以提高教育质量。对幼儿园教学活动的评价,其主要目的是了解幼儿园教学活动中教师和幼儿的行为。研究教学对幼儿身心发展的意义,分析教学活动的成效,使幼儿园教学活动更加有效地促进幼儿认知、情感、能力素养等方面发展。(《幼儿园教育指导(试行)纲要》)
>
> 教育对儿童的发展能起到主导作用和促进作用,但需要确定儿童发展的两种水平:一种是已经达到的发展水平;另一种是儿童可能达到的发展水平,这两种水平之间的距离,就是"最近发展区"。把握"最近发展区",能加速学习者的发展。(维果茨基)

---

② 张娜.学前教育课程模式设计研究[D].武汉:华中师范大学,2013.
② 虞永平等著.幼儿园课程评价(第二版)[M].南京:江苏教育出版社,2009.

那么,如何进行活动评价呢?

详细的观察记录表是评价的重要辅助工具之一。主要包括这几项内容:区域名称、记录时间、参与幼儿数量及名称、幼儿个体操作材料的关键行为特征和情绪体验、教师发现的问题和思考等。比如评价幼儿的关键行为特征,记录表可以包含幼儿对新事物的认知、新的玩法和经验等要素;而评价幼儿的情绪体验,记录表可以包含幼儿参与区角的热情与兴趣、操作材料的专注度、想象力与创造力、主动性、合作与分享程度等要素。

当然,对于区域评价的时机等问题也需要引起关注。教师在组织区域评价时需将上述问题综合考虑,并注意结合各年龄阶段幼儿的兴趣点和接受能力进行。

综述以上项目,幼儿园教学活动方案的基本格式与写作要求可以概括为:

幼儿园教学活动方案的基本格式与写作要求

活动名称: ×班×××活动"×××"

(注:要注明年龄段、活动设计的领域和名称;如果是综合活动、主题活动或半日活动,也要注明。)

一、设计意图

(注:扼要阐述活动设计主题内容选材、生成的背景,对整个教学活动设计的思路等。)

二、活动目标

1. 情感、态度与价值观
2. 过程与方法
3. 知识与技能

(注:要符合纲要的精神,符合幼儿的认知水平和情感需要,从幼儿发展的角度书写目标,可用"能"、"会"、"掌握"、"学会"、"明白"、"懂得"等词语;目标不宜笼统,要具体明确,出现具体的经验,可操作,可衡量;目标数量不宜过多,重点呈现新的经验和需要重复的重要经验。以2—3条为宜;目标应直接、明确呈现经验,不需要先呈现途径和方式,如"通过……"或"在……过程中",还要避免直接叙事,不直接呈现经验,如,"让幼儿做一个小小航海家";目标的书写按照活动经验获得的相对先后顺序排列。)

三、活动准备

1. 物质材料准备

(注:包括围绕教学内容为幼儿提供支持其学习的活动环境、活动材料等,必要的教玩具名称,有场地布置的教学活动,需画出场地布置示意图。如需要幼儿用书,放在活动准备的最后一条。材料也不宜过多过杂,要从目标和环节的实际需要出发。)

2. 知识经验准备

(注:根据活动需要制定。)

四、活动过程

1. 活动导入环节
2. 活动展开环节
3. 活动结束环节

(注:活动环节中应说明教师干什么,引导幼儿干什么,每一个环节一定要有幼儿,教师的言行以调动幼儿学习为目的;准备的材料应该在环节中应用,活动中使用的材料应在准备中有交代;任何自编自创的游戏、纸工等,必须说明玩法,有故事的需要附故事原文。)

五、活动延伸

（注：根据具体活动的情况，决定是否需要活动延伸；活动可向区域活动、生活活动及家庭中延伸；活动延伸可以包括重复强调和后续拓展两种类型；说明向哪里延伸、做什么和怎么做，可巩固什么经验或让幼儿得到什么新经验。）

六、活动评价/反思

（注：分析教学活动中的经验与不足，并提出有效对策。）

其他注意事项：

活动设计中数字序号的运用级别顺序一般使用"一"、"二"、"三"——"1"、"2"、"3"——"①"、"②"、"③"三级顺序即可；阿拉伯数字后面的标点用黑圆点，汉字数字后面用顿号，"第一""第二""第三"后面用逗号，带括号的序号和带圆圈的序号，后面尽量不再加顿号、逗号之类；不建议用自动编号。

【关键术语】

幼儿园活动方案；一般格式；撰写要求

【真题链接】

以"神奇的力"为主题，设计一份幼儿园小班的活动方案，要求写明活动目标、活动准备、活动过程等。

扫一扫二维码
获取参考答案

幼儿教师在幼儿园课程改革与发展中的重要担当

纵览我国幼儿园课程改革与发展的历史进程,可以说是经历了一个由照搬国外到中国化、科学化,由单一课程模式到多元课程模式的发展过程,改革和发展始终是一条主线。幼儿园课程改革是大势所趋,是必然的,也是社会对幼儿教育提出的要求。而行文至此,本书编者期望阅读本书的您,不论是在校的准幼儿教师,抑或是在职的幼儿教育工作者,能够对于当下幼儿教师在幼儿园课程改革与发展中的重要意义有所理解和把握。

一、机遇与挑战:幼儿园课程改革中的幼儿教师专业成长

教师是课程改革最直接的依靠力量,任何一项课程改革的设想,最终都要靠教师在教学实践中实现,可以说教师是改革的关键。而幼儿园课程改革的成功与否亦取决于幼儿教师对课程改革思想、理念的认识程度,取决于教师和幼儿在活动中角色变化上的实现程度,取决于其对幼儿园工作评价上的科学程度。加拿大当代著名学者迈克·富兰在其著作《学校与改革:人本主义的倾向》中谈及教师,认为教育变革中一个成功关键,便是教师能够找出改革对他个人的意义[①]。无疑,教师是幼儿园课程变革的动力,其对个体意义理解的重要性不言而喻。

而相应地,幼儿园课程改革也对幼儿教师提出了新的要求,带来了新的发展机遇和挑战。

英国著名课程专家斯滕豪斯(Lawrence Stenhouse)认为:"课程改革是人的改革,课程发展是人的发展,没有教师的发展就没有课程的发展。"[②]随着我国幼儿园课程改革的不断深入,很多学者分析了以往幼儿园课程改革不成功的原因,发现幼儿教师在课程改革中居于重要地位,可以说教师是课程的设计者与实施者,同时也是课程改革的研究者与实践者,教师是幼儿园课程改革成功与否的关键因素。

(一) 幼儿教师对幼儿园课程改革与发展的影响

课程不仅仅是学生的经验,也是教师的经验,教师的个人经历、个人知识、个人哲学,直接构成教师"个人课程"的一部分[③]。简单来说,幼儿教师对幼儿园课程改革与发展的影响表现在:

1. 幼儿园教师对幼儿园课程改革与发展具有积极的促进作用

有人说,幼儿教师是课程实施者。即幼儿教师是课程的直接实施者,他们

---

① [加]迈克尔·富兰著.中央教育科学研究所,加拿大多伦多国际学院译.变革的力量:透视教育改革[M].北京:教育科学出版社,2004.
② 王树斌主编.课改与教师能力[A].基础教育理论研究论文精选(上卷一)[C].2004(2).
③ 王建军主编.课程变革与教师专业发展[M].成都:四川教育出版社,2004.

在将决策者的意图和编制者的设计落实到具体行动上后,他们研究分析课程,结合幼儿的实际情况,编写教案,运用自己最擅长的方式方法,让课程内容和环境与幼儿发生相互作用。

还有人说,幼儿教师可以是课程设计者。即幼儿教师可以从本园、本班的实际情况出发,拟定可操作的课程目标,选择和组织适应本班幼儿学习的内容。如幼儿教师在进行主题方案教学时,幼儿教师有独立选择主题、确定目标、组织内容和确定学习活动方式的自主权,特别是在园本课程建设中教师的自主决策权更大。

另有人说,幼儿教师应该是课程的反思者和研究者。即幼儿教师不仅是课程的实施者、执行者,还是课程实施的反思者和研究者。幼儿教师实施完教育活动,都会对课程的有效性、适宜性等进行反思,以调整自己的实施方式;幼儿园还经常组织教师进行科研活动,探讨确定适宜的教育方案。基于此,幼儿教师还应是课程评价的主体。即幼儿教师应在课程评价的所有主体中,如由幼儿、教师、家长、管理者、社会和专家等多元主体共同参与中,处于至关重要的位置。新课程改革要求教师参与课程评价的任何一个方面,包括对课程方案的评价、对课程实施过程的评价以及对课程效果的评价,真正成为课程评价的"主体"。

由此可见,幼儿教师在幼儿园课程改革中确实发挥着,也应该发挥着重要作用。

2. 幼儿教师对幼儿园课程改革也可能产生一定的消极影响

如教师没有或者反对把新的课程理念落实到实践中,从而使整个课程改革的目的难以得到实现。那么究其之所以存有消极影响的原因主要表现在:

首先,幼儿园师资能力整体水平普遍偏低,大多数幼儿教师并不能理解新课程改革的理念与内涵,因而也就无法将改革举措完全而深刻地与幼儿实际相联合。的确,目前我国幼儿园教师的文化、理论水平偏低,大部分是中师或中师以下学历,而发达国家的幼儿教师则均为大专以上学历。随着幼儿园课程改革的逐步深入,教师理论水平不足这一问题日渐显露,具体表现为对课程改革的实质理解欠深,不能从社会发展的需求和幼儿终生发展的层次上认识课程,把当前的课程改革仅仅理解为操作层面上某些具体方法的改变,表现在教学实践上就是"换汤不换药"。[①] 同时,我国的幼儿师范教育偏重理论的记忆,缺乏实践经验,造成师范生对教育理论不能理解,只是在死记硬背,没有从根本上提高能力素质。这就导致了幼儿园教师学历年年高,教育水平却不见长进的现象。课程改革要取得成功,教师素质亟待提高。

其次,很多地方幼儿园里的教师常常陷入迎合改革与迎合家长需要的两难境地。中国传统的教育理念是知识本位的,很多家长认为孩子在幼儿园学识字,做算术,说英语,背古诗就是幼儿园教育的全部意义。而幼儿园课程改革则明确提出幼儿园课程开设的目标是为了促进幼儿的全面发展打下坚实的基础,不能让幼儿园课程小学化,这就使幼儿园课程改革的实施陷入矛盾之中,到底应该满足家长的需求还是应该"顺应"课改的精神。[②]

① 杨玉红.幼儿园课程改革与教师素质——兼谈幼教师资的培训与提高[J].兰州教育学院学报,2002(1).
② 郭敏.对幼儿园课程改革的再思考[J].黑龙江教育学院学报,2006(2).

最后,很多课程改革举措说起来容易做起来难。例如我们课程改革的口号是以"幼儿为中心",但是在进行课程实践时,过于强调以"幼儿为中心"会使孩子无法无天。就拿我们的常规教育来说,对孩子进行常规训练是无视孩子主动性的表现,把孩子的行为举止禁锢在一些规则中。可是,对于广大的教师来说,常规教育很重要,幼儿可以通过常规教育的训练有一定的规则意识,这样就会避免在组织活动时的混乱。其实,常规教育对我们的幼儿园活动的开展是十分必要的,如果没有常规教育的开展,幼儿就会没有规则意识,这对以后的学习和生活会造成一定的消极影响。自由与控制本身就是一对矛盾体,教师在这对矛盾的夹缝中岂不是更难。①

(二) 幼儿园课程改革与发展对幼儿教师专业发展的影响

1. 挑战——对幼儿教师提出了新的要求

不同改革时期,都对幼儿教师有不同的要求。20 世纪 50 年代的幼儿园课程改革,提倡以教师为主导的教育观,强调教师在教育过程中的主导作用,教师是教育活动的主体。教师必须忠实执行课程计划,严格按照预设进行教学,这一规定方便了幼儿教师的教育教学操作,但同时也让幼儿园课程与幼儿脱离,失去生机与活力。20 世纪 80 年代以来,尤其是 2001 年《幼儿园教育指导纲要(试行)》颁布以来,幼儿园课程改革呈现中国化、科学化趋势,对幼儿教师的期望也不断提高,要求幼儿教师转变为学习型、创新型的人才,具体包括以下几点:

(1) 转变观念,终身学习

观念是行为的灵魂与指南针,教育观念对教育起着指导和统率的作用。幼儿教师应该领悟、学习、掌握新课程的教育观念,转变旧的不适时的传统观念,为实践提供行动的方向和指针。《纲要》对儿童观、知识观、学习观和教育观都有了全新的诠释,倡导尊重幼儿,保障幼儿权利,促进幼儿全面和谐发展的儿童观,倡导强调知识的整体性、综合性、建构性、过程性以及各类知识之间内在的有机联系的新知识观,倡导联系生活、利用生活,在生活中学习、在游戏中学习、在环境中学习的学习观,倡导"以人为本",以幼儿的可持续发展为本的终身教育观,指出幼儿教师是幼儿活动的支持者、合作者和引导者,要求教师转变角色定位,成为倾听、观察、理解型教师。教师应学习和掌握这些先进的教育理念,做到观念上与时俱进,与课程改革同发展、共进步!

未来社会是终身学习的学习化社会,想要不被社会淘汰,就必须不断地进行自我学习、自我提升。同样,作为一名专业教育者的幼儿教师,要想不被教育所淘汰,就应该具有不断学习的意识和能力,这既是社会进步、教育改革对幼儿教师的要求,也是幼儿不断发展和新的教育问题不断产生的要求。幼儿园课程改革对幼儿教师的知识储备提出了挑战,幼儿园课程不同于中小学的课程有学科划分,而且专门的老师教授专门的学科,其课程具有综合性、启蒙性、全面性和整体性。虽然《纲要》把教育内容划分为五大领域,但是这种划分是相对的,课程往往以一个领域为主,内容涉及各个方面的能力和知识,幼儿教师要想适应这一变革,就应该学习多领域的知识和教育方法,在教育中注意各知识整合,提高自己的综合教育能力和多方面素质。

---

① 郭敏.对幼儿园课程改革的再思考[J].黑龙江教育学院学报,2006(2).

（2）关注幼儿，因材施教

一直以来，因材施教一直是我们教育学教材里的教育原则，但这也一直是我们追求却没有达到的教育思想。在班级授课制为主要形式的大背景下，一个幼儿教师设计一个教育活动只能面对班级中发展水平适中的某一类幼儿，对其他的幼儿只能是降低发展要求或者追赶学习进度。信息社会的个性化教育要求我们的幼儿教师能够根据幼儿不同的个性特点、认知类型、认知风格和学习进度等"对症下药"，做到真正意义上的"因材施教"，促进每个幼儿都能得到适合他自己特点、类型和风格的最大与最优化的发展。幼儿教师还应该为幼儿提供充分自由探索、自由活动的时间，让幼儿结合自己的智力特点、学习类型与学习方法，利用幼儿教师所提供的丰富多彩、具有一定刺激与挑战性的环境进行自发、自主的学习。①

（3）与时俱进，不断创新

幼儿时期是创造性与创造能力发展的最佳时期。幼儿园课改的一个重要方面就是要培养幼儿的创造能力，因此，幼儿园教师必须首先成为创造型教师。首先树立创造是幼儿教师职业基本要求的信念，把创造性地进行教学并培养幼儿的创造性当成自己最起码的职责，当作是职业对自己的基本要求。其次，幼儿教师要树立每个孩子都具有创造力的信念，让具有不同个性特征、不同发展类型的幼儿的创造能力都能够自由发展，让每一个幼儿都能够创造性地生活和学习。第三，幼儿教师要树立创造力是可以培养的信念，通过自己创造性的工作为幼儿提供一个宽容、愉快、向上的有利于激发幼儿创造的环境，并通过自己的言传身教为幼儿提供一个创造的榜样和赶超的目标，促进他们创造意识的萌发和创造能力的发展。②

（4）不断反思，实践研究

新时代要求幼儿教师开展行动研究，进行反思性教学，努力成为专家型的教师。反思性教学的过程就是教师对自身教育行为及其效果的分析与思考的过程，具体的说教师要借助幼儿在活动中的反映来分析、判断自身所确定的教育目标、选择的教育内容、采用的组织形式、投放的材料以及在教育过程中的具体指导策略是否适宜，并思考为什么适宜（不适宜）批判性的思考，并学会通过表面现象分析形成这种现象的原因，并提出改进的策略。③ 如果幼儿教师一味地不容置疑地把课程专家设计的方案拿过来就用，不考虑它是否适合本班的幼儿，是否有利于促进幼儿在原有知识经验的基础上获得提高，就会使课程实施变成盲目服从。在新课程改革的背景下，教师应从教书匠转变为研究型的教师，走进孩子，研读孩子，以研究的眼光看待课程实施。

在园本课程开发的背景下，教师作为开发主体中的核心人物，作为课程建设共同体中的一员，教师有责任研究自己的教育实践，有责任对自己的行动进行反思，只有这样，教师才能积极地应对教育新思想、课程新理念、新方法。在教育教学中遇到的问题，应该由教师自己来研究，寻求答案，敏锐地观察、判断自己的教育，探索自己的教学活动，

---

① 南瑞霞.浅谈幼儿园课程改革的趋势及对教师的要求[J].教育革新,2012(5).
② 南瑞霞.浅谈幼儿园课程改革的趋势及对教师的要求[J].教育革新,2012(5).
③ 在教育实践中进行教学反思[OB/OL].浙江学前教育.http://data.06abc.com/20120621/16727.html.

参与自己的课革行动。只要教师树立起信心，保持一颗善于发现、善于探究的好奇心，在实践中不断积累经验，就一定能渐渐获得研究的能力。

2012年颁布的《幼儿园教师专业标准（试行）》提出了"幼儿为本，师德为先，能力为重，终身学习"的基本理念，也体现了幼儿园课程改革对幼儿教师的要求。

2. 机遇——为幼儿教师的专业发展提供了平台

幼儿园课程改革在带来挑战的同时，也为幼儿园教师的专业发展创造了诸多机会，成为幼儿园教师专业发展的新生长点。对于课程改革和教师发展的关系，台湾学者欧用生认为："课程改革是教师再社会化、再学习的过程，课程发展就是教师的专业发展，甚至说，没有教师发展，就没有课程发展。"在课程变革的过程中，人们逐渐认识到，课程改革归根结底需要教师自我的改革，正如有人总结维特根斯坦的思想时说：改变自我成为一切变化的前提。幼儿园教师的改变也是幼儿园课程改变的前提，幼儿园课程改革的成败仰赖于幼儿园教师专业发展的水准。[①]

实践证明，没有哪种课程模式是"最好的"，只有教师理解课程改革的精髓，树立科学的儿童观、教育观、课程观，正确把握幼儿的身心发展特点和规律，设计出适合幼儿发展的课程目标，并采取适宜的教育方法和评价方式，才能有效推动幼儿园课程改革。因此教师确立以幼儿为本的教育观念，与时俱进，终身学习，不断提高个人能力和素养，将改革理念与实际情况相结合，注重幼儿兴趣，创新教育方式方法，切实落实幼儿园课程改革。此外，幼儿园课程改革也必须关注社会实际情况，尊重教师的原有经验，重视教师对改革的接纳程度，注意改变教师的观念和认识，制定适宜的、可操作的、为广大教师所理解的改革策略。

而纵观当下幼儿园课程改革与发展的整体趋势，园本课程开发无疑是每个幼儿园、每位幼儿教师澄明自身理念，立足已有经验，反思本真追求，开展教育对话，形成园本特色并逐步走向成熟的发展方向。这虽是挑战，更是必然。因为，研发园本课程的初衷，即坚守并致力于幼儿更好的生活与成长，清晰我们的教育立场与价值追求，形成明确的园所精神与其文化追求。正如美国学者帕梅拉·博洛廷·约瑟夫等在《课程文化》中所提出的："教育工作者只有澄清自己的课程理念和经验，寻找自己和别人的共同之处，并弄清楚自己真正重视什么，才能是教育对话更加深刻，课程构建充满活力。"[②]

二、发展与提升：园本课程建设中的幼儿教师专业成长

幼儿园作为学校教育的一种特殊形态，是生命绽放光彩的摇篮。尊重幼儿个体差异，让每一个孩子都能和谐地发展是幼儿园教育的追求目标。而特色化园本课程则是其努力实现这一追求目标的重要举措。然而何为"园本"？为何倡导？其实质是什么？这却是幼儿园教育实践者们在践行改革中更为深入思考与审慎的问题。恰若美国进步主义教育协会主席伯顿·福勒曾说的："我们一致从心底赞成这个显而易见的假

---

① 段发明.课程改革：幼儿园教师专业发展的契机[J].学前教育研究,2014(9).
② [美]帕梅拉·博洛廷·约瑟夫等著,余强译.课程文化[M].杭州：浙江教育出版社,2008.

设——一切教育努力的中心应当是儿童而不是他们所学的东西。"①无论是课程建设还是教学探索,知识的教育当永为育人而设才有其合理性与深刻性。

(一) 园本课程的提出与幼儿教师角色的转变

园本课程(kindergarten-based curriculum)的提出,源自于校本课程概念(school-based curriculum)。20世纪七八十年代在西方国家形成了一股强劲的"校本课程开发"运动。幼儿园课程园本化正是在国际课程改革的影响下生成的,也是这种课程改革理念的现实反映。

虽然在学前教育领域,"园本课程"概念界定不一,然而很多研究者提出了自己的理解。虞永平教授指出:园本课程是以幼儿园之"本"为基础的课程或是在幼儿园之"本"的基础上建立起来的课程。在此,"本"是指基础、现状、背景、实际、条件及可能等反映幼儿园现实的因素。因此,园本课程是指在幼儿园现实的根基上生长起来的,与幼儿园的资源、师资等条件相一致的课程。②朱家雄教授认为:"幼儿园课程'园本化'是从'园本课程'这个词中'衍生'而来的,其含义是:鼓励教师充分利用和挖掘现有的幼儿教育资源(如:为教师编写的参考用书、参考资料以及儿童读物,等等),通过选择和生成两个过程,使之逐渐成为适合本幼儿园的课程。"③陈时见和严仲连指出:"园本"即是以幼儿园为基础进行课程开发的开放的民主的决策过程,即园长、教师、课程专家、幼儿及家长和社区人士共同参与幼儿园课程计划的制定、实施和评价等活动。④姜勇指出:园本课程是指"一个以幼儿园为主促进课程开发的开放民主的决策过程,即园长、教师、课程专家、幼儿及家长和社区人士共同参与幼儿园课程计划的制定、实施和评价等活动"⑤。

2001年,教育部颁布《幼儿园教育指导纲要(试行)》,在总则中明确指出,"城乡各类幼儿园都应从实际出发,因地制宜地实施素质教育","教师要根据本《纲要》,从本地、本园的条件出发,结合本班幼儿的实际情况,制定切实可行的工作计划并灵活地执行"。以法规的形式确定了我国实行园本课程的可行性与必要性,为满足各个幼儿园的发展需索,园本课程逐渐形成现行幼儿园的课程管理政策,即由国家教育行政部门颁布教育指导纲要,规定总的教育目标、教育内容和实施原则,由各地教育行政部门制定执行纲要的具体指导意见,再以幼儿园为主确定本园的具体课程。所以,课程园本化是指幼儿园根据国家、地方课程政策与幼儿园自身发展的实际需要,充分利用园内外的各种教育资源对课程进行创编、选择、整合的课程生成和课程探索的过程。这个过程实际上就是幼儿园课程规范化、个性化和系统化的运作过程。园本课程就是幼儿园根据自身课程建设与发展的情况,充分利用园内外的各种教育资源对课程进行创编、选择、整合的课程生成和课程探索的过程。

需要注意的是,"幼儿园课程"并不等于"园本课程"。幼儿园课程是一种有组织的框架,它描述了儿童学习的内容、儿童达到规定课程目标的过程和为帮助儿童达到这一

---

① [美]帕梅拉·博洛廷·约瑟夫等著,余强译.课程文化[M].杭州:浙江教育出版社,2008.
② 虞永平.试论园本课程的建设[J].早期教育,2001.
③ 朱家雄主编.幼儿园课程[M].上海:华东师范大学出版社,2003.
④ 陈时见,严仲连.论幼儿园的园本课程开发[J].学前教育研究,2001(2).
⑤ 郑三元,姜勇.论幼儿教师的课程参与——兼议园本课程的开发[J].学前教育研究,2002(4).

目标教师所承担的责任,以及教与学所发生的环境。① 而课程建设目的多样,课程实践基础各异,园所文化不同,办园理念有别,课程参与者广泛,所有这些因素,导致园本课程的研究与开发呈现多样化的特征,进而引发多样化的问题解决方式,同时产生多样化的理论与实践研究成果,所以园本课程是特定幼儿园根据本园的教育需要进行了课程调适、课程整合等处理之后形成的具有该园特点的个性化课程体系。

在园本课程建设中,教师承担多种角色,他们不仅是课程的执行者,还是课程的决策者、研究者和开发者。正如有学者所认为的:"教师是教育改革成败的关键,那种把教师只是作为别人思想的被动实践者的自上而下式的教育改革,是注定要失败的;教师应该在确定其教育工作的目的方面发挥更积极主动的作用,教育改革必须置于教师的掌控之中。"② 与此同时,教师会面临多种挑战与困难,如专业知识的缺乏、专业技能、专业修养等方面的不足,但正是这些困难的出现,使得幼儿教师不断学习、不断充实自己。可以说,"园本课程有助于幼儿教师形成反思的教学科研意识与能力,有助于幼儿教师自觉地更新教育观念,促进其创新意识及能力的提高"。③

(二) 幼儿教师在园本课程建设过程中的现实应对

幼儿教师直接影响幼儿园本课程开发的结果,是园本课程开发的关键因素,这就要求教师不仅要具备基本的专业素养,同时要不断地学习相关的知识和技能。但遗憾的是,目前大多数幼儿教师还不具备参与园本课程开发的这种能力。因此,对幼儿教师实行相关知识的培训,全面提高他们的素质尤为重要。

而作为园本课程建设的重要主体——园长和幼儿教师,我们如何应对园本课程开发的操作与实施问题? 分析已有文献,有研究者从如下方面提供了参考路径。

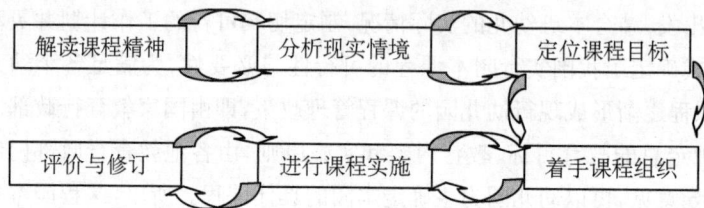

1. 解读课程精神

解读课程精神是指教师与研究者、园长等一起学习、讨论课程开发的有关内容,一方面使教师了解园本课程的含义、开发园本课程的意义,另一方面也能使教师达成共识。避免偏离园本课程开发的起初目的,深刻领会其中的实质意义。

2. 分析现实情境

园本课程开发的特点就是根据本园的独特优势和资源开发适合园本需要的课程。因此,教师必须深入地调查、分析、研究幼儿园所处的地理位置、历史背景、人文环境等

① 靳玉乐,赵永勤主编.校本课程发展背景下的课程领导:理念与策略第五届两岸三地课程理论研讨会论文集[C].2003.
② 上海市教委教研室编.幼儿园课程园本化理论与实践的研究[M].上海:上海教育出版社,2004.
③ 王春燕主编.幼儿园课程概论[M].北京:高等教育出版社,2007.

特点,充分利用已有的自然环境、人文环境、教育发展历史等因素的优势,找出园本课程开发的资源,从而为幼儿园课程开发打下基础。现实情境分析还包括对幼儿教育思想、教育哲学的理解,把握幼儿园发展的需求和社会发展的需求等等。

3. 定位课程目标

鲜明的目标是园本课程中的一个亮点,它使课程开发的方向更加明确。一般,课程开发的目标定位为:培养儿童的审美情趣、培养儿童的爱国情操、学会合作、学会分享等。而具体的过程中幼儿园课程目标的取向主要有行为目标、生成性目标、表现性目标三个方面。

4. 着手课程组织

幼儿园课程组织必须具备三大特点:一是有目的性与有计划性;二是主动性;三是多样性。在园本课程的开发过程中,也要同时满足这几个特点。除此之外,园本课程的组织还包括对教师想学习培训、课程内容的确定、园本教材的编制等。

(1)教师培训内容可包括:园本课程开发的维护与批评、开发的程序、教材的编制等。

(2)确定课程内容:课程内容的选择是实现园本课程目标的关键手段,即教师叫什么,学生学什么。在园本课程内容的开发不但可以包含当地特色文化、资源、自然环境,还可以借鉴一些教育家的理论思想建构园本课程。

(3)园本教材的编制:园本课程的编制直接关系到园本课程实施的成败。在编写过程中,编写组员利用各种途径查阅资料,借鉴经验,多次交流,协调各部分内容,做到实用、科学、民主、有效,最大限度地体现园本课程的价值。

5. 进行课程实施

课程实施包括选择安排知识或活动序列、班级归因、时间安排、资源分配以及需要注意的问题等事项。

6. 评价与修订

园本课程的评价包括对园本课程方案的评价、园本课程实施过程的评价、园本课程效果的评价,全面地评价建构的园本课程并及时做出修正和改善。

园本课程评价的实施策略包括:发挥园长的主导作用;激发教师的参与热情;立足儿童的全面发展;强化课题的过程管理;实现课程的多元整合。

基于上述理解,再谈园本课程的实质意义,其即绝非仅仅字词上"以园为本"的表层含义,而是更深刻地指向以幼儿园为主体形式的教育所应该具有的科学而理性的探索和发展路径。园本课程的根本功能是育人,每个幼儿园教育哲学思想和办园宗旨有可能不同,加之各个幼儿园的师资条件和幼儿园环境各异以及本来就存在显著的地区差异,使得开发出来的园本课程具有明显的差异,即每个幼儿园园本课程有独特性,每个幼儿都是独立的个体,存在着个体差异。所以,园本课程建设也应该根据本地区、本幼儿园及幼儿的需要开发多样化的课程,鼓励家长和社会人士参与,容易促进新课程,因而具有一定的弹性,也促进了幼儿课程的多样化和乡土化,形成特色课程。幼儿教师在幼儿园课程设计与组织过程中,自觉地将园所或班级里的微观世界与社会文化中的宏观视野结合起来,以帮助幼儿不断寻找生活与成长的意义。基于此道,特色化的发展必然会成为幼儿园本课程的趋向和结果。

　　作为一种改革理念,作为一种园所文化,作为一种课程追求,园本课程建设,也许正如美国教育哲学家杜威在《民主主义与教育》中所明辩的,教育不是对生活的准备,因为它本身就是生活。① 在探索园本课程特色化发展道路上,"以人为本"思想的引领,幼儿个性潜能的挖掘,幼儿园资源的充足性与内容的多元化是其重要论域。幼儿园教育应以此为灵魂,将师幼情感寓于现实生活之中。有人说,园本课程的开发,如同用激情点燃生命的第一缕晨曦,成为幼儿园发展特色的重要驱动力,而在实施、评价园本课程中,幼儿园的办学思想会更加明确,办学思路会更加清晰,办学特色会更加鲜明。幼儿教师只有在课程整体的宏观视野下,在园本课程组织的微观层面上,才能真正为儿童当下的、全部的现实生活中指引和创造着儿童心灵、身体、心智和精神的全面展开。

知识链接

多元智能课程下的教师素质要求

一颗热爱孩子的心
一张微笑的脸
一双具有观察力的眼睛
一张灵巧的嘴
一双勤劳的手
一支不停歇的笔
一颗包容万象的心
一种探索进取的精神
一幅灵活敏捷的头脑

来源:幼儿学习网

　　寥以此诗,与诸君共勉之。

---

① [美]约翰·杜威著.王承绪译.民主主义与教育[M].北京:人民教育出版社,1990.